U0633799

主编 寇艾伦（Allen Carlson）
高　敏（Mary E. Gallagher）
李侃如（Kenneth Lieberthal）
墨　宁（Melanie Manion）

当代中国政治研究

Contemporary Chinese Politics

新材料、新方法和实地调查的新途径

New Sources, Methods, and Field Strategies

许安结　赵明昊　张　勇　等译
段若石　胡国成　赵　梅　审校

中国社会科学出版社

图书在版编目(CIP)数据

当代中国政治研究：新材料、新方法和实地调查的新途径/寇艾伦等主编，许安结等译，段若石等审校.—北京：中国社会科学出版社，2014.10

ISBN 978-7-5161-4855-6

Ⅰ.①当… Ⅱ.①寇…②许…③段… Ⅲ.①政治-中国-现代-文集
Ⅳ.①D6-53

中国版本图书馆CIP数据核字(2014)第222579号

出 版 人 赵剑英
责任编辑 任 明 夏 侠
责任校对 周 昊
责任印制 李 建

出 版 中国社会科学出版社
社 址 北京鼓楼西大街甲158号（邮编100720）
网 址 http://www.csspw.cn
中文域名：中国社科网 010-64070619
发 行 部 010-84083685
门 市 部 010-84029450
经 销 新华书店及其他书店

印刷装订 北京市兴怀印刷厂
版 次 2014年10月第1版
印 次 2014年10月第1次印刷

开 本 710×1000 1/16
印 张 19.5
插 页 2
字 数 327千字
定 价 58.00元

作者简介

寇艾伦(Allen Carlson)：美国康奈尔大学政治系副教授

陈　鹏（Calvin Chen)：美国曼荷莲学院（Mount Holyoke College）政治学副教授

曦　中（Xi Chen)：美国路易斯安那州立大学政治学副教授

狄忠浦（Bruce J. Dickson)：美国乔治·华盛顿大学政治学与国际事务教授

段　宏（Hong Duan)：美国康奈尔大学政府系博士候选人。

高　敏（Mary E. Gallagher)：美国密歇根大学政治学副教授、中国研究中心主任。

葛小伟（Peter Hays Gries)：美国俄克拉荷马大学美中问题研究所主任、副教授，哈罗德·J. 和卢斯·纽曼美中问题讲席

贺　斌（William Hurst)：美国得克萨斯大学奥斯汀分校政府学助理教授

李　磊（Pierre F. Landry)：美国耶鲁大学政治学副教授

李侃如（Kenneth Lieberthal)：美国布鲁金斯学会外交政策、全球经济与发展资深研究员，约翰·桑顿中国中心主任

刘明兴（Mingxing Liu)：北京大学中国教育财政科学研究所副教授、中央财经大学经济管理学院研究员

墨　宁（Melanie Manion)：美国威斯康星大学麦迪逊分校政治学与公共事务教授

芮杰明（Benjamin L. Read)：美国加州大学圣克鲁兹分校政治学系助理教授

单　伟（Wei Shan)：美国杜克大学博士后

沈明明（Mingming Shen)：北京大学政府管理学院教授、中国国情研究中心主任

史宗瀚（Victor Shih）：美国西北大学政治学助理教授

施达妮（Daniela Stockmann）：美国莱顿大学（Leiden University）政治学助理教授

杨　明（Ming Yang）：北京大学政治学副教授、中国国情研究中心副主任

目　　录

第三部分　调查方法

中文版序言

李侃如（Kenneth Lieberthal）

自20世纪80年代初改革开放以来，社会科学（经济学、社会学、人类学、政治学和心理学）在中国学术界得到复兴并重新引起重视。然而，各学科复兴的速度和与国际学术界、科学界整合的程度大相径庭。其中政治学发展尤其缓慢，这主要是因为该研究分散在各大学院系，与政治意识形态和马克思主义研究不分，而且该学科的一些主要研究范式属于中国国内政治的敏感内容（如政权更迭、民主化、民族冲突等）。本书的编者们了解这些问题，希望本书的中文版能够促进中国政治学者之间以及他们与国外的中国政治研究者的融合与交流。

本书专注于三个主要议题：如何有效地运用新的研究资料和数据收集方法；如何把中国政治研究更有效地整合到政治学的学科中；如何应对在中国做研究时所遇到的准备工作和伦理方面的问题。这些议题对于国内的中国政治研究者来说也至关重要，因为其中不仅涉及到处理数据和资料这类经常遇到的问题，而且还涉及到在创立能为更广泛的学科领域所接受并应用的理论时受到的挑战。而在中国研究中涉及的准备工作和伦理问题对于中国国内学者可能更为重要，因为他们必须时刻考虑其研究对消息提供者和研究对象造成的不利影响，还有在这个对社会科学研究结果并不开放的国内政治环境中对政策可能造成的影响。

诚然，本书主要是从海外学者的视角撰写的。作为比较政治学者，我们在英文版导言中提到本书中的很多建议和策略并不仅限于中国政治研究，而对更广泛的比较政治，尤其是在富有挑战性的环境中的研究都会有所裨益。我们认为，本书或许对中国国内专攻中国以外的政治和社会的“地区研究”专家的成长能有所帮助。例如，在第九章，贺斌讨论的次国家层面上的差异和比较可能对那些研究美国国内政治差异的学者有所启发。芮杰明和陈鹏讨论的民族志和定性研究方法可能对那些致力于诠释其他社会的当地政治的学者有所帮助。

我们希望本书能促进目前中国境内和境外的中国政治学研究的发展。特别希望通过对于这里提出的主题的不断的交流和探讨，让它的影响逐渐超越国界，让我们共同追求中国政治学卓越的学术、研究和教学。

感谢中国社会科学出版社出版本书中文版，感谢多名译者不辞辛劳地翻译此书。在翻译过程中，他们查阅了很多相关资料。特别要感谢段若石先生为本书所做的校订工作，书中有一些对中国读者来说或许较为陌生的专有名词和概念。段先生认真地校订了本书每一章的译稿，以使行文更加流畅，更易于中国读者理解。中国社会科学院美国研究所的赵梅博士为本书在中国出版做了很多中美间的协调工作，并进行全书统稿。由衷致谢！

（周晟茹译　赵梅校）

英文版导言*

寇艾伦（Allen Carlson）　高　敏（Mary E. Gallagher）
墨　宁（Melanie F. Manion）

2006年11月在密歇根大学举办的一次研讨会中，三代学者会聚一堂，探讨和论辩有关中国政治研究，以及全新多样的数据来源和方法是如何改变这个领域的话题。本书即是对此次研讨会的总结。借助于他们不同的研究经历，我们在书中为大家展现了在新时期研究中国政治中使用的各种数据来源、方法和实地考察策略。作为政治学家，我们的任务是在该学科框架中，为其设计和使用独特的方法，并指出在当代中国的研究过程中会遇到的具体挑战或机遇（或两者兼而有之）。本书重点谈论的是人们关心的研究方法以及新发现的数据来源，各章充分并翔实地阐述了如何创造性地、正确地在新的环境中运用这些方法。可以说，本书向人们展现了当前中国研究和更广阔的学科之间相互借鉴所带来的益处。

我们在研讨会上集中讨论了三个主题：第一，如何有效地使用新的信息来源和数据搜集方法；第二，如何把中国政治研究与政治学学科结合在一起，使两者相得益彰；第三，如何在充满挑战的环境中处理好研究工作所遇到的准备工作和伦理问题。在本导言中，我们要围绕初次举办的研讨会，本书内容十分丰富的章节，以及中国研究领域，来探讨这三个主题。由于我们过去对中国政治研究缺乏系统的关注，我们谨希望以本书作为抛砖引玉，激励人们未来在复杂的实地考察设计方案和研究方法等方面，展开积极的争论，出版更多的刊物，举办会议以及研究生培训活动。我们认

---

* 编者们要感谢美国学术团体委员会、蒋经国基金会、密歇根大学中国研究中心，以及密歇根大学政治科学系的慷慨支持。

为本书的出版与目前正在进行的辩论不谋而合。[①] 以下各章节还说明了一个问题，那就是中国政治研究领域发生的诸多变化，并不影响学者们运用他们在过去掌握的治学方法。不过我们深深感到，对于想研究中国政治的学者来说，掌握语言技能和对中国具备一定的了解程度是重要的前提条件。此外，我们的地方性知识，即对中国的了解，也日显不足。书中每位作者在他们的作品中都展示了多种多样的研究方法。这套范围广泛的研究政治的技能包括：使用复杂的定量手段获取和利用调查数据，应用新技术寻找和使用过去被封存的档案材料，甚至是进行非正规的实验。虽然这些方法采用了政治学研究中的诸多手段，展现了中国政治研究既令人印象深刻又时而不一致的发展趋势，但是本书的所有作者在使用各种方法的时候都是为了一个共同的目的，那就是提高他们描述和解读当代中国政治核心问题的能力。正因为如此，这本书体现了把各种背景的学者集合在一起的好处，他们共同的使命是本着一种兼容并包、共同提高的态度，来推动中国研究和该学科的发展。可以说，虽然本书谈论的都是中国大陆的事情，但是我们相信书中的方法和研究设计策略对世界其他地区的学者不无裨益。

一　数据的处理是一种极大的丰富吗？

政治学领域里的中国研究在过去30年里发生了巨大的变化，它以多种形式反映了在中国政治中发生的事件和变革。曾几何时，中国与西方学术界“老死不相往来”，研究中国的西方学者几乎是孤军奋战，而新时期中国与世界的交往令我们看到了一个奇迹，研究中国的政治学家终于渡过了资料和数据极度匮乏的困苦，迎来一个信息鼎盛的时代。[②] 这种情况代表着近年来一种根本性的改变，学者们可以更多地接触到海量的涉及中国状况的资料，他们开始深入地了解中国。换句话说，虽然使用新方法值得称道，而且在本书中也对此给予了充分肯定，但我们不能忽视的是，作者们之所以能够在中国政治研究中使用更先进的社会科学研究手法，正是因为他们能够在中国获得前所未有的、内容丰富的信息，这些信息涵盖了中

① Baum, 2007; Harding, 1994; Heimer and Thgersen, 2006; Manion, 1994; Perry, 2007 and 1994b; Shambaugh, 1993; Wank, 1998.

② 见 Baum（2007）对第二次世界大战后研究中国的历代政治学家的介绍。

国国内政治、对外关系以及国家安全等方面。

目前在中国政治研究中，数据的多样性、规模和复杂程度都在不断增加，这就需要学者们静下心来思考和讨论一番，看看如何能有效而正确地使用这些数据。新型的、更系统的数据常常为研究者提供了新的机遇，使他们不仅能够有效地使用这些数据，而且可以将这些丰富的数据与业已建立的数据来源相结合。它们不仅能使我们的论据无论是对外还是对内具有更高的可靠性，而且也可以帮助我们在涉及比较政治学和政治学的辩论中，有效地运用这些中国案例。本书很多章节专门阐述了使用多种方法和数据来源以达到上述目标的手段。其中李磊（Pierre Landry）借助全球定位系统（GPS）空间技术，应用统计抽样的新方法，向我们展示了法律传播的形式和改变民众对中国法律体系的观念的实际机制。史宗瀚（Victor Shih）、单伟（Wei Shan）和刘明兴（Mingxing Liu）推出了一个中共中央委员会委员的新数据库，为系统分析中国核心政治精英提供了便利。戴茂功（Neil Diamant）和曦中（Xi Chen）谈到了中国档案中官方数据的价值，以及这些数据不断扩大的对外开放性。

资料来源和数据的这些变化改变了我们对早期方法论和资料来源的解读和评估方法。几乎所有研究中国的学者都不愿再充当旧时的“克里姆林宫专家”，但是我们不能对过去一概否定，我们研究的一些内容仍要涉及并分析中国政治的一些自身的重要方面，尽管它们并不适合用现在的方法做系统研究。在这方面，人们首先会想到史宗瀚、单伟和刘明兴在第二章中对精英政治的分析，当然其他重要的社会现象，如群体暴力、贪污、逃税等，也是极为重要的和有必要进行研究的题目，我们绝不能因为研究数据匮乏而残缺不全，在有些政治形势下政府的公开压制，或者对信息提供者、地方官员和国内同事们屡试不爽的自我审查制度，就放弃研究工作。在书中，许多作者详尽说明了如何克服数据匮乏和不完整去完成重要的研究主题。曦中对“上游”和“下游”官方数据的分类方法为如何解读和评价政府关于中国群众抗争行动的报告和统计数据的可信度和精确度，提供了颇有裨益的手段。他还细致入微地论述了如何准确地判断政府对掌控公民群体活动提供的数据，以及加深对政府部门官僚结构和官僚政治的认识和了解的重要性。陈鹏（Calvin Chen）运用民族志方法对中国工厂的研究，使人们洞悉了中国东南沿海“世界车间”的阴暗一角。施达妮（Daniela Stockmann）在研究中利用了眼下在中国铺天盖地的新印刷媒体资源。虽然中国报纸和电子媒体报道被一些人斥为官方宣传的翻版，然而施达妮向人们表明，利用 Yoshikoder[①] 等新技术，就有可能在这些出版物中捕捉到大量有关当代中国政治趋势的新信息。寇艾伦（Allen Carlson）和段宏（Hong Duan）论述的是如何利用涉及中国对外政策和国家安全的网络资源，他们发现网络资源并不像最初设想的那么丰富多采，但它们却大有用武之地。

二 比较政治与比较中国

近几十年来，中国政治研究深受政治学的影响。这不仅体现在时下人们对正确方法的激烈辩论中，同时，人们重新将该领域研究纳入更宽泛的比较政治学研究也证明了这一点。越来越多的政治学专业研究生院校的培训课要求具备坚实的方法论技能，这给研究中国政治的学生提供了新的发展机会。而且，应用这些方法时必须对该领域具有透彻的认识，要能够考虑到中国不同的环境，比如它是一个发展中经济体、实行威权政体和具有亚洲文化等。因此在培养研究中国问题的研究生时要注意各种能力的均衡发展。掌握更多的方法（不论定性还是定量）是必不可少的，当然更不必说语言和文化方面的培训。不言而喻，要想成功地研究中国政治，这两方面的技能都是必需的，也就是说得学会两条腿走路。这种与众不同的适应能力往往在课堂上是学不到的。

还有一点，近些年对特定地区的研究，尤其是对个别国家甚至对特定区域的研究，在政治学领域没有受到应有的重视。姑且不论这个现象是进步与否，人们所期待的是比较政治学，某些国际关系和安全问题研究，在进行任何实地调查时可以获得可资运用的理论和论点。当然最理想的是结果是开创适用性最广的理论，用它们来分析重大的政治和经济变革现象，例如民主化、快速的经济增长、高效的公共产品供给，以及民族和睦与冲突。在全球大部分地区，比较政治研究都采用了传统的“地区研究”，专家们在研究某一国家或地区时不遗余力地向人们展示他们进行“跨国”研究的能力，他们热情可嘉，硕果累累。虽然跨国比较研究早已成为比较政治学的标志，但是随着人们获得的数据越来越完善，近年来实现了民主化的国家中可供人们分析的电子数据日益增加，以及计算机程序日益强

① 多语言内容分析工具，译者注。

大，比较政治研究的方法也发生了改变。鉴于在研究生院校的培训中更加强调定量研究方法，比较政治学研究越来越多地采用大样本数据集和复杂的统计分析来比较国家。出于不同的原因，有时人们认为这些方法要比比较案例研究或小样本比较研究更加有效和可靠（不同见解见 Schrank，2006）①。

总的来说，研究中国政治的专家还没有走上这条正轨，或者说至少还是刚刚起步。有几个理由说明了为何中国研究还处在这个大趋势之外，它们包括做相关对比研究的难度，中国内部巨大的差异性，以及难以为进行跨国比较研究找到或编制出高质量的数据。鉴于这些问题不单针对中国，也时常在其他地区和国家中出现，所以我们所讨论的这套改善中国比较研究的策略方法也适用于其他地区。

第一，由于 20 世纪 90 年代社会主义制度从东欧到中亚国家的彻底失败，那些在早些时候经常被用来与中国比较的国家不是已经分离崩析，便是改弦易辙，进行了民主化改革，或者兼而有之。尤其是苏联的寿终正寝使曾经活跃一时的比较共产主义研究领域变得无所适从。虽然中国、东欧、中欧和苏联之间的比较研究一直延续到 20 世纪 90 年代甚至之后一段时间，但是随着这些国家的政治体制发生明显的分野，使得正确进行比较研究的工作愈加困难。由于当前跨地区和国家的许多研究都以民主选举和政党政治为基准，而中国的一党体制以及基层以上缺乏竞争性选举，这就使得它不具备与那些国家的可比性，因而被排除在许多跨国研究之外。幸好在一些情况下，系统地获得的电子数据可以改变研究方向，避免了那些使用此方法研究行不通的问题。正如李侃如（Kenneth Lieberthal）在结语中指出的那样，我们研究问题应该是因为它们有意义和重要的关联性，而不是仅仅因为它们可以从数据中找到答案。这种因数据无法与在发达民主国家获得的数据相比较而将重要问题，甚至连带将一些国家排除在外的做法，着实令人惋惜。在中国的案例中，对于基层选举和其他层面上的半竞争性选举所做的定量和定性研究，取得了重要的，可以说是突破性的成果，它使人们看到在中国社会举行的选举是怎么回事。然而，因为在选举

① 对于正在进行中的关于不同方法孰优孰劣的激烈辩论，我们在此不便做出判定。虽然在过去二十几年里政治学越来越倚重定量方法，但是定性方法也得到一定程度的复兴。这些定性方法包括比较案例研究、过程追踪、民族志等。这些方法在本书中都是讨论的重点。

问题上中国的数据仍然难以融入主流比较政治研究（这些数据大量来自于民主国家），中国的案例在该领域内没有产生多大的影响力。

因为中国并没有重蹈其他社会主义国家的覆辙，即在走向结果各异的民主过渡之前，先经历经济上的然后是政治上的崩溃，所以中国到底能够恰当地与哪些国家进行比较还不得而知，特别是当跨国研究工作往往以政权类型对国家进行分类的情况下更是如此。中国在过去的 25 年中，其经济上取得的非凡成就使之成为发展中国家的佼佼者。因此，人们通常将中国与过去的东亚近邻经济体，或者与当前的巴西、俄罗斯和印度（其他“金砖国家”）进行比较。然而在政治上，中国长期处于共产党一成不变的威权统治，这种异乎寻常的情况在理论和方法上给研究者的工作带来了不小的麻烦。中国应该与哪些国家进行比较呢？我们应该如何在大规模的跨国研究中为中国的政权类型精确地定位呢？在大多数理论认为民主制度是以某种形式存在的政治常态的情况下，我们应该如何避免民主过渡的本体论目标①？换句话说，我们应该如何正确审视中国的实际情况，而不是审视我们理想中的中国的情况？

第二，将中国作为单一实体的比较研究常常会忽略中国内部明显而长期存在的地区差异性。中国的总体统计数据虽然显示了其经济成就，快速降低的贫困率，从农村向城市的大量的人口迁移，以及城市化和工业化，但是这些数字掩盖了巨大且正在加剧的地区间不平等。中国沿海城市目前正在接近发达水平，居民的生活水平与其周边富裕的发达国家不相上下，而内陆地区仍然在与极度贫困、文盲和落后作殊死斗争。这种经济的多样性和差异影响到文化、语言和社会多样性，而在许多情况下，这种社会的多样性本身几乎就代表着世界各地区国家之间的差异。贺斌在本书中提出的观点认为，应该鼓励比较政治学的学者进行比较研究，以便取得有意义的理论性的和实证性的成果。其实单就成果的丰富而言，次国家层面比较研究所取得的成果不一定会比那些在学科中受到高度重视的跨国比较研究差多少。确实，本书的许多作者都利用中国内部丰富的多样性来验证自己的假设，或者探索政治学中一些理论的因果机制，以便搞清楚经济发展的性质，国家和社会关系的转变，或者公民社会的发展。

最后一点，尽管中国数据的数量和质量在近些年中得到了长足的改

---

① 强调自身独特的民主，译者注。

善，但是要想获得高质量的数据仍十分困难，人们很难将它们与国际机构、国家政府部门、学术团体或商业公司在其他国家编写的数据进行比较。中国政府认为许多信息在政治上是敏感的，仍不愿意支持收集系统性数据的工作，它对于政治的定义理解更加宽泛。在某些情况下，政府会出于政治目的操纵数据，使人难以相信政府提供数字的准确性。其结果是许多研究者对来自中国的统计数据自然而然地抱有一种合乎情理的怀疑。所以，尽管有些数据在中国政治研究中极为重要，但是只有当我们搞清楚数据是如何产生的，它们是用于何种目的时，才可以在文章中使用它们。的确，正如曦中在关于中国档案中的官方数据一文中所说明的那样，追溯中国国内统计数据来源的工作能够大量揭示当代中国国家体制的运作方式。尽管中国在这方面并不是独一无二的，然而中国共产党对信息和组织机构的重视，可以转化为对调查研究和获取某些政府文件和档案材料的严格控制，以致于有些规定和法律都成了官方机密。这样的管制仍然在妨碍人们编写准确的数据集，它反过来不利于人们对中国进行比较研究。

虽然中国政治研究从总体上讲，还没有完全融入比较政治和国际关系学科中，然而本书中的论文充分说明，致力于理论和方法研究，已经成为当前在中国进行研究的政治学家们的行为规范。接受了中国历史、文化和制度方面训练的学者们所使用的社会科学研究的标准方法，逐步地弥合了我们在导语中讨论的问题和中国政治研究领域，与该学科之间长期存在的隔阂。葛小伟（Peter Hays Gries）撰写的一章就是证明这一趋势的好例子。虽然他的研究工作扎根于对亚洲文化的近距离解读，但他也对所谓的政治文化有相当的了解。一般来讲，政治文化对东西方之间的差异做出的概括会有失偏颇。葛小伟并没有让这种难解的东西方分歧继续存在下去，他探索了近年来政治心理学领域的进展，然后以亚洲和美国为背景条件进行了一系列社会实验，以探明他的研究对象在“观察”世界时产生的区别到底有多大。他的研究结果之后被应用于设计一种更加可靠的框架，来分析领导人心理在亚洲安全领域问题上是如何影响国家间关系的（包括美国）。

三 在充满挑战环境中的政治研究

当政治学家进行的研究触及敏感话题，当他们要想使用新型和独特的数据采集方法，或者要想探讨会令强势的国内统治感到不安或不利的问题时，他们就会遇到中国长期实行的威权主义在工作条件、伦理和政治上造成的难题。正如在世界上其他许多地区一样，在中国研究政治问题仍困难重重，有时甚至是危险的，而且往往和政治活动脱不了干系。因此对这项工作来说，使用新数据来源和方法就显得格外有必要。除了取得的成就，我们在研讨会的讨论中还可以清楚地看到，需要更加坦率地讨论当实地考察工作在选择地点和题目遇到困难时应该采用的变通办法。虽然我们身为社会科学家要坚持工作方法的正当性，无论是对内还是对外，但是我们每天遇到的情况需要我们有时要做出妥协。中国政治研究存在着风险毋庸置疑。那些努力想获得所谓“内部”的，涉及国家秘密的数据的研究者们，也许会陷入与中国政府为敌的境地。当研究者的工作逐步深入到中国政治敏感领域的时候（研究题目包括少数民族、民主化、宗教自由等），这种情况就更加明显。而且，进行访谈、调查，为得到档案资料而与官员合作等等做法，都有可能连累到研究对象和同事。因此，虽然我们不想过分强调这些挑战，然而在中国工作的政治学家所面对的挑战已经不再是提高自己研究能力的问题，而是涉及伦理方面。

随着我们的研究途径和机会越来越多，在中国做研究的工作条件和伦理问题也变得更加复杂起来。在中国对待外国人的问题上，外国学者目前可以从他们的接待单位那里得到更多的自主权，从总体上讲能够更好地融入中国社会，从而为研究工作取得更加方便的工作环境，与大陆学者建立合作的新渠道，以及进行大规模研究项目的更便利的条件，比如抽样调查、档案研究和建立大型数据库。这种融合和更加频繁的合作要求对社会科学研究中的伦理问题给予额外的关注，比如对信息提供者的保护，对当地合作者的需求和顾虑的关照，在实地工作中某些不正规方法的使用等，以便不违背西方大学从伦理上对保护研究对象提出的要求。本书的一些章节提出了一些行之有效的策略，来帮助那些研究敏感题目的人解决他们所遇到的问题。狄忠浦指出在与调查人员进行的基层合作中，当地合作者发挥的重要作用。这些当地的合作者和同事深谙如何提出研究题目才能减少政治敏感性，少受自我审查的限制，以及鼓励地方官员给予支持。芮杰明通过运用“深入实地方法”，在中国城市的基层组织中搜集信息并取得了进行“参与性观察”的经验，这些基层组织正是市民最频繁最密切地接触到的政府机构。芮杰明认为，如果不花费大量时间和精力去深入研究一些地区，我们就了解不到威权政权中隐性而微妙的各个方面。

四 线路图

在最近人们进行的中国政治研究中有一个令人振奋的进步，那就是在单独一项研究中利用不同的证据来源和多种研究方法。的确，我们在书中按照他们使用的主要方法的题目来编排各章，其中一些章节谈到的研究对多种研究方法做出了最详尽的阐述。我们希望本书能够进一步推动这方面的发展，促进学者们之间更富有成果的合作关系，使之在调查涉及中国政治的重要问题时能更充分地利用新数据来源、方法和实地考察策略。

第一部分各章重点谈中国政治研究的新数据来源，以第一、二章作为一组。在第一章中，曦中分析了利用信访档案（即投诉）资料的好处和缺陷，然后极其详细地描述了获得这种材料的方法，指出保管它们的单位，以及获得它们的难易程度，还提出了一系列策略使人们能够更便利地使用这些材料。曦中还更为深入地分析了中国档案数据的可靠性。

史宗瀚、单伟和刘明兴关注的是现在，他们把注意力放在研究精英政治上。史宗瀚等人说明他们是怎样投入更大精力去研究精英政治，并从中获益的。进一步说，他们建立了一套全面的中国领导人数据库，时间回溯到中国共产党成立的1921年。他们认为，从前的中国精英政治研究缺乏这样一种详尽的资料作为基础来研究中国领导人宦海沉浮的方法和原因。

第三至第五章把我们的关注点重新转向新数据来源何以能加深对中国政治的理解这个问题。在第三章，葛小伟从一种全新的方向来探索数据来源，他主要依靠实验方法和心理考量来研究中国外交政策。在这个过程中，他意欲推动人们超越从前不尽人意的研究，去探讨政治文化在中国与世界的新型关系中所起的作用。更确切地说，他首先提出了他在两个分别进行的心理学研究中找到的方法。接着，他借助这项工作，更广泛地讨论了在中国外交政策研究中的实验工作的挑战性和局限性，以及进行心理考量的尺度。在第四章，寇艾伦和段宏考察了与中国外交政策相关的网络活动的增长变化。他们认为研究者没有充分客观地了解这种发展趋势，以至于网络作用最后有可能在本领域内被夸大。他们没有去探讨在中国互联网空间中涉及外交事务和国家安全的革命性的发展，而是揭示了在这个领域中为数有限的几种新数据来源。虽然这些数据对学者们非常珍贵，但是并没有像人们所预期的那样与众不同。第五章中，施达妮通过大规模的研究得到了略为不同的结论。她研究了大量的可以从网络上获得的中国新闻媒体数据来源，并认为这些数据来源为学者们提供了新的机遇来进行跨媒体、跨区域和跨时间的内容分析。施达妮探讨了选择适量的样本对中国的报纸进行内容分析所存在的问题。凭借对沟通方法的深入了解，她对于在中国的条件下对不同数量的报纸抽样进行内容分析取得的效果和效率进行了比较。虽然她关注的是抽样的数量规模，但是为了更好地完成对报纸内容跨媒体、跨区域和跨时间的比较，施达妮也为抽样的框架结构提出了自己的建议。

第二部分重点放在中国政治研究中的定性方法。从20世纪80年代早期美国研究者得以重返该研究领域之后，多种类型的定性方法已经成为中国政治研究的标志。虽然本书恪守这一传统，但是作者们已经超越了中国政治研究范畴，把眼光放到更广阔的学科中去，从而向人们表明，中国政治研究促进人们就一系列问题展开更广泛的辩论，比如在威权政权下国家与社会关系的本质（芮杰明）、在一种快速发展的经济中的协作型政治（陈鹏），以及失业上的比较政治经济（贺斌）等问题。

在第六章中，陈鹏（Calvin Chen）向人们展示了民族志是如何在了解当代中国政治中成为一种有效工具的。虽然一些学者认为这种方法不足以解决问题，但是陈鹏表明民族志研究可以超越仅仅提供“深度描述”的界限，让人们更加深入地了解那些引发、支持或阻碍变化的多种多样的，有时甚至是隐蔽的因素。通过在宏观水平上的专题研究，剖析社区和机关的发展，民族志作为一种方法，能够帮助人们更深刻地认识宏观上的作用力是如何影响普通中国公民的生活和相互关系的，以及反过来它们是如何影响宏观作用力的。这种方法的确有助于理论的发展和提炼，它不仅仅是通过提供实证性的“事实核对”，而且还通过找出和评估在改革时期的中国，影响社会和政治的各种因素，而这正是我们要阐释清楚的。

在第七章中，芮杰明在此方法上高屋建瓴，他认为研究设计方案中应该包括“深入实地”研究。他用这套方法来研究中国城市居委会性质变化的问题，并结合使用民族志方法，虽然他的这种方法比单一案例的范围更宽泛，但还不属于大样本研究。芮杰明认为这种方法适用于政治学，因为它帮助研究者提出新假设，揭示因果机制，甚至可以证明现有著述中的假设是不真实的。他的论点取自于使用了这些方法的，范围更广的文献，这些著述名称不同，有些属于其他的领域，包括美国政治学。芮杰明还指出，在威权体制和一些政治不公开的文化背景中，这些方法就更加重要。

在第八章中，贺斌主张应更多地注意中国各地的次国家层面上的差异，这有利于提出研究问题和有效地设计研究方案。中国研究长期遵循的传统是将中国的政策划分为各种不同的政治经济类型，在这个基础上，他开展了一项跨区域的研究项目，来剖析失业政策及其产生的不同结果。他论述了这种方法相对于以单一城市为案例研究方法的优越性，以及它相对于大样本调查方法的优越性，前者缺乏广泛的代表性，而后者时常受到政治敏感性和无法获得数据的困扰。贺斌在他的案例中还借鉴了比较政治文献中有关案例研究和比较方法方面的文章。

第三部分各章考虑的问题是调查研究方法在中国政治研究中的地位。在一个官方（也就是官方才这样做）仍对这项工作抱有成见的政治环境中，有代表性的有关中国政治的抽样调查的数量却在过去 20 年中大幅增长。在中国大陆之外接受训练和工作的政治学家在 20 世纪 80 年代仅仅进行过两次这样的调查，但是在 90 年代这种调查的数量猛增了十倍多，而且在继续稳定地增加。在第九章《对中国政治调查研究的调查：我们了解到什么?》中，墨宁总结了这些调查和著述，并分析了它取得的成就，他尤其关注它们积累的知识和对知识的贡献，以及针对中国地区研究的适用性。第十、十一和十二章论述了堪称范例的、关于中国政治的原始调查研究方法，并提出了自己的成果。在第十章《政治改革前景的考察》中，狄忠蒲讨论了他如何在不同的时间、不同的地区，通过拜访不同性格特点的人来调查私营企业家和地方官员，从而在中国这个不同寻常的环境下，来说明比较政治学中的一个基本问题，即在民主化环境中资本家的角色。第十一章《利用集群空间数据研究扩散效果》中，李磊展示了使用全球定位系统（GPS）技术的空间抽样方法来分析官方法律机构通过小社区内的社交网络在全国扩散影响力的优点。第十二章《通过〈北京社会经济发展年度调查〉测量十年中的变化和稳定》中，沈明明、杨明和墨宁一起，分析了北京地区研究（BAS）中记录的第一个十年中的情况，这是自 1995 年以来，每年对北京市民进行的代表性的调查。纵观北京地区研究，材料中记载的变化和稳定情况帮助本书的作者们深入了解了北京居民基本的性格特征，而不像过去那样仅仅了解居民的信心和摸清楚他们的某些不满情绪。

最后，在结语部分，李侃如总结了政治学中的中国研究领域的演变过程。李侃如历数了几十年来中国政治研究面临的困难，称赞目前在该领域中研究方法日益丰富和机构日臻成熟的现象。与此同时，他还就一些新问题提醒学者们，如果我们想继续更广泛而深刻地了解中国政治的话，就需要始终不渝地关注这些问题。

（薛松译　段若石校）

第一部分　资料来源

第一章

中国官方数据和抗争政治

曦　中（Xi Chen）

在改革开放年代研究中国问题的学者有幸能够获得比他们的前辈更多的资料。[①] 特别是政府机构收集和保管的信息，如今已经可以更方便地为研究者所获得。然而，由于学者们不熟悉这些资源，不知道如何搜集这些信息，以及长期以来存在着对这些数据可信度的怀疑，以致到目前为止很少有学者充分利用了这个便利条件[②]。

在中国，研究国家—社会关系的许多题目都被政府认为是“敏感的”，这使研究者在实地调查中面临诸多限制。那些研究公众抗争问题的学者常常发现自己面临一种进退两难的境地：既不易进行访谈或调查，又不能从媒体上得到什么可靠信息。在这种情况下，官方的资料（如果可以获得的话）就很可能成为研究国家—社会互动关系最好的材料来源。

本章讨论的是收集和使用官方数据方面的两个主要问题：可获性和可信性。人们常常低估官方数据的可获性。在改革开放年代，中国政府实际上已经放松了对档案资料的控制。许多文件已经公布或是在国家和地方档案馆中对公众开放。许多政府机构也愿意向研究者提供某些资料。不过，由于整个档案系统远未制度化，研究者对于可以查阅到什么资料仍没有把握。

官方数据本身也存在某些误导和偏差。在研究威权体制时，官方数据的可信度一直令人担忧。一般认为，这种政治体制严格地控制着国家与社会之间以及官僚体系内部的信息流动，这无疑会影响到我们所搜集的资料数据。为了评估官方资料的可信性，我们必须了解产生这些数据的政治过

① Perry，1994b，pp. 704—713.

② 两个引人注目的例外见 Perry，1994a；Walder and Su，2003。

程。正如某些社会学者所说，“我们越是了解数据偏差的结构和来源，我们就越是能够为避免对其规律做出错误理解而做好准备”。[①] 因此，本章也要考察政府机构编制档案资料的结构和过程。我们重点要讨论两种局限性：政治体制的特征和政府—公民互动过程。正如查尔斯·蒂利（Charles Tilly）所建议的，社会研究者不仅需要构建理论来解释所研究的现象本身，而且需要用理论来阐释我们赖以做研究的证据材料是如何产生的。[②]

本章内容主要基于我自己在搜集和使用信访系统资料数据上的经验。在2002年的实地调查中，我访问了湖南省的四个信访机构，包括一个省级局，两个地级局和一个县级局。在2008年的实地调查中，我访问了广东、湖南和湖北的几个档案馆。虽然其他政府机构编制的数据可能在很多方面与信访数据不一致，但是总的来说，对信访数据的讨论一定会有助于我们思考如何最有效地利用官方数据。

第一节　两个优势

与访谈、调查、报纸等媒体资料相比，官方数据对于抗争政治的研究具有多个优势。在这里我想重点说明其中的两个。第一，官方数据可以让我们在考察国家—社会关系时把注意力集中于国家本身；第二，官方数据使我们能够进行事件分析，而事件分析的方法在近几十年里已经为社会运动理论作出了重要贡献。

研究中国抗争政治的多数学者都将社会群体而非政府作为其实证研究的重点。这是可以理解的，因为安排与社会人员的访谈或调查毕竟更容易些。当然，也有可能对政府官员访谈或调查，只是这种访谈或调查安排起来难度较大，而且也难以了解到真实情况。那些研究公众抗争问题的学者往往会发现抗争者和政府官员的态度截然不同。多数抗争者愿意主动向研究者诉说——他们最大的苦恼之一就是无人倾听他们的呼声。相反，政府官员一般不愿在敏感问题上与研究者进行任何实质性对话，尤其是对于来自外国的研究者。由于不少官员曾因为与媒体或其他人员的对话而受到过

① Earl et al., 2004, p. 77.

② Tilly, 2002, pp. 248 - 254.

处分，所以中国大多数地方的政府官员已变得越来越谨小慎微。

官方数据也许是一个捷径，如果能够得到的话，它可说是成本低廉而又信息丰富。尤其是它能表现政府在抗争性互动中的角色。这一点格外重要，因为研究社会运动的主流理论模式——政治过程理论——将激发公众的动力和结果大多归因于国家的特征及其变化。政府资料，包括会议记录、领导批示、部门间交流的文件，以及调查报告，可以帮助我们打开这个官僚体系的黑匣子。例如，我在湖南省搜集的政府资料使我能够对政府对公众抗议的应对方式进行系统研究。[①]

从官方数据中我们不仅看到政府是一个行动者，而且它也帮助我们了解了国家对政府与其公民关系的看法。丰富的政府档案资料通常会使我们体验到一种“国家视角”。[②] 正如社会科学家一样，国家会为了深入了解某些社会实情，花费大量资源进行调查。国家视角可以帮助我们加深对社会现象的理解。当然，这并不是说这种视角必然比学术观察更高一等，它常常富于启迪的意义。以研究公众抗议不断上升为例，为了说明1990年代以来中国公众抗议事件显著上升的趋势，许多研究将重点放在特殊的社会群体上，如工人和农民。这本身没有问题，但这类研究有一些过分强调群体特殊情况和冤情，而没有理解这类社会变迁是一种跨阶层的现象。官方数据把社会变迁视为一个整体现象，可以帮助研究者避免这种狭隘的视角。信访系统跟踪记录了每一个值得关注的社会群体的集体行动的变化情况。例如在湖南省，信访数据显示，1994—2001年间，从养老金拖欠到环境污染等多种诉求的社会抗议同时出现显著上升。

尽管官方数据比访谈和调查有明显优势，但为了稳妥起见，最好能与其他数据一起使用。国家与社会科学家一样都渴望了解情况，但两者的关注点不尽相同。例如，国家记录抗议者的行为，其主要目的是为了管控，因而很可能忽略研究者可能感兴趣的某些事实。无论政府资料如何丰富、全面，研究者通常还是会发现它们对系统研究而言仍有很多缺陷。因此研究者必须搜集补充数据。不过，研究者在进行访谈或调查时还是可以从官方数据中得到帮助。例如，有了某个时期完整的信访和抗议资料，研究者就能够以更严谨的方式选择和确定受访人。此外，官方数据还可以帮助研

① Chen 2009；Chen 2008.

② Scott，1998.

究者更有效地设计要提出的问题。事实表明，如果研究者表现出对事件有较多了解时，受访者就更愿意说出更多情况，对政府官员的访谈尤其如此。

中国官方数据的另一个主要优点是它有助于进行事件分析。尽管档案资料常与定性分析法关系密切，但它也适用于定量研究或综合分析方法，如内容分析和事件分析①。对抗争政治的研究者而言，事件分析是一个极其重要的研究手段。在抗争政治研究领域，资料搜集和处理方法对改变理论范式产生的作用非同小可。近几十年来，使两个最重要的理论——资源动员模型和政治过程模型获益匪浅。很多学者利用主要来自新闻报刊的大量抗议事件的资料，进行了跨地区和跨时段的定量研究。正如30多年前几位蒂利学派的人士所言，这种方法能够提供一个比“罗列例证、引述行家观点，或叙述主要印象”更加健全的程序。②

这种方法的一个关键程序是编纂事件的分类目录。这种目录提供了事件的发生数量、时间、强度、顺序、结果，以及投诉事件其他方面的信息。利用这些信息，研究者可以回答一些重要问题。比如时间点、组织动力、政治环境对于集体行动发生的频率和社会运动的成功产生的影响等。③ 根据蒂利的理论，分析者可以在三个方面使用这种目录：汇总、发生率和内在规律。首先，他们可以把事件数量或事件的某些特定方面的数据汇总，得到时间、地点或社会属性的总数，然后尝试说明时间、地点和社会属性的差异；其次，他们也可以通过检验“事件目录中的现象与其背景、参与者、相关事件的特征之间的共变性”来研究事件发生的原因；最后，他们可以利用这种目录来研究内在规律，例如不断重复的先后顺序以及看似不相关事件之间的因果关系。最后一项任务特别需要数据支持。分析者必须“把事件及其背景中的各种因素先进行分解，再重新组合，才能体现出分析者运用的理论所阐明的事务之间的关联或因果关系”。④

学者在一般情况爱使用报纸数据，而不是官方数据。蒂利学派人士在对德国、意大利、法国的研究中评论说，“一份长期连续出版的全国性报纸在某种程度上比我们见过的任何主要档案系列更值得信赖（并且更实

① 内容分析的一个出色范例请参见 Shapiro 和 Markoff（1998）。

② Tilly，Tilly，and Tilly，1975，p. 16.

③ Olzak，1989，p. 120.

④ Tilly，2002，p. 252.

用），也比标准史学著作的任何组合可信得多，并且优于任何其他可能得到的连续性的资料”。[①] 确实，报纸数据常常在广度和可信度上优于官方数据。在这两方面，我们不能奢望得到可以与《纽约时报》这类报纸相媲美的政府档案资料。

然而，在某些情况下，政府档案可能是更好的资料。例如，格雷姆·罗伯逊（Graeme Robertson）在对俄罗斯罢工的研究中，主要利用了根据俄内务部（MVD）未出版的每日报告文本编纂的游行示威资料集。为了评估这些资料的可信度，他将其与公开出版的数据进行比较，发现“它们是对公开出版的罢工统计的一个显著改进”。[②] 这是因为内务部具有撰写这些可信报告的意愿和资源，这些报告主要用于国家安全目的，由负责监控本辖区破坏性行动活跃度的官员编撰。结果是，“内务部资料和官方公开资料的比较结果都显示了同时段内同样的宏观趋势，但前者比公开出版的资料显示出更高的能动性”。[③]

同样，在当代中国，由于媒体在报道公众集体行动方面受到非常严格的限制，官方数据显然要比报纸数据更具优势。当然，在国际和国内媒体以及网络上，我们仍然可以发现对公众集体行动的零星报道。细心的研究者可能搜集到数百种这类报道。然而，由于大多数这类事件的发生背景互不相连，这些报道很难在系统研究中使用。一个更有效的方法是对更小范围内的更可靠的政府证据进行分析。例如，Y 市事件目录中的内部资料包含了十年内所有被报道的事件，其中有关于抗争事件的各种信息，如参加者人数和身份、行动方式、抗议策略、诉求、表述方式、政府回应等，可以用它们来回答一系列范围广泛的问题。通过对这个数据集进行统计分析，我检验了哪些抗议方式推动了中国政府作出实质性的回应。[④]

第二节　到哪里去找？可以找到什么？

学者们可以从三大来源中获得政府资料：（1）公开出版的资料；（2）国家或地方档案馆；（3）其他中央或地方政府机构。此外，还可以

① Tilly, Tilly, and Tilly, 1975, p. 16.

② Robertson, 2007, p. 790.

③ Ibid., p. 291.

④ Chen, 2009.

通过一些不同寻常的途径查找政府文件。例如，有时可以从上访者那里得到政府资料。上访者心里都很清楚，这些资料可以增强他们讨价还价的能力。尽管政府极力隐藏一些关键信息，但有时上访者还是能设法获得政府文件，甚至许多机密的内部文件也可能在上访者之间流传。上访者有可能把这些文件卖给其他人或是无偿与其他上访者分享。有些文件含有大量信息。举一个例子，中国残疾人联合会负责人2000年3月有一个内部讲话。许多省份的残障上访者就利用这份文件对地方政府施压，为自己争取优惠政策。

政府公开出版物的另一大优点是很容易获得。对抗争政治研究领域而言，此类出版物中最有用的就是各种县志和省年鉴。这类出版物之所以能包含很多信息的一个原因，是因为它们当初是当作内部资料编纂的。以县志为例，最初编纂它们是为了内部使用，但从20世纪80年代以来，公众也逐渐能得到和使用它们。[①] 一份地方政府文件说：编纂地方志的主要原因是“为地方领导提供科学的信息，以便他们做出正确决策”。[②] 然而，地方志出版后不久，就在全国自由传阅了。读者群的多样性使其具有了一定程度的公开性。

有一些地方政府比其他地方政府更加开放。正如魏昂德（Walder）和苏（Su）所指出的，如何解释信息公开的规则和如何执行，主要取决于地方权力部门。[③] 如果将20世纪80年代和90年代的河南省年鉴和湖南省年鉴进行比较，我们会发现河南省年鉴包含了更多的投诉和上访信息。当然，在地方档案馆或其他政府机构里保存的某些信息，即使在信息量最丰富的出版物里也找不到。因此，我们在这里看到一种利弊平衡：政府出版物最容易得到，但在敏感问题上信息量最少。

进入地方档案馆通常不成问题。自20世纪90年代起，中国政府明显改进了其档案系统。1996年修订了《档案法》，1999年国务院颁布了新的实施细则。大多数（如果不是全部的）县和县级以上地方政府都设立了档案馆。近年来，多数地方档案馆不仅增加了其收藏，而且把更多的资料向公众开放。当然，尽管中国政府努力使档案系统制度化，但地方档案

① Thogersen and Clausen，1992.

② Ibid.，p. 165.

③ Walder and Su，2003，p. 80.

馆对于什么资料应收入档案馆的标准却不尽相同。因此，档案馆里保存了什么资料以及研究者可以阅读和影印哪些资料，很难一概而论。一些地方档案馆仅保存着陈旧且不完整的资料，这部分原因是因为其他政府部门不愿将自己的档案资料转交给它们。甚至对那些本应公开的资料，也可能会有一些特殊限制。例如，在湖北枝江市档案馆，要查阅某些专门机构档案的研究者必须另外获得该机构的许可。所以，如果研究者想要查阅信访局转来的档案，不仅需要获得档案馆的同意，还需要得到信访局许可。对外国人来说，情况就更为复杂。不过，在一些地方档案馆，研究者也有可能找到比较新并且相当完整的档案。例如，2008 年在湖南省益阳市档案馆，我惊讶地发现来自信访局的、从最近日期直到 2000 年的许多“敏感的”政府内部文件都对公众开放。最有价值的一个内部刊物是“信访快讯”，它原来是仅提供给地方主要领导阅读的文件。

从其他政府部门直接收集档案资料则比较困难。一般而言，部门的级别越高，就越不愿意将其档案室向研究者开放。所以，从省级机构搜集资料要比从地、县级机构更难（从中央政府搜集资料则难上加难）。当然，幸运的学者直接从政府机构获得的档案材料内容更加丰富。以下是对从信访局档案室里可查到的几类资料的一个概述：（1）来信、来访登记表；（2）包括信访信件、会议纪要和调查报告在内的案例档案；（3）对信访事件做的政府报告；（4）定期总结和信访分析、信访官员工作报告、地方或中央领导有关信访工作的讲话；（5）信访局编制的统计数据。根据这些材料被人为加工的程度，它们可被大致分为原始资料（如信访信件）；部分加工的资料（如事件报告和信访总结）；以及充分加工的材料（如工作报告和统计数据）。根据政府打算保存这些资料的时间长短，它们又被官方分为短期、长期和永久档案。信访局可将长期和永久性档案保存在自己的档案室到一定时期，然后转给当地档案馆。根据《档案法》，县级机构可保存其档案十年，然后转给地方档案馆。但实际上，一些机构对其档案可能保存更长时间。大多数原始资料被认为是短期档案，在大约一年内即被销毁。所以，在地方档案馆找不到这些资料。

这五种资料各有利弊。利用第一种资料即登记表，研究者可以建立一个向信访局投诉的所有信访事件的全面数据库。但它的每个案例的信息有限，一般没有关于申诉者如何申诉和政府部门如何回应的信息。第二种资料即案例档案提供了每个案例的丰富信息，适用于做深度案例分析。利用档案中的信访信件、登记表、领导人批示、会议纪要和调查报告，研究者往往能够重新勾画出抗争事件互动的全过程。

第三种资料对案例分析尤其有价值。它通常有两种主要形式：(1) 以“重要信访问题呈阅”为题呈送给地方领导的特别报告；(2) 由各级的几乎每个信访局出版的特别内部刊物。值得注意的是，大多数信访局同时出版两种不同的刊物。一种仅供内部使用，而另一种比较公开。例如，天津市的第一种刊物叫做《信访信息》，第二种是《天津信访》月刊。内部刊物通常比公开刊物的信息量大得多。在Y市，内部刊物定期出版，大约每周两期。但在一些重要时段，如地方人大每年的会议期间，几乎每天出刊。

第四和第五种资料经由信访官员充分加工过，是为了给地方领导或上级部门提供信访和抗议的基本情况，它们常常包含便于使用的大量信息，但却有两个缺点。第一，由于是充分加工过的材料，它们很容易被歪曲；第二，它们不是为学术研究而加工的，因此无法直接用于某些目的，例如在许多统计表里使用的大量的官方行话，以及许多没有明确定义的基本术语。所以在运用这些资料做学术研究前，研究者需要先对它们进行小心解读。

第三节 国家、信息和信访数据

官方数据的可信性像其可获性一样是学者们担心的问题。众所周知，与使用其他数据相比，使用官方数据必须格外小心。保罗·斯塔尔（Paul Starr）明确地指出：“官方数据还容易受到与外部社会现象无关的官僚政策或程序变化的影响。例如，预算、人事，以及对立案结案数的内部激励和控制机制等因素的变化，很可能影响政府对犯罪、疾病和其他公民异常行为的考量。”① 同样，厄尔等人（Earl et al.）也认为：当一个事件的信息来自官方（或参与者）时，其报告极可能会产生谬误和偏差，因为“这些当事人常常与对事件如何描述利害攸关”。② 提供数据的政府机构不像新闻机构，它们在国家—社会或官僚机构内部的互动中也是当事人。从

① Starr, 1983, p. 30.

② Earl et. al., 2004, p. 73.

这个意义上来说，使用官方数据必须比使用新闻数据更加谨慎。

中华人民共和国历史上的大量事件，从“大跃进”到最近的“非典”危机，都表明中国问题专家更需要保持谨慎。甚至连中国领导人似乎也清楚地意识到官方数据的不可靠。1980—1982 年任中共中央办公厅主任的姚依林曾表达过他对现有信息渠道的不满：

> 领导部门最困难的事情是搜集基层的准确信息。各个部门都进行自己的调查，但他们的调查有时带有部门倾向性或片面性。现在来自地方政府的报告已经过反复斟酌修饰，让人在里面找不到任何东西。①

中国政治体系中信息扭曲甚至弄虚作假的倾向已成为学界的老生常谈。例如，理查德·鲍姆（Richard Baum）和阿列克西·什维申科（Alexi Shevchenko）认为，“在列宁主义体系中，下级官员有强烈的本能对其上级撒谎、隐瞒财产和低估产能，在这种体系中领导者得到的信息质量一般都很差。”②

不过，我们不应夸大官方数据存在的问题。毕竟，除少数混乱时期外，信息的编写和流通机制运作至少是基本正常，足以支撑政治体系。为了准确评估政府信息的质量和可靠性，我们需要考察信息编写和流通的制度框架和政治过程。尤其需要搞清楚政府机构为什么以及如何编写我们打算使用的这些数据。

为什么中国政府编写了如此多的信访信息？每个国家特别是现代国家都渴望获得关于社会现实的信息，这正是为什么詹姆斯·斯科特（James Scott）声称治国的中心问题是读懂社会的原因。③ 同样，保罗·斯塔尔指出：“‘统计’一词与‘国家’一词同根，说明了统计学发展的一个重要促进因素是现代国家对社会和经济情报的需求。”④

不同的政治制度在信息搜集方面可能各有长短。中国这样的威权政体具有三个优势。第一，它们常常拥有很强的权力对社会进行简化和标准

---

① Huang，1995，p. 832.

② Baum and Shevchenko，1999，p. 337.

③ Scott，1998，p. 2.

④ Starr，1983，p. 15.

化，使其更易于观察；[①] 第二，某些政权特别是极权主义政权，具有动员普通民众提供信息的强大能力；第三，国家对社会的深度渗透使监控变得容易。在中国，像工作单位这样的草根机构曾长期作为国家机器的一部分负责监管大众。[②]

但是，这些优势有时也会变成劣势。例如，对社会的深度渗透和一个包罗万象的结构实际上可能会阻碍信息的搜集和流动。当大多数社会机构都在这个党—国的直接控制之下时，很难找到任何独立的信息源。而且，缺乏对言论自由和出版自由的保护进一步加剧了这个问题。媒体本应作为外部信息的最重要来源，却常常在关键问题上保持沉默。

因此毫不奇怪，许多威权主义政权非常依赖公民申诉作为他们的信息来源。为了使自己的冤情得到平反，申诉者求之不得向政府提供信息。而且，因为大多数申诉仅涉及小事，所以提出申诉没有什么政治风险。因此，前国家主席刘少奇曾说，他读群众来信比读政府部门提交的报告更觉得放心。[③]

国家一般搜集两类社会信息：一类集中于民众的主观思想状态；另一类则聚焦于纯粹的客观事实，如人口和经济统计。“非典”危机中的信息主要是客观情况，如发现了多少“非典”病例。上访民众提供的信息则不局限于客观事实，常常也包括一些主观思想情况。对国家而言，了解其公民的感受和观点格外重要。

在中国，党—国从信访和申诉中搜集信息有三大目的：回应、问责和监控。那些关注对民众政治诉求进行回应的威权政府，努力以与自由民主政权不同的方式来搜集关于公众倾向的信息。当从选举和民意调查中无法获取可靠信息时，信访和申诉就成了反映大众倾向的重要信息来源；另一个目的是对政府机构问责。由于缺乏诸如一个可靠的媒体这样的替代来源，党—国必须通过申诉者的负面反馈来了解政府机构的失职行为。例如，各类统计显示，在中华人民共和国的各个时期，这个渠道提供了至少70%的由执法机构处理的腐败案线索[④]；最后，党—国还能通过监视投诉活动来了解最不稳定的那部分公众的情况。这是因为许多投诉或抗议有可

① Starr, 1983, p. 15.

② Walder, 1986.

③ Diao, 1996, p. 157.

④ 例如，参见 Diao（1996：39）。

能发展成失控的行动或暴力。

尽管信访和投诉属于外部信息，但它们在送交到党和政府领导人手中时，已经过官僚机构的加工。因此，像中国的媒体信息一样，这类所谓的外部信息源也受到了官僚政治的制约。政治体制中至少有两种性质能制约信息造假和歪曲事实的做法那就是替代性信息源和责任体制。领导者严重依赖一个特定的信息源而没有其他替代来源，这种状况可以被恰当地称为“信息依赖”。王绍光在论述中国的财政制度时，将篡改信息的行为归咎于这种依赖。正如他所解释的：“中央不得不依赖全国各地的政府机构来获取信息。在一个等级体制中，处于底层的那些人别无选择，只能通过操纵向中央提供的信息来达到自己的目的。因此，呈报中央的信息中，总是存在被歪曲的危险。”① 此外，在中国存在着各种地方责任制体系，它依据官僚机构内部提供的信息来实施奖惩，因此，“数字出官位”的做法在中国官员中极为盛行。

因此，我们可以提出两个假设。第一，信息依赖程度越高，意味着歪曲信息的可能性越大；第二，信息与政治责任联系得越紧密，歪曲信息的可能性越大。幸运的是，按照这两个标准来判断，对于20世纪90年代以来信访系统的大多数官方数据来说，歪曲信息不是很严重。信访系统只是众多信息渠道之一。对于普通群众的申诉活动，至少有五个机构负责向领导提供这类信息：（1）公安部；（2）维稳办；（3）政法委；（4）信访系统；（5）监控“法轮功”信徒活动的610办公室。此外，信访系统最显著的特征之一是存在许多“越级”信访。申诉者不仅可以向当地政府投诉，而且可以向其上级政府投诉。由于信访系统不是唯一的信息提供机构，申诉者常常直接向上级政府寄送信息，因此信访机构很难隐瞒和歪曲太多信息。

信访数据和政治后果之间的关联不会过分推动歪曲信息的做法。中国政府完全放手让地方政府管理上访和抗议事件，偶尔发生几次上访和抗议事件不会受到上级的批评；一般只有在这类事件处理得很糟糕的情况下才会引起政治后果。当然，许多地方政府会把经常发生上访和抗议活动视为对地方领导政绩的一个负面影响。但近年来，中央一直在努力制止将上访和抗议活动直接归责于地方政府。相反，它可能说明地方领导的工作作风

① Shaoguang Wang（王绍光），1995，p. 87.

比较民主，普通民众比较信任他们。当然，不同地方的领导对此仍有不同解释。例如，某些类型的上访活动——如长期的反复上访——可能说明当地政府不作为或有错误。但一般来说，政府在提交内部报告时并不想过分操纵上访活动的信息。

这并不是说我们可以忽视官僚政治导致的信息歪曲。正如大家所经常看到的，抗议者总是爱夸大事实，而政府机构则总想瞒报。抗议者常常夸大参加活动的人数以显示其力量或合法性。相反，政府机构如公安部门可能会低报事件发生次数或参加者人数以淡化社会动乱的现象。这个规则也适用于信访系统。例如，我访问湖南省 H 县信访局时，就注意到并不是每次大规模抗议活动都按要求作了报告。一名官员为这种做法辩护说："那个事件不应算作是上访者超过 50 人的事件，因为多数参与者只是旁观者。他们来县里购物，只是不经意地聚集到了县政府门前。"①

实际上，我们仅仅对信访数据可信度进行泛泛讨论还不够，因为某些类型的数据要比其他类型的数据更可靠。例如，信访局的原始资料相对来说问题较少。登记表或案例档案很少篡改。比较起来，那些经过较多加工的数据更有被人篡改的嫌疑。

官僚体制的制约并非是对信息生成和传播的唯一挑战。政府和上访者之间的抗争性互动也会影响这个过程。从历史角度来看，政府对社会信息的收集过程导致政治对抗的情况并不少见。例如，西方社会现代化之前的许多人口普查就曾遭遇强烈抵制。② 而且，正如上文所说，中国政府和上访者斗争的焦点之一，反映的就是相关政策和其他群体上访活动的信息。因此，对社会角色可能产生影响的这层顾虑也会制约信息生成的过程。

举例来说，分类方法可能影响上访者的行为模式。上访数据把上访活动分为"集体上访"、"越级上访"、"重复上访"、"非正常上访"几个类型。这种分类法成为人的区分被批准和被禁止活动的依据。实际上，数据搜集方法常常涉及上级机构、下级机构和上访者三方的互动。当上级机构运用某种统计方法时，通常须考虑到其他两方即其下属部门以及真实或潜

① 访谈，2002 年 7 月。

② Kertzer and Arel, 2006, pp. 665 – 666; Starr, 1983, p. 15.

在的上访者。因此，它们常常处于两难境地，使得旨在对下级部门施压的数据搜集可能被上访者利用，而忽视这种统计工作又会降低下级部门的责任心。

湖南省信访局曾经试验取消统计所谓的上访老户的重复上访活动的做法。过去这类活动被看作是一个负面指标，因为大量对上级部门的重复上访被看作是地方政府失职的表现；省局对这类活动的统计对地方政府能形成一种压力。这个方法被精明的“上访老户”所利用。他们清楚地知道：他们每次到省政府上访，其行动都会让地方政府丢脸。因此，地方政府为阻止此类活动，不得不与他们谈判。相反，如果不统计这些活动，老户们就没有这样的机会。为了不刺激长期上访的活动，湖南省政府决定不再统计这类活动。但这项政策仅持续了数周，就又恢复了过去的做法。尽管该项政策基本达到了预期效果（减少对上访者到上级机构上访的刺激），却带来了强烈的和始料未及的副作用，那就是下级机构开始疏于阻止上访老户的越级上访。总之，抗争政治的数据生成过程本身就是这种政治的一部分。因此，对官僚机构内部互动和政府与公民互动的深刻理解，有助于我们评估数据的可获性和可靠性。

第四节　信访系统及其调整

在讨论了数据生成的一般政治过程之后，我们现在可以把焦点转向负责搜集、加工和保存信访档案的具体政府机构。对信访系统尤其是其组织和操作程序的进一步考察，将有助于我们评估信访资料数据的质量和可信度。一般而言，工作主动和资源充足的信访局能够生成比较可信的、高质量的数据，但相反的情况也可能存在。信访系统的演进是一个融合了制度延续和变迁的过程。一方面，信访系统的基本职能及其与地方领导的关系几乎一成不变，另一方面，由于 20 世纪 90 年代中国公众抗议事件激增，信访系统经历了大规模的调整。为了更有效地处理上访和抗议，它调整了组织结构，采用了一些新的程序。这种延续和调整对数据具有重要影响。

信访机构在官僚政治体系中仍然发挥着 50 多年前设立时的功能。作为群众路线政治的组成部分，信访系统主要用来方便党的领导人与群众的沟通，因此，信访机构与党和国家领导人的关系极其密切。事实上，它们除了充当领导人助手之外，没有履行过其他任何职能。其信息工作的首要目标是为地方领导服务。每年信访局的信息资料都要经过评估，提供了“有用信息”的官员会受到表扬或奖励。评价“有用信息”的首要标准是材料是否引起了地方领导人的关注，以及领导人是否对这些材料做了批示。在条（部门）块（政府）关系中，“块”对信访机构更重要。①

信访部门与地方领导人的这种关系导致各地方信访工作的质量和风格迥异。在地方领导人更关注信访工作的地区，信访机构享有更多的资源，也容易编写出更高质量的数据。与之相反，某些地方信访局的配备和人员明显不足。在我访问过的一个县信访局里，没有具体指派任何官员来处理信访信息。尽管多数原始档案被保存下来，但几乎没有编纂报告和统计数据。更重要的是，对于信访信息是否会干涉其政绩评估，地方领导人也有不同看法。那些将高频率上访事件视作负面因素的领导人，会干涉信访局提供准确信息。

但总体而言，自20世纪90年代集体上访活动激增以来，信访系统得到了加强。它在官僚体系中获得了更高的地位，享有更多的资源。例如，20世纪90年代末，湖南省政府将省信访局的行政级别提升了半级。结果，曾比其他部门主管低半级的信访局局长开始享受同样级别待遇。此外，自20世纪90年代末以来，信访局局长同时兼任县、市、或省政府的副秘书长职务②。

此外，在信息搜集和加工程序上也有了几处显著调整。第一，自20世纪90年代中期以来，信访系统设立了紧急信息报送程序。例如在湖南省，“必报”事件包括：（1）到县和县以上政府超过50人的集体上访；（2）有可能超过100人的集体上访；（3）到省政府或北京集体上访事件的信息；（4）扰乱了正常工作、生产、商业和日常秩序，从普通上访演变成“突发性群体事件”的事件。前三项须在当天报送，最后一项须立即报送。报告须包括时间、地点、参加人数、行动方式、诉求、政府回应和动态。必要时，地方信访局须提供后续报告。

第二，还要求信访机构阶段性地甄别“不稳定因素”。信访机构的任务之一是提供社会控制目标的信息。有两个主要目标：上访老户和集体上访的组织者。在集体上访增加前，上访老户曾是主要目标。但20世纪90

---

① Lieberthal, 1995; Unger, 1987.

② 这似乎是全国范围采取的一种做法。例如在浙江省，2001年底之前，所有市、县的信访局局长都兼任副秘书长或办公室副主任。参见《浙江年鉴》（2002：72）。

年代中期以来，主要目标转移到了集体上访者。排查“不稳定因素”不是一项临时工作。信访系统尝试将它制度化，没为标准程序。于是，2005年它被写入《信访管理条例》。

“不稳定因素”清单通常在新年、春节、“两会”、国庆节等重大时刻之前就要列出。这些事件被作为目标，是因为集体上访更有可能在这些时期发生，它们会对社会产生较大的影响。因此，地方政府通常会把这些时段定为“特护期”。有些年份，信访机构在这些时期格外忙碌。如1999年，Y市的市信访局和7个所辖县局列出了43份清单，共确定了739项“不稳定因素”。

第三，从20世纪90年代中期以来，统计数据的编制程序实现了极大改进和标准化。省信访局制作了县、市局每月必须填写的一些标准表格。例如在Y市，5个县和两个区的信访局必须每月填写这些标准表格，并报送市局。市信访局收到来自县的这些信息后，要填写包括全市信息的同样的标准表格。各市将表格报送到省局后，省局要填写关于全省信息的同样表格，然后呈报给国家信访局。

20世纪90年代中期以来，信访机构统计工作的质量显著提高。搜集信息的范围更广，方法也变得更精细。例如，在集体上访的统计表中，5—29人的上访事件与超过30人的上访事件被区别开来。同样，在非群体上访事件中，1—2人的上访与3—4人的上访（被称为“群体上访”）也被区分开来。过去，这种细微的区分是不存在的。

最后，信访机构开始撰写更好的分析报告。尽管统计数据本身能够说明问题，但信访机构根据数据定期撰写各类报告，则有助于领导了解总体情况。许多这类报告都是根据统计数据写出来的。另外还有一些聚焦于某个特殊时段、地区或问题的特别报告，和概括整个地区各类问题状况的综合性报告。这些报告的质量自20世纪90年代中期以来也有了显著提高。此前的大多数报告都很肤浅，写作风格类似新闻。20世纪90年代中期之后的报告范围更宽，内容更扎实。不仅陈述和分析统计数据，而且还提供某些背景，甚至提出处理问题的建议。

第五节　意义和建议

以上对数据生成过程进行的分析意味着某些令研究者感到鼓舞的信

息。我们从中可以看到，威权体制并未给官方数据带来严重问题。许多政府资料，尤其是信访机构的原始材料或半加工材料没有遭到严重篡改。这个政权证明了自己具有很强的适应能力。当群众抗争事件的上升引起领导层的警觉时，信访系统的机构和程序都会得到实质性的改进，结果使，信访系统开始提供更丰富和更有效的数据。而且，档案系统也变得更加公开了。

但这并不是说每个人都可以轻而易举地得到官方数据。在中国进行实地工作的一些传统策略仍然非常重要。例如，对外国研究者来说，获得一所中国大学或研究机构的合作身份会很有帮助。私人关系对搜集政府档案数据也特别重要。此外，建议研究者多关注下级机构，一般来说它们比上级机构更开放。当然，上级机构通常保存着更大范围的资料。但是，对某些“敏感”问题来说，像县政府这样的地方政府的数据可能很有价值。最后，因为不同的地方政府政策可能会有存在很大差异，所以到不同机构和地区去尝试也很重要。有价值的数据常常是在研究者查找了许多地方后才能找到的。

但是，上述分析也揭示出一些问题。由于信访系统（以及中国其他大多数政府机构）的信息工作总的说来还没有充分制度化，所以在不同时段和不同地区能够获得的数据有显著差异。搜集来的资料因范围和内容不同，常使进行跨时段和跨地区的比较很困难。

此外，这种无规律的差异也使得数据的偏差有些不可预测。幸运的是，有些方法可以部分弥补这种不确定性导致的问题。第一，我们可以寻找一些指标来评估数据的质量和可靠性。正如魏昂德和苏（2003）在县志研究中所指出的，信息数量通常是信息质量的一个指标。这是因为数量反映了地方领导人对信息搜集和加工的态度。在领导人重视信息工作的地方，政府机构不仅会搜集更多的信息，而且搜集过程也会更加认真。其他指标也会有所帮助。例如，如果一个局因信息工作而获奖，它提供的数据通常质量都较高，当然，这也可能会引起数据偏差的问题。

第二，我们可以审查数据的可靠性。使用当代数据的一个优点就是很容易检验这些数据是怎样生成的。有时可以对负责编撰资料的政府官员进行访谈。我们也可以通过比较不同来源来评估数据的可靠性。由于官方数据有多个来源，因此可以被交叉验证。例如，重要的上访事件会以几种不同形式上报，比如“重要信访问题呈阅”、内部刊物、“不稳定因素排查”

报告以及定期报告等。此外，还可以通过检验其来源来评估它的可靠性。例如，我们可以把官方数据与通过访谈获得的信息进行比较。在这个意义上，对不同来源的交差验证非常有益。

第三，如果我们能使用上游资源，问题就不会那么严重。数据越是经过加工，偏差就越大。正如前面分析过的，分析报告和统计结果存在误差的可能性更大。在可以获得上游信息源的情况下，如信访信件、登记表和事件的原始报告等，建议研究者自己加工数据，因为这样可以获得更可靠的结果。近年来，信访系统的统计数据成倍增长。尽管它们数量庞大、内容丰富，但使用时要注意某些风险和困难。数据分类的定义和范围经常模糊不清，缺乏一致性。如“集体上访”这个词某些年里是指三人以上的上访，但在另些年里却指五人以上的上访。此外，官方的行话在统计数据中非常普遍，不仅会使研究者感到困惑，还会导致信息的不统一。这是因为不同机构的官员对它有不同方式的解释。例如，与当地学校不合法收费相关的上访有时被归类为“三乱”问题，有时又被归为“农民负担”问题。这些定义模糊、有时重叠的概念很有可能给地方信访干部造成困难，使他们的理解不一致。相反，有了上游材料，研究者就能掌控编纂和汇总的方法。

这些风险和困难也同样会发生在上级政府机构的信息源中。上级机构往往享有优越得多的资源和设备，因此能提供完善得多的档案资料。但需要注意的是，多数汇总数据是来自于下级机构。正如利奥·奥林斯（Leo Orleans）很久以前所说，“统计数据上报过程中经过的行政层级越多，其数字的准确性就越差”。①

当然，上游数据还会存在某些选择或描述上的偏差。例如，在信访局里，我们只能找到那些被政府视为重要案件的档案。同样，信访系统的内部报告很可能只包括发生在政府大院附近或引起较大破坏的抗议活动。直接评估和说明这些偏差对于我们的研究非常重要。

在中国进行实地工作常常像是探险。没有详细的地图可供我们探寻官方数据的宝藏，沿途还有很多陷阱。不过，对于那些勇敢的探险者来说，其他探险者的考量，如本章所述内容，往往可以提供有价值的线索。

（杜邢晔译　胡国成校）

① Orleans，1974，p. 51.

第二章

关于中共政治精英简历的量化研究方法*

——以中央委员会的历史变迁为例

史宗瀚（Victor Shih）　单　伟（Wei Shan）　刘明兴（Mingxing Liu）

政治精英是西方早期中国研究的重点，因为在一个极度封闭的政治体制下，有关精英的信息是比较容易获得的。随着中国的对外开放，人们可以得到越来越多有关中国政治的各种信息，于是政治精英在中国研究中的地位就显得没那么突出了。我们认为，精英研究对于理解像中国这样的威权政体仍然是重要的。本章将介绍我们建立的一个有关中国共产党中央委员会成员的统计数据集，它结合使用了传统的精英研究与新的编码和统计方法。在文章后部，我们运用该数据集考查了中共中央委员会的几个历史性特征，并分析了一些高级政治精英在中央委员会中的影响力。在这个数据集的基础上，我们还进一步讨论了中国政治精英量化研究的未来方向。

第一节　威权政体下的精英研究

在中国改革开放之前，研究中国的西方学者只能依靠中国官方媒体报道以及来自中国台湾地区的资料进行学术分析。由于官方媒体报道的大多是高级领导人的丰功伟绩及偶尔的"失误"，西方学者就顺理成章地大量利用这些信息来源，自然而然地形成一种以精英为主体的研究。而现在，研究中国的学者可以获得范围更加广泛的信息，从政府的各种文件到实地访谈以及抽样调查数据。尽管新的信息来源促进了对中国草根阶层政治现

---

* 特别感谢北京大学研究生杨波和李强的研究助理工作，他们对本章中所用到的数据进行了仔细而精确的编码。我们还要感谢哈佛大学费正清中心图书馆的南希·赫斯特女士（Nancy Hearst），她在数据收集的最后阶段提供了宝贵的协助。

象的研究，使精英研究的地位相对下降，但是，中国政权的威权主义性质决定了深入进行精英研究的必要性。

关注威权政府中精英的最重要原因在于这些政权的权力总是掌握在少数领导人手中，他们的偏好、信仰和行为能够对政治与经济后果产生重大影响。琼斯（Jones）与奥尔肯（Olken）[①]将领导人的自然死亡作为外生变量，结果发现，与民主国家相比，威权国家领导人能够对国家的发展产生更为明显的影响。这是因为他们能够直接影响财政与金融政策，乃至直接改变政治体制。研究中国的学者对“大跃进”和“文化大革命”的灾难性后果耳熟能详，他们对个别领导人的决定性作用几乎深信不疑。[②]这吸引着学者们去潜心钻研关键领导人的文章和生平背景，以便找出影响这些领导人行为的“思想”与经历。[③]借助于深入的历史分析，学者们试图了解领导人的倾向和“思想”是如何影响他们的行为，在复杂的政治环境中实现一系列目标。[④]近年来，研究中国的学者也像早期研究西方民主国家精英那样[⑤]，开始通过调查来揭示政治精英的倾向[⑥]。

促使人们对威权政体下的精英进行研究的另一个原因是，能够直接影响领导人人选的精英的数量，比正常的民主政权下有权选举领导人的人数少得多。[⑦]因此，即便威权政权下的领导人想为公众办些好事，他们也会为了巩固自己的权力，让政策先去满足少数支持者的利益。[⑧]在中国研究领域，理论文献就是根据这种对威权政治的理解，成功地阐释了政府的政策。[⑨]在这个分析框架中，了解精英的背景是非常重要的，因为背景影响到他们的政治行为。[⑩]

比较政治研究的文献通常也关注精英之间的互动，因为他们的行为通常会造成重要的的政治或经济后果。例如，拉姆齐尔（Ramseyer）和罗森

---

① Jones and Olken, 2005.

② Dittmer, 2001; MacFarquhar, 1997; Schram, 1989; Schwartz, 1966.

③ Schram, 1989; Schwartz, 1966.

④ Fewsmith, 1994; MarFarquhar and Schoenhals, 2006.

⑤ Aberbach, Putnam, and Rockman, 1981.

⑥ Dickson, 2003.

⑦ Bueno de Mesquita et al. , 2006.

⑧ Kang, 2002; Shirk, 1993; Svolik, 2005; Tullock, 1987, p. 17.

⑨ Bachman, 1991; Manion, 1993; Pei, 2006; Shirk, 1993.

⑩ Lieberthal and Oksenberg, 1988.

布鲁斯（Rosenbluth）（1998）的研究表明，日本明治时期政权精英之间激烈的派系争斗导致政治同盟的形成，它们联合了外部势力，最终推翻了寡头政体。在民主政体下，竞争对手通常来自不同的政党，媒体也会对这种竞争进行大幅报道，因此精英们的争斗通常是显而易见的，但在大多数威权政体中，这是完全不可能的。局外人通常观察不到政治斗争的存在，直至有人下台，或者发生政变。

在“文革”爆发之后，精英斗争成了中国政治文献的研究重点。大量的政治领导人遭到了迫害，高层“圆桌会议式”的协商体制瞬间陷入了一种相互指责和清除异已的混乱之中。[①] 人们通常很难观察到这种现象，这是威权政治的一个重要特征。“文革”的发生催生了数量庞大的文献，人们希望从中了解“文革”的根源[②]、它在地方和基层的表现形式[③]，以及对社会的长期影响[④]。

总而言之，精英分析对于理解威权政体仍然非常必要，因为精英的倾向、价值观、工作经历，以及精英之间的斗争会对政治与经济产生重大影响。对于中国而言，伴随着新的分析工具和信息来源的不断增加，我们应该利用它们增强精英研究的广度与深度，而不是放弃对精英的研究。

第二节 中央委员会数据库

按照精英分析的传统做法，本篇把重点放在组织结构上具有相似背景的精英上，即中央委员会成员。虽然中央委员会绝不是全部的中国权力精英的集合，但是我们有理由相信，绝大多数身居要职的官员都是中央委员会委员。当然也有例外，例如20世纪90年代的邓小平和陈云。但即使是他们，也曾经长期担任过中央委员。陈云是迄今为止担任中央委员时间最长的人（1930—1987）。中央委员掌握实权，控制着关键的官僚机构（即省、部、军区等），能够影响最高层领导的人选[⑤]。

既然中央委员是如此重要，那么我们就有必要尽可能多地了解他们。

---

① Teiwes，1993.

② 例如，MacFarquhar，1997。

③ 例如，Foster，1990；Perry and Li，1997。

④ 例如，Walder and Su，2003。

⑤ Shirk，1993.

实际上，人们已经对各个时期中央委员的特点进行过大量研究。[①] 虽然这些研究让我们直观地了解到不同时期中央委员的情况，但是，我们仍然对这个精英团体在中共历史中的演变特征缺乏一个整体的认识。另外，由于一直以来缺乏有关中央委员的数据材料，我们很难从因果关系上推断出这些委员的特点和中央委员会的整体是如何影响政治与决策，以及后者是如何影响前者的。因此，虽然人们做过这样那样的研究，也具有丰富的理论知识，但未就权力精英对政策的影响做过定量评估。在这方面已经有人做过一些工作[②]，但他们的研究重点是在地方上任职的中央委员，即省市的领导人。

我们所建立的量化数据集罗列了从中共的一大到十六大所有中央委员的简历。接下来，首先要阐明该数据集在一些基本概念上的定义；然后说明我们如何运用统计编码的方法，其间所遇到的问题以及我们为解决问题而采取的方法。要想建立一个完整的中央委员数据库，我们必须要解决几个理论和操作性的问题。首先，数据集必须能够让使用者直接得出相关的统计指标，一些有关中央委员的新信息也可以直接加入已有的数据库中。可是要想做到这点极其困难，其原因有二：第一，除了基本特征之外，例如出生年份、教育水平、入党年份等，中央委员一般会在其任职生涯中变换地担任一系列职务，追踪记录起来比较困难；第二，很多中央委员，尤其是高级官员会身兼数职。这需要在一个定量数据库中表述清楚，不能产生混淆。

为了使编码和数据处理更清晰，我们将职务分成了不同的类别：党中央、人民解放军（PLA）、国务院、省级党委和政府、全国人民代表大会（NPC）/中国人民政治协商会议（CPPCC）、法院和大学等。就党内经历而言，我们将中央委员会委员资格与党中央机构中的职务分别进行编排。就中央委员会资格而言，我们将正式委员与候补委员及其届别（第一届中央委员会和第十六届中央委员会）进行了编码。就党中央的职务而言，我们首先区分了中央领导的职位，例如党主席/总书记、政治局常委、政治局委员和政治局候补委员；然后，我们对党中央的各个机构进行了划分。除了书记处、组织部及宣传部等核心机构之外，我们还对党报和党内

① Bo, 2004a; Cheng Li, 2001; Lee, 1991; Li, 1994; Nathan and Gilley, 2002.

② Huang, 1996; Landry, 2008; Shih, 2004; Su and Yang, 2000.

刊物的领导职位进行了编码，例如《人民日报》、《光明日报》和《红旗》等刊物领导的职务，以及党中央领导的群众团体例如中华全国妇女联合会中的领导职务。

我们用四位数字代表每个职务。前三个数字代表了该职务在国家或党内机构中所处的位置，最后一个数字代表职务的级别。在这个编码系统中，我们使用“1、3、5、7”几个数字，其中1代表部长职位，3代表副部长职位，5代表司、局、厅等职位，7代表司、局、厅以下职位。据此，我们能够统计出所有中央委员在其职业生涯中的晋升次数。以3021为例，前三位302代表人民解放军总政治部，最后的1代表该部门中的最高级别——总政治部主任。

我们还考虑到了一些人口统计学变量，这有助于反映中央委员的基本背景信息。我们考虑的指标包括出生年份、性别、入党年份、教育程度、民族、初次就职和该人是否曾被打倒和平反，以及被打倒和平反的时间。在教育方面，我们区分了他们受教育的程度。如果上过大学，则要说明具体是哪所大学。为了跟踪记录中央委员受教育程度的变化，我们根据教育部（MOE）网站上的全国性大学目录，建立了一个学院和大学的清单，并采用了官方的院校代码作为我们对这些大学的编码。① 我们还在资料许可的情况下，进一步跟踪记录了他们的毕业院校和在大学所就读的专业。我们还将中央委员进入政府机关供职之前的职业生涯分为了几个大类，包括工人、教师、士兵等。有了这些变量，我们就清楚地了解了这些人从政之前的一些情况。

很多中央委员在1949年以前的职业生涯中，曾经在不同的单位中就职。由于对他们加入的具体的军事单位进行编码过于烦琐，我们就按他们是否参加长征，长征之前和之后在哪些根据地工作进行编码。就他们在革命根据地的经历而言，由于根据地过去变换的次数太多，因此我

① 教育部网站上有1607家大学和院校。我们根据2003年网大（中国）有限公司（netbig. com）所进行的大学排名，选择了前面的102所学校。另外，我们加上了北京协和医科大学、中国科学院、中国社会科学院和中共中央党校，这些院校没有列入教育部的名单，也不在网大排名之内，但是这些院校在其各自领域具有很高的声望。另外，我们还加入了西南联合大学和抗日军政大学。这两所大学现在已不存在，但是在1949年之前具有很大的影响力，很多中共领导都来自于这两所学校。最后还有两个综合的类别：军事院校和其他学校。因此在该类变量中总共有110个数值。

们决定根据他们在不同的革命时期主要根据地的经历进行编码。这包括，在江西省的中央苏区、陕甘宁根据地、东北根据地（满洲）、北方根据地（包括华北、新疆和青海，陕甘宁除外）、华南根据地（江西除外）、新四军、八路军、鄂豫皖苏北根据地、西南根据地（包括西藏）以及海外。江西和陕甘宁根据地是分开独立编码的，因为中共高层领导和大量的中央委员都在此工作过。我们还额外创设了若干“虚拟变量”来记录革命过程中的关键经历，包括 20 世纪 20 年代安源煤矿的经历、井冈山的经历、抗日军政大学中的教学或学习经历以及太行山的军事经历。

至于 1946—1949 年内战时期的经历，我们对野战军进行了编码[①]（Swaine，1992）。野战军的任命大有学问，它们能够反映出一些中央委员的忠诚度，这是因为野战军是由一些原有军事单位的人员构成的，例如八路军和新四军，领导集体的组成也是一致的。我们对五个野战军进行了编码：西北野战军（第一野战军）、中原野战军（第二野战军）、华东野战军（第三野战军）、东北野战军（第四野战军）以及华北野战军（第五野战军）。1949 年以后，解放军的指挥系统变得更为制度化，所以也更容易编码。我们将解放军的这些指挥机关（如各总部和军区）逐一对应编码，并针对具体人员标注了工作的起止年份。

有了这些人口统计和职业生涯的变量，现有的数据集已有 1604 个观察值（行）和 261 个变量（列）。在出现相关新的职位时，可以比较容易地添加额外的编码或变量来描述它们。这种结构使得数据库扩展起来相当方便。

第三节　进行编码

编码工作分为好几个阶段。我们首先请一名北京大学政府管理学院的硕士研究生作为我们的研究助理，研究中共中央、国务院和解放军组织机构的演变过程，因为我们需要给这三个机构的每个职位赋予一个代码。在确定了一个职位的完整分类表之后，我们以每一个分类为单位对其进行编码。我们所采用的主要资料是《中国共产党历届中央委员大辞典》（中共

---

① Swaine，1992.

中央组织部和党史研究中心 2004 年版，以下简称《大辞典》)，再加上从其他中文外文资料，以及从网络上获得的信息①。为了填补遗漏的数据，我们还进行一些深入的历史研究，收集一些人的生平资料，尤其是在早期革命时代的资料②。

为了确保编码的可靠性，我们请两名研究助理同时但各自独立地对数据进行编码。我们先编制了一本编码手册，训练两名助理熟悉各个编码概念，并随机抽取《大辞典》中 3% 的委员，进行试验性编码，检验编码手册的可行性。然后，根据试验中发现的问题对手册进行修改。之后两名助理就正式开始编码。在之后两年中，随着编码的进行，新的问题不断出现，我们也不断地修改编码手册。虽然手册细节有所改动，但数据库的基本结构仍然不变，即：职位、开始年份、终止年份。本章的三位作者对两名助理的编码过程进行了监督，包括亲自监督和通过网络监督。

两名助理完成编码之后，我们请他们相互校验对方的条目。如果他们的编码相符，我们就不做修改。如果两名助理记录下的数值有差异，他们就会做出标记，由我们对两种版本的优劣进行判断。这项工作耗时费力，最终于 2006 年 7 月完成，我们得到了一个初步的数据集。随后，我们发现遗漏了许多数据，尤其是各种职位的起止年份。为了将它们补充完整，作者进行了进一步的研究，尽可能地填补这些空缺。到 2006 年 10 月为止，我们在整个拥有 41.7 万个数据单元的数据库中，只剩下不到 400 个空白的数据单元。

第四节 问题与解决办法

对于编码之后出现的问题我们采取了不同的解决方法，其中有一些方法效果相当不错。首先，如上文所述，我们发现很难完整描述 1949 年之前中央委员会成员的军事经历。有些单位刚刚成立几天就解散了，还有一些单位解散之后，会以相同的名称在一个完全不同的地方重组。另外，在

---

① Bartke, 1997; Bartk and Institut fur Asienkunde (Hamburg, Germany), 1991; Lamb, 2003; Mainland Cina Research Center, 2006; Jianying Wang, 1995.

② 例如：Cai, 1995; Kou, 2008; Xu, 2005。

革命战争期间，非军事和军事职位之间的界限也非常模糊。在此时期，共产党在很大程度上就是一个基于军队的领导团体。归根到底根据地不仅仅是党组织控制的区域，还是共产党军队的军事基地。因此，对于1946年之前的情况，我们主要是根据中央委员所在的根据地区域来对他们的经历进行编码。

1945—1949年间成立的地方行政机关与军事单位互相重合，使上述问题变得尤为严重。就能够收集到的信息而言，我们无法清晰地界定具体的解放军单位、野战军和根据地之间的关系。例如，对于1945—1948年间担任晋察冀军区政治部副主任的蔡树藩，我们到底应将他归为华北野战军军官还是晋察冀根据地的地方干部呢？军区应属于野战军的下级单位，还是根据地的行政单位？由于我们没有掌握足够的信息，于是我们让编码人员遵循下列原则：虽然军事职务通常属于野战军经历，当我们不确定野战军军事职务的名称，但能确定该单位的地理位置时，我们就依据其在根据地的职务进行编码，使他在野战军的职务名称先空着。我们遇到的第二个主要问题是，中国政府行政级别庞杂，实际的职位太多。每个部有很多司或局，下面还有很多处，处下面还有很多科。每个省设有职能性的厅和地方性行政区，包括地级市、县、镇（乡）和村。当然，在每个地方行政区内，又设置了相似的行政职能部门体系。将如此庞大机构中的每个职位进行编码是非常困难的。于是，我们将编码限定在部/省一级。换而言之，对于在部/省一级和在它们以下的所有职位，我们将其分为四个级别：司/局/厅/地级以下、司/局/厅/地级、副部级/副省级和正省级/正部级。我们对省级编码做了一定的修改，以区分不同的职能部门和地方行政区域，并区分了行政长官与党委书记。我们还为解放军的军区、各总部和下属部队设计了类似的编码系统。

这种方法的一个缺点是，我们没有跟踪某个中央委员在不同的地级城市或某个部的部门之间的职位变动。例如，数据集表明，某中央委员曾经在江苏担任市、县的政府领导或党委书记，但未说明该人任职的具体地区的名称。同理，如果一个人在某部委的若干个下属司局都工作过，那么其对应编码都是一样的。不过，我们认为这种编码方式并未遗漏过多的信息，不影响精英政治的研究，因为在司局或地区一级以上的提拔通常才意味着有可能跻身高层政治。

我们遇到的第三个主要问题是，国务院和军区经常出现机构调整。

例如，第一机械部在与国家经济贸易委员会合并之前，并入了机械部，并最终演变为国有资产监督管理委员会。概括地讲，我们采用了“后来者优先”的原则。也就是说，党和政府机构的所有编码都是根据其2002年以后的机构形式决定的。由于我们跟踪的是所有机构的演变过程，所以对于过去的机构及其演变而来的最近的机构，我们都使用了同样的编号。例如，国内贸易部和对外贸易合作部用的编码是同商务部一样的，因为前两个部门于2003年合并为了一个部门。当然这种做法也会遗漏一些重要的信息，尤其是在国务院中，很多高层领导人都在已经废除的机械部或石化部中工作过。为此，我们新建了三个类别变量：机械部（包括原先的第一、第二、第三、第六、第七和第八机械部）、石化部（包括原先的石油工业部和化学工业部）以及轻工业部（例如原先的纺织工业部）。

对于军区和党的机构，我们同样采用了“后来者优先”的原则。这方面的一个典型例子是新疆军区，这个军区后来隶属于兰州军区，因此我们在对二者进行编码时统一以兰州军区为准。我们还采用这个原则对“文革”中的省级革命委员会进行了编码。由于各省的革委会在1979年都被省政府所取代，因此革委会的领导与省政府的领导采取了同样的编码。

对1949年之后在企事业单位的工作经历进行编码也是一个棘手的问题。在计划经济时代，所有企业都受政府部门管理，其运转方式与其行政主管部门极其类似①。他们也具有与行政部门一样的行政级别，例如司、局或处。在编码时，我们首先尽量将企业与管理它们的党政部门联系起来，因为很多领导人的职业生涯，尤其是那些技术型官员们，都是从企业开始的。在许多情况下，找出这些管理部门是极其困难的。我们获得了一份现在由国有资产监督管理委员会管理的企业清单，在编码时将这些企业及其可识别的“原型”归入国资委或不同的部委中。尽管这样，这种方法还是遗漏了很多企业，未完成对它们进行编码。为此，我们设置了两个变量。一个变量代表企事业单位（除去国资委直管的企业）的功能，比如事业单位、运输、电子/信息、电力/水利、石油、机械/钢铁、轻工业和其他，等等；另一个变量代表企事业单位所处的省份。这样，即便我们

① Naughton, 1996.

无法找到一个企事业单位的“政治家谱”，但依然可以通过这两个变量了解其地理位置及其大致上所隶属的行政系统。

尽管存在上述问题，我们设计的解决办法也不尽完美，我们仍然能够掌握中央委员从政之后的职业轨迹。对于大多数中央委员而言，我们设计的解决办法能够让我们清楚地了解他们早期的职业生涯。最重要的是，如果一个研究项目按照我们数据库的基本逻辑进行工作，我们可以非常灵活地加入额外的信息，以便解决新的问题。

第五节　年度指标

根据这个数据集，我们计算了一系列的年度指标，按照时序来描述中央委员会的变化情况。这已经成为了解中共政治精英在某个时期或者各届党代会中特点的一种惯常做法①，并能够帮助我们深入了解这些精英的社会特征和倾向。

虽然可以通过表格形式来说明中央委员在特定年份中的不同特点，但是这种做法的局限性是明显的。例如，我们难以用人工方法统计在近半个世纪里参加过长征的中央委员的人数。另外，原先用表格形式说明中央委员特点的资料仅包含了很少的几个年份，也就是召开党代会的那些年份②。虽然在召开党代会时经常会出现中央委员的重大变化，但是在两届党代会之间也会发生中央委员的变动。正如下文所分析的一样，1985 年邓小平主持召开的全国党代会对中央委员的年龄和教育结构产生了重大影响。随着需要分析的中央委员的特点越来越多，人工统计变得非常困难。即使是要全面反映某一年的中央委员的特点，也成了一项极其耗时费力的工作③。

由于该数据集记录的是中央委员大部分职位的起止年份，就使得了解中央委员过去的各种特点成为比较容易的事。即便是这样，在设计这些指标时人们还需要仔细地给统计软件编制复杂的逻辑程序。正如上文所述，数据集也存在一些缺陷，尤其是它不能对 1949 年之前的很多特征进行编

---

① Bo, 2002; Bo, 2004b; Cheng Li, 1994, 2000, 2001, 2004.

② Baum, 1998; Dittmer, 1983; Saich, 1992; Starr, 1976; Wich, 1974.

③ Bo, 2004a.

码。虽然如此，也正如下文所说明的，全面审查这些特点的年度变化趋势，有助于进一步证实我们的一些重要直觉，并对中央委员产生新的认识。

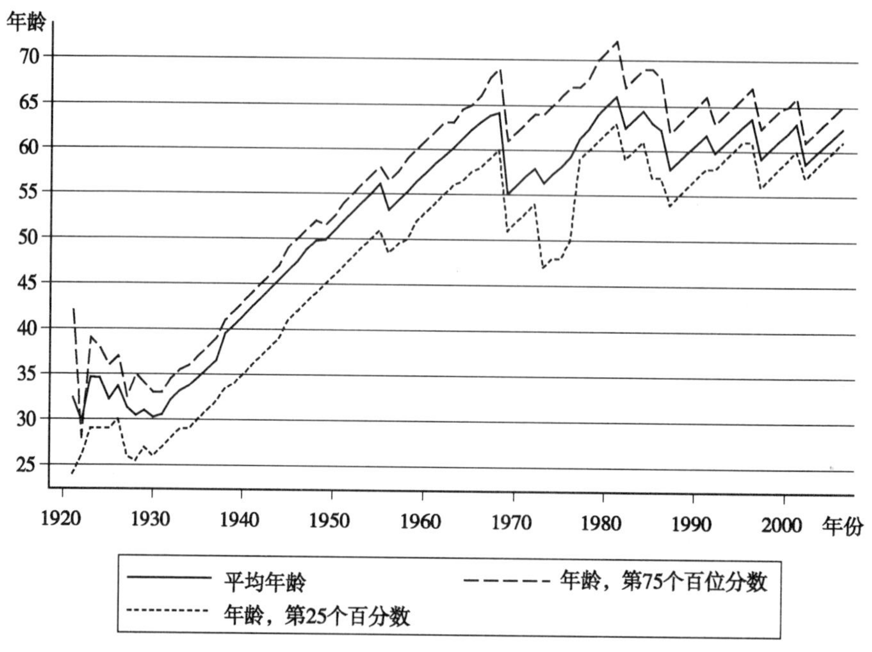

图 2-1　1921—2006 年：中央委员的平均年龄

第六节　中央委员历年来的年龄结构

年长的精英在中共党内的地位崇高。我们的分析表明，这主要是因为五四运动一代的精英在此后数十年间一直在党内处于领导地位所造成的。毛泽东和邓小平都以不同的方式采取了令人瞩目的行动，使中共精英年轻化。到 20 世纪 80 年代末，党内终于形成了一套规范化的体制，定期用年轻的追随者替换年老的官员。

在图 2-1 和 2-2 中，我们发现，最初的中共精英并不是出生于 1900 年前后的五四运动一代。实际上，在 20 世纪 20 年代初期，第一到第三届中央会员会的大多数委员的年龄要比五四运动一代大得多。共产国际明显不信任中国共产党内那些 20 来岁的热血青年，而更偏爱富有经验的革命者，例如陈独秀和董必武。五四运动的一代从 1934 年后在党内获取了领导地位，这种情况一直延续到1969年第九届党代会的召开（图2-2）。从图2-1可以看出，自1934年到1969年，中央委员会委员的平均年龄不断提高，因为在此期间，在中央委员会中占主导地位的总是那些年龄相仿的精英。在这个时期，中央委员的平均年龄从33.7岁直线上升至55岁，只是到1956年第八届党代会时，平均年龄稍有下降。

值得一提的是，"文革"是中国共产党实现年轻化的一个重要阶段。1969年，第九届党代会召开，很多五四运动一代的委员被开除出中央委员会，使得中央委员的平均年龄从64岁骤降至55岁。虽然到"文革"末期，随着许多老干部被平反、重新启用，中央委员的平均年龄又有所上升，但是一般的中央委员都是1914年前后出生。很明显，很多五四运动一代的中央委员再也没有重新任职。

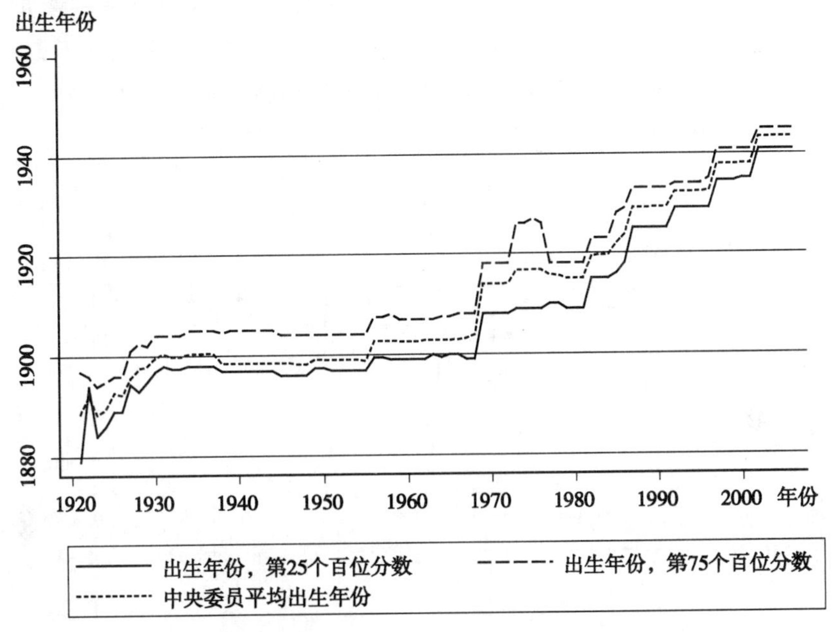

图2-2　1921—2006年：中央委员平均出生年份

这种让共产党精英年轻化的努力一直持续到邓小平时代[①]。1982年召开的党的第十二次代表大会上，中央委员的平均年龄从66.5岁降到62岁。1985年的党代会和第十三届党代会上，1929年前后出生的年轻官员

① Manion，1993.

替换了大批1919年以前出生的领导人。1984年中央委员会的平均年龄为64.5岁，到了1987年，降至58岁。自此以后，中央委员的年龄结构在一届党代会期间一直稳定在50多岁，在之后的两届党代会之间又略有上升，稍稍超过了60岁。从这些指标可以看出，邓小平和陈云成功地使党的干部年轻化工作成为了一种制度化的机制。

观察中共干部年轻化的另一个视角是分析中央委员会中参加过长征的干部的占比变化。如图2－3所示，自20世纪30年代末到40年代，中央委员会成员中的长征干部的人数稳步上升，并1956年第八届党代会召开时，人数急剧上升。虽然1956年长征干部在中央委员会成员中的占比有所下降，但他们的人数仍然占中央委员会的60%以上。长征干部在中央委员会中的优势地位一直持续到“文革”开始，在第九届党代会上有很多更年轻的干部进入了中央委员会。虽然如此，但在第九届中央委员会中，长征干部的人数比例仍旧是最高的。这种情况在1969年并不奇怪，因为很多军区的司令担任了各个省份革命委员会的领导，使他们有机会跻身中央委员会。

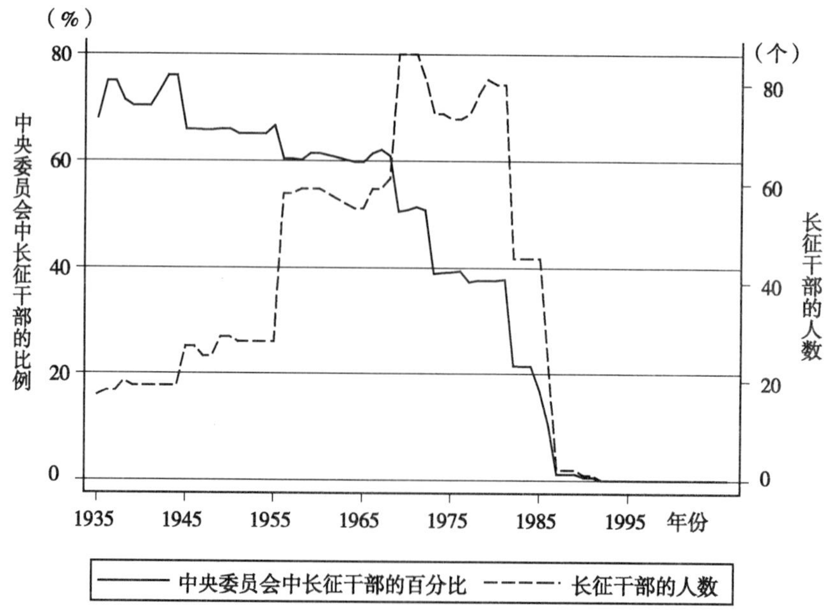

图2－3　中央委员会中长征干部的百分比和长征干部人数

1971年林彪事件发生后，由于他的追随者纷纷落马，使得长征干部在1972年和1973年在中央委员会中的人数大幅下降。到20世纪70年代末和 80 年代初，随着邓小平的复出，他们的比例又有所上升。长征干部在第十二和第十三届党代会召开时在中央委员会中的人数和比例都大幅下降。除了生老病死的自然原因以外，这与邓小平和陈云所推行的干部年轻化政策密切相关。虽然到 20 世纪 90 年代初，很多长征老干部依然健康，但是第十四届党代会并未让他们担任中央委员会委员的职务，这标志着长征老干部政治影响力的衰退。如果不推行强制退休政策，那些长征老干部也许还可以再干政一段时间。

第七节　中央委员的受教育程度

中央委员的受教育程度在历史上是如何演变的呢？我们从图 2 - 4 可以看到，一些政治事件对中央委员的平均受教育程度产生了重要的影响。在图 2 - 4 中，Y 轴的 0—3 级分别代表高中教育程度以下、高中教育程度（或同等程度）、大学教育程度和研究生教育程度。如图所示，中共中央委员会一开始是一个受教育程度较高的团体，知识分子占优势地位。中国共产党与国民党分裂之后，很多参加过 20 世纪 20 年代中期反帝运动的劳

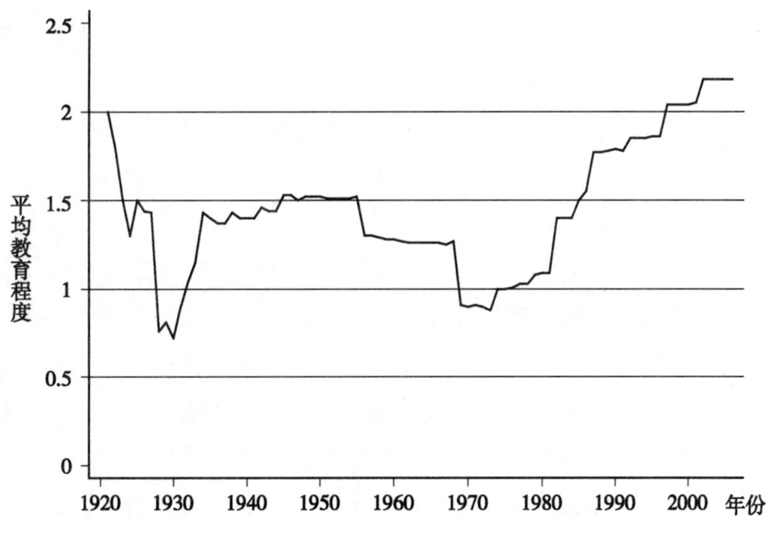

图 2 - 4　1921—2006 年，中央委员的平均受教育程度

注：在 Y 轴上，0 代表高中或同等教育程度以下；1 代表高中或同等教育程度；2 代表大学或同等教育程度；3 代表研究生水平教育程度。

动领袖加入了中共中央委员会，使得中央委员平均受教育程度骤降至高中以下。事实证明，很多新的中央委员在政治上并不可靠，他们中的许多人后来脱党乃至变节了。

不过，随着20世纪30年代初中共的工作重点转移到了农村，中央委员的平均受教育程度又恢复到高中与大学之间。中国共产党可能意识到，不能让教育程度较低的人承担太多责任。虽然在江西苏维埃时期，中共精英积极地吸收农民，但是几乎没有人能够立即进入中央委员会。这与本顿(Benton)① 的研究结果正好相符，即在20世纪30年代初，在南方的革命根据地里，党中央派去的“左派”知识分子精英，经常与当地大部分未受教育的农民游击队干部发生分裂。由于党中央没有过多吸收未受教育的农民，在长征和延安时期，中央委员的平均教育程度保持不变，基本上是高中和大学参半。有些在20世纪30年代入伍的农民战士，尤其是那些参加过长征的农民战士，最后在1956年第八届党代会召开的时候进入了中央委员会，导致受教育程度的下降。

由于毛泽东在党的九大和十大时吸收了很多农民、战士和群众代表进入了中央委员会，使得中央委员的平均受教育程度在“文革”时期降至高中以下。有学者认为，在八大和九大期间让中央委员的平均受教育程度下降，可能反映出了领导人的“掺沙子”策略，其目的就是让忠心耿耿而能力有限的干部进入精英阶层。②

“四人帮”倒台之后，中央委员的平均受教育程度开始缓慢回升，但它回升的速度不尽如人意。由于邓小平和陈云推行积极的退休政策，中央委员的平均受教育程度从十二大之前的高中水平逐步上升，到了十三大时已接近大学程度。随着精英领导标准的建立，在随后召开的各届党代会中，中央委员的平均受教育程度逐步上升。虽然中央委员受教育程度的这种变化趋势反映出从革命干部到技术专家的转变③，但是这种指导思想的转变直到邓小平时代才开始对中共的精英结构产生明显影响。1997年召开第十五届党代表大会时，平均受教育程度上升到了大学程度以上，并一直持续到了第十六届党代会。现在，中共中央委员的受教育程度已跻身世

① Benton, 1992.

② MacFarquhar and Schoenhals, 2006, p. 333.

③ Lee, 1991.

界政治精英的最高水平了。

第八节　非正式政治关系的影响

这个数据集也可以帮助我们了解非正式政治关系的影响。我们认为，政治精英之间的非正式关系的形成可能受到相同的籍贯、教育和工作经历的影响。[①] 可以根据中央委员的生平资料推断出有多少中央委员与某些高级领导人存在亲密的非正式网络关系。这样做有利于了解高级领导人之间相对的政治影响力的强弱，也能说明中共精英在某个特定时间的内部权力结构。

在过去，对上述问题进行编码的主要难度在于，要花很大的精力去了解众多的中央委员与政治局常委之间的非正式政治关系。可以肯定的是，找出在一定时间内中央委员中所有的清华大学毕业生或所有的湖南人不是什么难事，而且已经有学者根据他们简历中的同类特征做过分类工作。[②] 然而，要想找出曾经与某位政治局常委在同一单位工作过的中央委员，尤其是那些履历丰富的常委，却是一件相当烦琐的工作。以胡耀邦为例，他出生于湖南，从抗日军政大学毕业后曾留校任教。但是，在他成为中共总书记之前，他还担任过下列职务：1936—1937 年和 1952—1966 年间，担任共青团高级领导；1939—1946 年间担任中央军事委员会高级领导；1946—1949 年间担任华北野战军所属单位的领导；1953—1956 年间担任西南军事政治委员会委员；1964—1965 年间担任中共西北局党委书记；1977—1982 年间担任中共中央党校副校长；1977—1978 年间担任中央组织部部长；最后在 1979—1982 年间担任中央纪律检查委员会第三书记。

要想找出所有在十二大期间与胡耀邦一同工作过的中央委员，就必须仔细查阅在十二大当选的所有中央委员的档案。如果要想找出过去历年中曾经与胡耀邦一同工作过的人，就必须查阅 80 年代以前大部分中央委员的档案。如果想要将胡耀邦和华国锋的影响力进行比较，就更为费力，因为他们的追随者可能大不相同。虽然我们建立数据集要花费很长时间，但

---

① Lieberthal and Oksenberg，1988，p. 156.

② Li，1994.

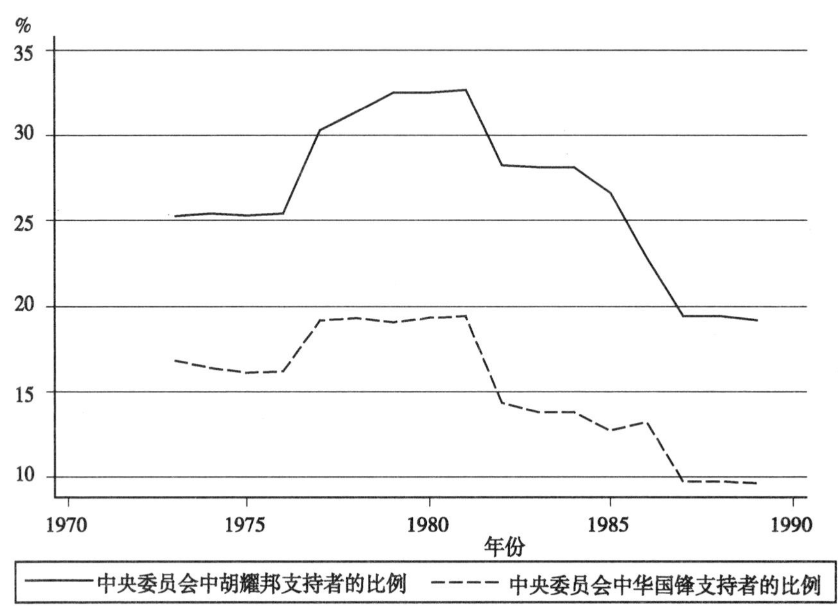

图 2－5　1970—1990 年间，曾与胡耀邦和华国锋共事的中央委员的比例

是我们能够有效地运用计算机程序，在数据中搜索与胡耀邦在同一时间、同一个单位中工作过的中央委员。用这种方法我们可以找到在胡耀邦的职业生涯中每一年和他共事的中央委员，进而就可以计算出当他担任党总书记时期，究竟有多少在任的中央委员具备这个特征。进而，我们也就能够比较政治局常委在中央委员会中的相对影响力。

在图 2－5 中，我们比较了在中央委员会中与胡耀邦和华国锋共过事的委员的数量。我们可以看到，胡耀邦的丰富经历，使其在 20 世纪 70 和 80 年代里，与相当多的中央委员都有共事的经历。因此他在 70—80 年代，甚至在党的十一大之前，相对华国锋占有明显的优势。与此相反，华国锋在担任党的领导人之前，仅仅担任过山西、湖南和广东的省级职务，以及短期的公安部长。因此，虽然 1977 年的十一大使华国锋将一些与自己共过事的干部吸收到中央委员会之中，但他在中央委员会中的影响力与胡耀邦相比，仍显得逊色不少，而后者在 1977 年与将近 30% 的中央委员都有共事的经历。

为什么华国锋在十一大不能将胡耀邦的追随者拒于中央委员会之外呢？这是因为胡耀邦的经历太丰富，即使没有邓小平对胡耀邦的支持，华国锋也很难做到这点。要想阻止胡耀邦的追随者进入中央委员会，那么就需要排除抗日军政大学的学员、华北野战军的军官以及20世纪50和60年代共青团的高级干部。而这些人在当时是党内的优秀人才，将他们全部排除在外是不可想象的。虽然领导人在中央委员会中的影响力并不能完全决定他个人的政治命运，但图2－5中的数据还是可以说明胡耀邦升任中共总书记是顺理成章的。

可以肯定的是，胡耀邦最终的失势与一些中共高级领导人的集体决定有关①。其中，除了他推行右倾路线并引起政治不稳定以外，这也和20世纪80年代中期，随着胡耀邦的许多支持者相继去世和退休，他的影响力开始下降有关系。但是，即使胡耀邦已下台，他的很多追随者在1987年召开十三大时已经退休，但他在中央委员会中仍然是一个颇具影响的人物。

第九节　下一步工作

在本章中，我们向读者介绍了一个新的中共中央委员的数据库。这个编码系统依据的是中央委员的工作经历和他们在每个职位上任职的具体起止时间。用这种办法对精英的简历进行编码，可以使我们非常灵活地掌握精英们的各种特征，并可以向不同层面扩展这个数据集。作为抛砖引玉的第一步，我们简要分析了中央委员会中几个基本特征的时间序列趋势。我们希望本章能够为研究者对其他精英机构进行编码提供帮助。例如，对解放军的所有将领进行编码，或者对中央纪律检查委员会委员进行编码，并观察他们在中国政治中的作用。

根据该数据集，研究者能够很便捷地进行三种分析。第一，能够进行各种时间序列分析。其中，精英特征可以作为解释变量或者被解释变量。例如，某些类型的政治冲击可能导致中央委员会中解放军代表人数的增加。同样的，通过观察中央委员的某些特征变化，比如中央委员的平均受教育程度，可以帮助我们解释采取某项新政策的快慢。

第二，能够进行个人层面的分析，也就是将每个中央委员作为一个观察点。有了这个数据集，我们可以尝试推断中央委员的哪些特征有可能帮助他们进入政治局。我们将各种经济和政治上的指标与中央委员的个人特

① Fewsmith，1994.

征数据相结合，便可以对影响精英晋升的因素做出较为全面的分析。除了关注地方党委政府的领导人以外①，我们还可以去验证一种更普通的理论是不是能够解释政治精英在中共体制内的各个部门内部得到晋升的原因。

第三，该数据集还使得研究人员能够按照行政部门或区域，将中央委员进行分类，并将地区或部门精英的特征与不同的政策结果结合起来分析。地方上的政治精英表现出的特征，包括他们在中央委员会中体现出的区域代表性、与中央精英的非正式关系，都可以用来分析地方上的各种经济和政治现象。

总之，根据对这个数据集的分析，我们希望能够进一步推动中国政治精英的量化研究工作，使之得到更加深入的发展。

（张勇译，段若石校）

① Landary，2008a；Li and Zhou，2005.

第三章

中国对外政策研究中的试验性方法与心理测量

葛小伟（Peter Hays Gries）

在对外政策上，中国人是否比美国人更看重“脸面”问题？中国人的国民特征是什么？是否可以对它进行实证性测量，是否可以将它与其他国家的国民特征进行对比，它是否会影响到对外政策的结果？比如说，怎样把中国的爱国主义和民族主义同美国的爱国主义和民族主义进行比较？

本章认为，试验性方法和心理测量是政治学家们解答上述问题的有效工具。长久以来，试验一直是自然科学中验证因果的首选方法。社会科学在这方面也不甘落后，他们首先将试验方法用于心理学和行为经济学上。以研究美国选举行为的学者为首的政治学家们紧随其后。[①] 研究国际关系的学者们也开始关注这个问题。正如罗斯·麦克德莫克（Rose McDermott）最近所述，“试验为清晰的因果推论提供了一个独特的机会……这就是为什么它被自然科学、心理学和行为经济学以自己的方式所采用，被他们视为像金本位制一般的最佳方法”。鉴于用于试验的主题和控制条件都是随意挑选的，分析家们有理由相信，各组主题之间在它们的从属性测量数据上的差异，都是由经过精心处理的独立变量的差异所“引起”的。相比之下，政治科学中大部分定量工作，都是根据在本质上相互关联的研究设计方案做的，所以它们不能令人信服地做出因果推论。

纵观比较政治学在战后的发展历史，特别是中国研究的历史，在中国外交政策研究中采用心理测量备受争议。在 20 世纪 60 年代和 70 年代，现代化理论成为一种主要的学术理论，其核心概念是“政治文化”。遗憾的是，“政治文化”往往被当做一个剩余变量，来解释一些现代化理论解

---

① Druckman et al.，2006.

释不通的问题。其结论性的观点——某些国家无法实现民主，原因在于它们“落后”的文化——也不断地受到批评。在中国研究领域中，白鲁恂(Lucian Pye)① 从心理分析的角度研究“政治文化”，把中国人放在“诊断台上”进行分析，声称中国人还停滞在发展的肛欲期阶段。这种说法激怒了许多年轻的研究中国的学者。出生于“越战年代”的许多人，他们常常聚集在美国的亚洲问题学者委员会周围，对白鲁恂的观点和现代化理论进行反击。从那之后，“政治文化”和心理学总的来说便成了中国研究领域中的禁忌话题。

中国研究对于政治心理学的禁忌是极其令人遗憾的。对于今天研究中国政治和外交政策的政治学者们来说，普通心理学，特别是社会和跨文化心理学，能为有志于研究中国政治和对外政策的政治学者提供很多有益的东西。除了有价值的理论之外，心理学家们还开发出可靠的手段，来考量集中体现在中国外交政策研究方面的各种现象。比如，卢坦恩（Luhtanen）和克罗克（Crocker，1992）研制出研究性别、民族和其他社会特征的集体自尊衡量表，它可以很方便地用来研究中国和美国的爱国主义这类概念，正如在本章第二项研究中所做的。研究者可以利用卢坦恩和克罗克花了很大力气才研制出来的包含 16 个项目的集体自尊衡量表，对研究对象进行心理测量，把其中“我很自豪是一名女人，我很自豪是一名黑人”的问题，更换成“我很自豪是一名中国人，我很自豪是一名美国人”。而且，心理测量方法还使中国学者乐意去研究新的，或者是中国特有的现象，比如对美国政策的倾向性；他们也可以借用这些工具来制定出自己内部的可靠的，用来测量这些概念的标准。

为了阐述这些方法和测量问题，我先介绍一下从两项不同的研究中挑选出的研究成果。第一个例子要说明的是如何使用试验设计和调查数据来检验当前流行的一种说法，即中国人在外交政策上比美国人更看重“面子”。第二个例子要说明的是如何根据调查数据，使用心理测量和探索性因素分析，来概括性地揭示中国人和美国人的“爱国主义”和“民族主义”思想架构的不同。随后，使用路径分析的统计方法来揭示一种可能的最后结果，即，随着中国人对美国威胁的认识和对美国政策倾向性的演变，他们的爱国主义和民族主义发生了变化。在最后一部分，我根据这两

① 例如，Lucian Pye，1968。

项个案研究，探讨试验性工作方法和心理测量在中国外交政策研究中的挑战和机遇。

第一节　“面子”与外交政策：一种试验

中国人是否在外交政策上比美国人更看重“面子”？人们在一项更大规模的研究中，辟出一个部分专门讨论了这个问题，而这项研究[①]探讨的是作为国际关系安全的决定性因素，到底什么是象征性的得失和实际上的得失。

（一）调查设计方案

2006 年分别在美国和中国进行了一项学生调查。调查设计方案包括了试验性变量（随意指定）和准试验性变量（自然分组）。同时它还包括了主题间和主题内的调查设计方案。换句话说，对学生们的反应进行了相互比较，同时，还比较了他们对于其他问题的回答。调查使用的是一种因子阶乘式设计方案：2（范畴）×2（结构）×2（层面）×2（国家），它包含有 16 个条件，需要大量的抽样（N＝521）。这种设计尽管看起来复杂，但它使人们能够分析四个关键问题，它们都涉及人们对国际事务中基本的安全问题的不同看法。

（二）独立变量

调查设计方案的核心是一种试验性的 2×2 结构，它包括范畴（实际的/象征性的）和结构（获得/失去）。这部分设计纯粹是为主题之间的试验，把四个条件中的任意一个交给参加的学生，它们是：（1）实际的获得；（2）实际的失去；（3）象征性获得；（4）象征性失去。每个条件都配备有一套参与者能够读到的背景情况，它们只是在范畴和结构上有所不同。比如，“你已经和男朋友/女朋友约会三个多月了，你意识到自己爱上了他/她。你决定赌一把，告诉他/她你爱他/她。结果他/她拒绝了你，说他/她不再爱你了，并希望就此分手”，就是一个暗示象征性失去的背景情况。

---

① 2012 年由葛小伟（Gries）、彭凯平（Peng）和克罗森（Crowson）完成。

无论是唯物主义的还是象征主义的安全研究，它们都根据个人的基本需求进行类推。唯物者认为，国家如同个人一样，都把生存放在第一位。象征主义者认为，国家追求的是更高层次的人类归属感和尊重。因此，两个派别似乎都认定，在个人和国际层面上，安全与不安全的概念都是一样的。为了验证这一点，我们在设计方案中增加了第三个变量“层面”，即在个人层面的背景情况中加入了与国际层面上的背景情况相同的情况。比如，“体育分析家们现在预测，中国在2008年奥运会上的奖牌得数将是美国的两倍。在他们看来，中国将成为21世纪唯一的超级体育大国”，就是对美国测试主体提出的一个在国际层面上象征性失去的背景情况。

最后一个独立变量也是中心意思所在，它就是在2×2×2×2这个调查设计方案中的国家（美国/中国）。直至今日，东方学界仍旧坚持认为中国人沉醉于“面子”，这对于象征性的和实际的得失观念有着直接的影响。无论是西方人写的书[①]还是中国人写的书[②]，很久以前就告诫我们，中国人文化中有着一种天生的倾向，那就是对“面子”问题很敏感。而美国人，就不会那么顾及脸面，他们愿意更为理性地算计自己的实际所得。

[据此，得出的假定是：中国人比美国人更加看重象征性的得失；而美国人比中国人更加看重实际性的得失。]

为了验证上述假定，我们首先把原来英文版调查改编成用中国人的眼光看问题的版本。比如，在中文版中，在能源问题上实际获利的背景情况成了，“一家中国石油公司刚刚打败美国一家公司，购买了在非洲两个最大油田的独立钻井的权利。”其实，我们这是在美国实际获利的实际背景情况下，把“中国”和“美国”调换了一下，这样一来，本来情况是美国实际获利，中国实际损失，变成了美国实际损失，中国实际获利。我们把改编后的英文调查翻译成中文，然后再从中文翻译成英文，这样保证二者之间的可比性。

（三）从属性测量

用来测试不同条件的每一种背景情况，其后都紧跟有一组情感反应的

① 比如Smith，1890。

② 比如Ho，1976；Hu，1944。

项目，它们通过7级李克特氏量表体现，包括从1（强烈不同意）—7（强烈同意）7个级别。在最基本的级别，安全意味着没有担心和焦虑。因此，我们用"我感到担心"和"我感到害怕"两个不同的项目来测量"焦虑"的程度。

戴维斯·博布罗[①]敏锐地指出，"在危险的条件下工作会表现出对安全的困惑，人们会反复做出行动和反行动，措施和反措施。"因此他敦促人们，在研究人们面临的危险时也要研究他们面临的机会。为了用更加积极的量度去中和消极的不安量度，我们决定再补充一个积极的量度，那就是"我感到骄傲"。

（四）参与者与方法

因为我们"2×2×2×2"的调查设计方案要求16个条件，我们希望每种条件至少有30名学生参加（实际M=32.56），所以2006年春季，我们招募了521名大学生（284名女性，215名男性，22名未说明自己的性别），让他们在自愿的基础上参加我们的调查，这是一个庞大的抽样数量。这些学生中，有240名是来自科罗拉多大学的美国学生，281名是来自北京大学的中国学生。参加者的年龄范围从17—32岁（平均20岁），T检测表明美国学生（M=20.58，SD=4.44）的年龄稍稍大于中国学生（M=19.88，SD=2.23），t=2.27，p=0.024。

我们对中美学生的这场测试时间是15分钟。测试人员告诉参加者，这项研究的目的是为了评估他们对八种背景情况的反应。在测试人员发放测试问卷之前，明确告知参加者他们的回答将是匿名的。然后参加者单独填写调查问卷。在填写完测试问卷之后，测试人员向参加者表示感谢，然后做了说明（即告知他们测试中的背景情况都不是真实的），最后让大家离开。在数据收集和分析过程中，都严格遵守美国政治学协会和美国心理学协会的道德伦理规范。

（五）筛选结果

为了看清国家是否会对我们的从属性测量产生影响，我们进行了四次三向（结构×范畴×国家）变量分析（ANOVA）。第一次变量分析把个

① Davis Bobrow，2001，p.4.

人的焦虑作为我们的从属性变量，它显示出实际/象征性得失产生的主要效应，但在国家方面并没有什么的效应。失去（M =5.17）比获得（M =3.34）造成了更多的焦虑，F（1495）=302.68，$p<0.001$。实际背景情况（M =4.84）比象征性背景情况（M =3.68）会引起更多的焦虑，F（1495）=121.88，$p<0.001$。获得/失去产生的效应规模（$\eta_p2=0.38$）非常大，约为实际/象征性（$\eta_p2=0.20$）的两倍①。不过，国家产生的 p 值（$p=0.49$）在统计上几乎没有什么意义。双向交互作用方面也没有什么统计价值。虽然国家、范畴和结构的三向交互作用产生了一些效应，F（1495）=12.66，$p<0.001$，但它们并不突出，效应规模（$\eta_p2=0.025$）也很小。至于焦虑的总体平均水平，美国（M =4.27）和中国（M =4.18）非常接近，这说明调查结果并没有受到方法效应的影响。总之，在个人层面上进行的测试结果充分证明，中国和美国被调查者所报告的焦虑程度没有太大差别。

可是当我们就国际层面的焦虑做第二次三相变量分析时，就开始看出国家间较明显的差别。总的来说，在阅读国际背景情况后，中国参加者（M =3.54）比美国参加者（M =3.03）表现出更多的焦虑。获得/失去、实际/象征和国家等三相都产生了主要效应（都是 $ps<0.001$），其效应规模分别为 $\eta_p2=0.18$、0.15 和 0.03。所有的互动作用都比较明显，尽管效应规模并不大。图 3－1 表明，尽管范畴×结构×国家的三相互动作用 F（1492）=11.78，$p=0.001$ 的整体效应 $\eta_p2=0.2$ 并不算高，但在国际层面的象征性失去的条件下，中国参加者（M =3.87）比美国参加者表现出更多的焦虑（M =2.43）。

对个人自豪感做的三相变量分析表明，获得（M =4.74）超过失去（M =1.91），它们的主效应为 F（1，499）=632.08，$p<0.001$，$\eta_p2=0.56$，象征性的（M =3.64）超过实际的（M =3.01），它们的主效应为 F（1492）=31.49，$p<0.001$，$\eta_p^2=0.06$，国家的主效应为 F（1 499）=3.95，$p=0.047$，这些效应规模非常小，仅为 $\eta_p2=0.01$。唯一具有统计意义的互动结果是获得/失去和实际的/象征性的，F（1492）=25.88，$p<0.001$，$\eta_p2=0.05$。中美双方的学生在个人的象征性获得条件下报告的自豪

① 偏 eta 平方值（η_p2），它表示的是观察到的均值差异的规模。小效应和中等效应值分别是 0.01 和 0.06。大效应的值为 0.14 或者更高。

感（M=5.39）都比实际获得条件下（M=4.14）的自豪感更高，而象征性失去（M=1.94）与实际失去（M=1.88）几乎没有差别。

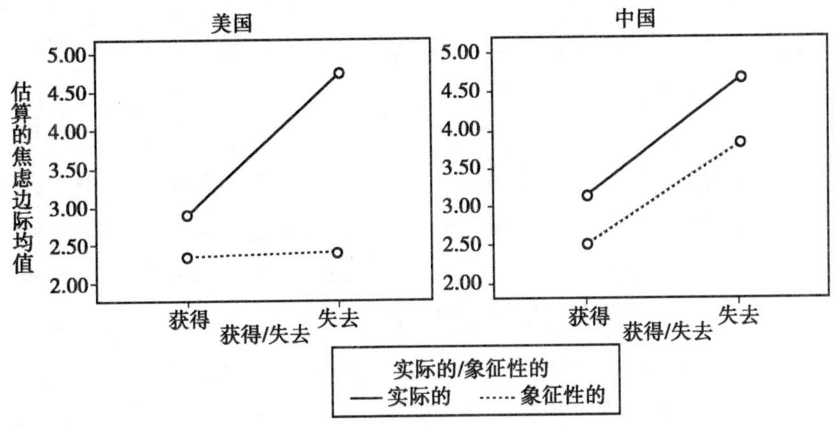

图3-1　在国家、范畴和结构不同条件下产生的国际焦虑（2006年抽样）

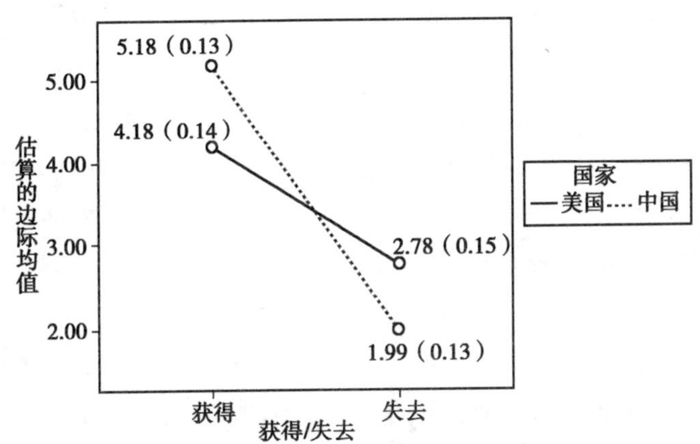

图3-2　在国家、范畴和结构条件下产生的国际自豪感（2006年抽样）

对国际层面的自豪感所做的一次三相变量分析表明，获得/失去的主效应为 F（1497）=275.61，$p<0.001$，实际的/象征性的主效应为 F（1，497）=12.73，$p<0.001$，不过后者的效应规模 $\eta_p 2=0.03$ 远远低于前者 $\eta_p 2=0.36$。尽管在国家方面上并未产生什么主效应，但是在国家和获得/失去之间有着较大的统计意义上的互动作用，F（1，497）=41.83，$p<0.001$，产生了中等程度的效应量 $\eta_p 2=0.08$。如图3-2所示，与美国学生相比，中国学生在国家获得上表现更高的自豪感（中方

M＝5.18，美方 M＝4.18)，而在国家失去上则表现出更低的自豪感（中方 M＝1.99，美方 M＝2.78)。确实，中国参加者对于国家获得表现出的自豪感测量分值与国家失去表现出来的自豪感测量分值之间形成的差别(3.19)，超过了美国参加者在这方面表现的分值差别的（1.4）的两倍。

（六）讨论

中国人对于象征性获得和失去是不是比美国人更加敏感，而美国人对实际性获得和失去是不是比中国人更敏感？我们的试验结果虽然有些含糊，但也能说明问题。在个人层面，在象征性的和实际性的获得和失去的测试情景下，美国学生和中国学生表现出的焦虑和自豪感几乎没有什么差别。比如，中美学生都对象征性获得比实际性获得表现出更多的自豪感。这表明，学者们要谨慎对待东方学家和西方学家那些深受文化差异影响的观点，比如那种认为中国人对于“面子”问题有着格外的文化敏感性的观点。

不过，当我们从个人情景转换到国际情景时，我们可以从测试中看到在国家层面上发生的差别。如图 3－1 所示，美国人对于国家的象征性失去表现出的焦虑要低于中国人的表现。图 3－2 所示，中国人对于国家的获得/失去表现出的自豪感的敏感度，要超过美国人的两倍。

从这些国际情景下的调查结果中，我们产生了两个疑问。首先，中国人的国家自豪感和焦虑程度是不是很高，而美国人的较低？换句话说，这些调查结果是否证明中国人对自己国家的不幸过度敏感，他们是不是过于在乎自己国家的“面子”？或者，这些调查结果能否证明美国人更不善于把自己与国家的命运联系在一起，或者他们在开玩笑说自己认为他们并不在乎这一点？对于这个问题，需要做进一步的试验才能澄清。

其次，为什么国家变量会造成这些国际层面上的差别？它们是不是由于个人主义文化与集体主义文化之间的差别造成的，中国人是不是能够从自己团体的优点中得到更多的心理满足？或者说，这些差别是否有其历史渊源，中国人饱受西方帝国主义蹂躏的“百年国耻”使他们对自己的国际地位更加敏感？或者说，这些差别是不是现实力量在当前存在的差距造成的，也就是说美国人相信自己的全球霸主地位，用不着太担心或者对它表现出过多的自豪感？与之相比，中国人可能会更加焦虑，因为他们正面临着美国作为军事上的超级大国这样一个现实，而这个超级大国不乐意看到中国崛起。尽管通过试验性的设计方案，我们可以确定地说是国家

“造成”了在国际情景下测试焦虑和自豪感时产生了不同的数值，我们仍需进一步的研究来揭示导致这些结果的机制。

第二节　中国人国民特征的构成与结果：心理测量和方法

中国人的爱国主义和民族主义的特性是什么？它们与美国人的爱国主义和民族主义有什么不同？它们对于中国外交政策有什么影响？为了探讨中国人国民特征的构成和影响结果，2009 年春季，研究者分别在美国和中国进行了两次调查①。通过使用心理测量、探索性因素分析和路径分析，我们发现，美国人的爱国主义和民族主义具有实证相似性，而中国人的爱国主义与民族主义却截然不同，其爱国主义掺杂一些宽容的国际主义，而民族主义却具有一些排外的、盲目性的爱国主义特色。此外，中国人的爱国主义并没有影响到他们对美国威胁的看法或对美国政策倾向性，而民族主义却与此相反。同时，也探讨了中国人国民特征中的民族主义历史观念，以及它对于认识美国威胁所产生的影响。下文列出一些我们选用的方法、结果以及进行的相关讨论，以此告诉大家如何使用心理测量和方法来研究中国外交政策。

（一）参加者与程序

调查于 2009 年春季进行，参加者共计 512 人，其中 161 人来自北京大学国际关系专业本科生，他们在 2 月份填写了一份三页纸的调查问卷，另外 351 人为美国各地的成年人，他们在 3 月份参加了网上调查。这两项调查都在开始前说明了这是一项关于人的个性与国际问题之间关系的调查，所有搜集的资料都将保密。

在北京的抽样参加者中，女性（N = 89）略多于男性（N = 69），群众（N =95）多于党员（N = 61）。由于办事人员的疏忽，没有对参加者的年龄提出要求，不过前一个学期在北京大学做的同一项调查显示，他们的平均年龄为 20 岁。这些学生中，44 人来自农村，114 人来自城市。

在美国互联网上进行的全国性抽样调查中，参加者比较平均，男性（N =177）略多于女性（N = 174），民主党人（N = 130）略多于共和党人

① 见葛小伟（Gries）、张清敏（Zhang）、克劳森（Crowson）和蔡华俭（Cai），2010 年。

（N=121）和无党派人士（N=100）。年龄从18—69岁，平均33.54岁（SD=14.20）。在种族方面，81.2%为白种人，3.7%为非洲裔美国人，2.3%为非华裔亚洲裔美国人，2.3%为拉丁裔，4.3%为美国本土人，6.3%为其他。

（二）测量

如果不做特别强调的话，以下所有问题在测量时使用的都是7级李克特量度表，从1级（强烈不同意）到7级（强烈同意）。两国抽样被调查者回答的都是关于国民特征的问题。对美国被调查者，没有问他们民族主义历史、对美国威胁的看法和对美政策倾向性等问题。

国民特征。我们一共采用了12个项目，来衡量上面讨论的爱国主义和民族主义中四种不同的国民特征。量度表里越高的分值表示越强烈的爱国主义、盲目爱国主义、民族主义和国际主义。我们在表3－1中还用中文列出这些国民特征的测量项目。

爱国主义。我们将卢坦恩和克罗克[①]的集体自尊衡量表中三个项目稍加改动，用来测量被调查者对于自己国家的积极的热爱。它们是："我高兴我是中国人/美国人"，"我经常遗憾自己是中国人/美国人"（逆向计分），"我觉得作为中国人/美国人对反映自我身份很重要"。

盲目爱国主义。沙茨（Shatz）、斯托布（Staub）和莱文（Levine）把爱国主义分为"盲目性的"和"建设性的"，认为前者代表着毫无置疑的忠诚和对批评的零容忍。[②] 我们采用了三项提问："中国/美国基本上总是正确的"，"中国/美国的外交政策几乎总是在道德上正确的"，"无论我国的政策对错与否，我都予以支持"。

民族主义。科斯特曼（Kosterman）和费什巴赫（Feshbach）[③] 认为，民族主义超越了对自己国家那种积极的热爱（爱国主义），觉得自己的国家优越于其他国家。我们采用了以下三项提问："中国/美国是世界上最好的国家"，"中国/美国赢得国际体育竞赛并不重要"（逆向计分），"鉴于中国的历史和民主，中国领导东亚/美国领导世界是顺理成章的事"。

国际主义。科斯特曼（Kosterman）和费什巴赫（Feshbach）[④] 也对民

---

① Luhtanen and Crocker，1992.

② Shatz，Staub and Levine，1999.

③ Kosterman and Feshbach，1989.

④ Ibid..

族主义和国际主义进行了区分。我们采用了三项提问："在海地这样的贫穷国家里，摆脱贫困是他们自己的问题，与我们无关"（逆向计分），"我们应该教育我们的子女支持提高全人类的福祉"，"我国外交政策应当追求全世界的最大受益，而不是只追求中国/美国的民族利益"。

民族主义历史。中国过去与外部世界的遭遇会影响到中国的国民特征[①]，以及它现在对其他国家的意图的看法。因此我们采用了四项提问，来测量他们对于中国与外部世界两次不同遭遇的看法：1）百年国耻；2）朝鲜战争。第一项"百年"提问中包括的两个问题均直接摘自历史丛书《毋忘国耻》中的序言："中国近代与西方帝国主义列强的历史就是祖国蒙受奇耻大辱落后挨打的惨痛史"和"中国近代与西方帝国主义列强的历史就是中国人民不甘屈服于帝国主义及其附属的英雄斗争史"。第二项"朝鲜战争"提问中包括的两个问题是"中国在抗美援朝中得胜了"和"抗美援朝是中国历史上的英雄时刻"。

对威胁的看法。我们用四项提问来测量他们关于美国对中国形成威胁的看法，它们构成两个可能的次级量度。其中两项提问涉及军事威胁："美国军队的发展对中国无益"、"最近美国国防开支的增长威胁中国安全"。另外两项涉及羞辱性威胁："美国政府批评中国'人权问题'实际上是在羞辱中国"和"美国支持台湾和西藏是在羞辱中国人民"。

对美政策倾向性。我们采用三项提问来测量被调查者对美政策的倾向性。它们是："中国政府应该对美国采取更强硬的外交政策"，"应对美国的最好方式是增强我国的军备，削弱美国在世界范围的影响"和"如果美国威胁我们，我们应该用军事力量对美国进行反击"。测量分值越高，表明被调查者希望中国对美政策越应当强硬。

第三节　结果：中国与美国国民特征的结构

为了比较中美国民特征的结构，我们首先对中美被调查者进行了探索性因素分析。对双方的抽样调查对象都进行了主轴因素分解（principal axis factoring，PAF），随后采用开氏规范化斜交交替法（Promax rotation with Kaiser normalization）来帮助解释各种因素。表 3 - 1 表明了结果，它

① Gries，2004.

包括了所有超过0.35的加载数据。

表3-1 国民特征的结构：2009年用斜交交替法对美中抽样调查对象进行主轴因素分析得出的对照数据

	美方		中方	
	因素1：爱国主义/民族主义	因素2：国际主义	因素1：爱国主义/国际主义	因素2：民族主义/盲目爱国主义
爱国主义1	0.908		0.466	
爱国主义2r	0.829		0.811	
爱国主义3	0.797		0.696	
盲目爱国主义1	0.405	0.351		0.546
盲目爱国主义2	0.433	0.388		0.669
盲目爱国主义3	0.660			0.614
民族主义1	0.455			0.782
民族主义2r	0.390			
民族主义3	0.780			0.601
国际主义1r		-0.612	0.639	
国际主义2		-0.725	0.500	
国际主义3		-0.553		
本征值	5.18	1.51	3.26	2.28
因素相互关联	0.558		0.269	
量度α（N）	0.88（9）	0.66（3）	0.75	0.78（5）
平均值（SD）	4.43（1.16）	5.27（1.11）	5.63（1.08）	3.92（1.13）

注：只标出了超过0.35的因素系数。逆向计分用字母“r”标明，而且是斜体字。下划线标明美国/中国两个问卷版本的区别。（省略美国版本，译者）

爱国主义

1. 我很高兴自己是中国人。

2r. 我经常遗憾自己是中国人。

3. 我觉得作为中国人对我的自我认同很重要。

盲目爱国主义

1. 中国的外交政策基本上都是正义的。

2. 中国的决策几乎都是正确的。

3. 无论我国的政策对错与否，我都予以支持。

民族主义

1. 中国是世界上最好的国家。

2r. 中国赢得国际体育竞赛并不重要。

3. 鉴于中国具有悠久的历史、光辉的文明，中国当然应该领导东亚。

国际主义

1r. 诸如海地这样的贫穷国家所面临的问题应该由他们自己解决，与我们无关。

2. 我们应该教育我们的子孙后代不仅为中国而是为全人类的福祉作贡献。

3. 我国外交政策应当追求国际主义而不是只追求中国的国家利益。

对美方抽样调查者使用的主轴因素分解法，产生两个因素，它们的本征值都大于1（分别是5.18和1.51）[①]。如表3－1所示，这两项都可以得到清晰的解释。所有九个爱国主义、盲目爱国主义和民族主义的项目都在第一个因素上得到了很高的数值，即“爱国主义/民族主义”。“国际主义”三个项目只在第二个因素上获得了数值。两个因素高度相关，分值达到r＝0.56，而国际主义的项目得到的均为低值。再加上第二个本征值仅为1.51，这表明我们的两个因素测试办法得出的结果几乎和一个因素测试的结果没有区别。总之，尽管爱国主义、盲目爱国主义和民族主义在概念上是截然不同的，但我们的测量数据表明，美国的爱国主义和民族主义从实证角度上是并行不悖的，甚至几乎成为其国际主义的一部分。

对中方抽样调查者使用的主轴因素分解法，也产生出两个因素，它们的本征值均大于1（分别是3.26和2.28）。如表3－1所示，这两项都可以得到清晰的解释，之间也没有出现交叉数据。爱国主义三个项目和国际主义前两个项目都在第一个因素（爱国主义/国际主义）上得出了数值。盲目爱国主义三个项目和民族主义两个项目在第二个因素（民族主义/盲目爱国主义）上得出了数值。这两个因素的相互关联值达到r＝0.27，这说明中国人的国民特征在这两个维度上是正交的，或者说是相互独立的。

表3－1中表现出中美在国民特征结构上明显的差别。在美国抽样调查结果中，爱国主义（对国家的热爱）与民族主义（认为自己的国家优

---

① 本征值代表的是对一个因素的加载数值的加权数。一般来讲，本征值至少是一种必要的数值，但要把它作为一种独立的考察一个因素的数值往往是不够的。

于其他国家）是一致的，而在中国抽样调查结果中，这两者并非一致。相反，中国的爱国主义往往与国际主义联系在一起，因此，与美国相比，中国的爱国主义更加友善和宽容。换句话说，美国人越爱国，他/她往往就越具有民族主义。而在中国，爱国主义和民族主义并不一定是并行不悖的，一个高度爱国的中国人很有可能在民族主义上很低调，而一个高度民族主义的中国人也有可能并不具有很高的爱国主义。

第四节　结果：中国人爱国主义和民族主义的影响结果

为了探索中国人的爱国主义和民族主义产生的影响，我们首先为其设定了各自的量度，同样还为历史、威胁和政策变量也设定了量度。表3-2最后两栏中是量度可靠性与Ns值，是对北京抽样调查得出的统计数据。反映内部可靠性的克龙巴赫（Cronbach）α数值[①]从一般（α=0.71）到良好（α=0.82），这使我们确信，每组量度中包含的各个调查项目都能反映出相同的基本结构。[②]

表3-2　说明性统计数据：2009年北京抽样调查中的关联性、显著性、均值、标准偏差、α数值和Ns

变量	1	2	3	4	5	6	M	SD	α	N
1. 爱国主义/国际主义	—	0.19*	0.38**	0.20*	0.29**	0.13	5.63	1.08	0.75	5
2. 民族主义/盲目爱国主义		—	0.44**	0.32**	0.38**	0.35**	3.92	1.17	0.78	5
3. 民族主义/历史			—	0.39**	0.45**	0.38**	4.71	1.15	0.75	4
4. 军事威胁				—	0.34**	0.32**	4.29	1.21	0.71	2
5. 羞辱性威胁					—	0.44	4.31	1.51	0.82	2
6. 对美政策						—	3.81	1.26	0.73	3

注：** 关联性达到0.01为表现显著（精确到小数点后两位）。

* 关联性达到0.05为表现显著（精确到小数点后两位）。

① 本征值代表的是对一个因素的加载数值的加权数。一般来讲，本征值至少是一种必要的数值，但要把它作为一种独立的考察一个因素的数值往往是不够的。

② 克龙巴赫（Cronbach）α数值从0—1，数值越高，表明测量的内部可靠性越高；一般情况下，0.60是可以接受的最低值。量度越长，α数值往往就会越高，所以，我们对两三个项目测量得出的0.71和0.73的α数值，实际上是相当不错的。

我们所有六个量度的均值和标准偏差都在表 3－2 中列出。北京的抽样调查显示，爱国主义/国际主义（M＝5.63）得分比民族主义/盲目爱国主义（M＝3.92）高得多。[①] 考虑到中间值为 4，我们可以说，在总体上，北京的抽样结果突出了爱国，而在民族主义上较为平均。民族主义历史观念（M＝4.71），军事威胁（M＝4.29），羞辱性威胁（M＝4.31）的均值，都高于中间值 4，而对美政策倾向性略低于中间值，达到 M＝3.81，这表明我们的量度是相当均衡的。

最后，表 3－2 也表明我们设置的六个量度之间的关联性没有什么先后顺序。除了没有体现出爱国主义与对美政策之间的关系以外，所有的关联性的统计数据都很显著而且是正值。除了爱国主义/民族主义与爱国主义/军事威胁之间的关联性只达到 $p<0.05$ 以外，其余的关联性都非常显著（$p<0.01$），数值也很高，从 $r=0.29$ 到 $r=0.44$。

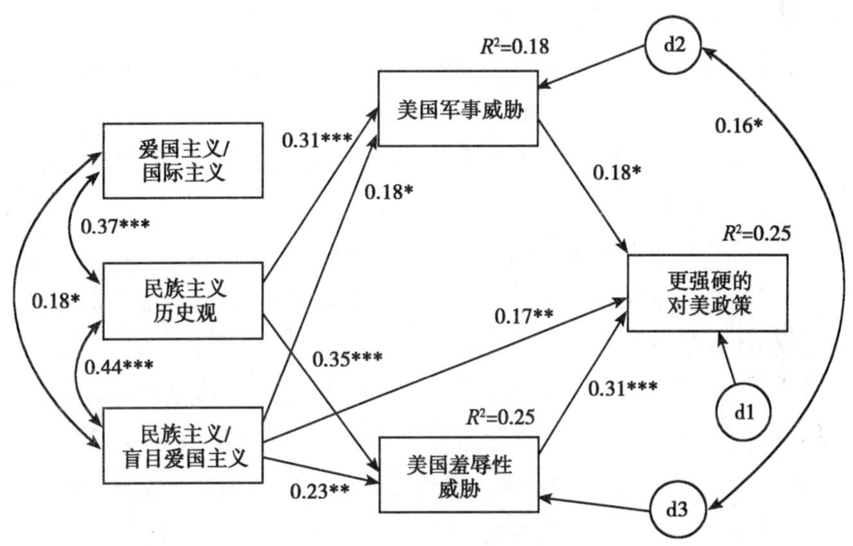

图 3－3　最终北京路径模型，2009 年抽样调查

注：*** 关联性属于显著，$p<0.001$；** 关联性属于显著，$p<0.01$；* 关联性属于显著，$p<0.05$。

由于无序的关联性并不能说明共线性，我们决定使用路径分析来更好

---

① 一项独立进行的抽样 T 测试表明，均值之间存在的差异不仅具有统计意义，而且都很大，$t(160)=15.14$，$p<0.001$。

地理解变量之间的准确关系。与多元回归分析法相比，路径分析有诸多优势，比如，它可以给变量之间中间化的关系定型，也可以对含有中间化关系模型的全球适用性进行评估。我们使用的 AMOS 17.0 具备完整的信息最大可能性估值，我们用它首先对一个完全饱和模型进行了检测，在该模型中，爱国主义、民族主义和民族主义历史观念被当作是共变外生变量，来预测美国军事和羞辱性威胁，而后者反过来也预测了对美政策的倾向性。在去除没有统计价值的路径之后，图 3 - 3 中展示的模型成为最适用于北京的抽样调查统计模型。

我们检查了采用 $\chi2$ 测试法、自由比率的 $\chi2$ 度、比较适用指数（CFI）、塔克-路易斯（Tucker-Lewis）指数（TLI）、规范适用指数（NFI）和近似值的根均值平方误差（RMSEA）的路径模型的适用性。那些不甚显著的 $\chi2$ 值以及 $\chi2/df$ 比率 <2 或 3，都被视为封闭式模型适用性的合理指标。考虑到封闭式模型适用性，我们按照常规去除了大于 0.95 的 CFI、TLI 和 NFI 值，以及小于 0.06 的 RMSEA 值[①]。我们图 3 - 3 中的最终模型是非常适用于北京抽样调查数据的一个模型，它包含一个并不显著的 $\chi2$ 值 $p=0.338$，$\chi2/df$ 比率为 1.135，CFI 为 0.997，TLI 为 0.983，NFI 为 0.976，RMSEA 为 0.029。

北京路径模型中最令人震惊的一个方面是，我们在考察民族主义和民族主义历史时，发现爱国主义并没有影响到人们对于美国军事威胁或羞辱性威胁的认识，以及对美政策倾向性。与之相比，民族主义在对美国威胁或羞辱性威胁的认识上，不论是直接的，还是间接的，都大大影响到对美政策倾向性。确实，这三项路径合在一起构成了对美政策倾向性 25% 的影响变化[②]。因此，从外交政策的角度来看，中国人的爱国主义显得非常友善和宽容，而中国人的民族主义却表现出潜在的敌对情绪。

同样值得一提的是，民族主义历史观念与爱国主义（$r=0.37$）和民族主义（$r=0.44$）都是强烈共变的，它为一种论据提供了强有力的支持，即民族历史的观念和当前的民族特征是相互构成的。同时，民族主义历史观念也充分预测了对美国军事威胁（$r=0.31$）和羞辱性威胁（$r=0.35$）

① Kline，2005；Schumacker and Lomax，2004.

② 路径模型中的“d1”代表的是预测误差，或者是对美国政策倾向变化中的 75%，它们没有用模型中包含的变量进行说明。

的认识。

最后，图3-3说明，在对美政策倾向性的影响力方面，人们对于羞辱性威胁的看法要远远大于对军事威胁的看法。确实，将偏相系数平方后表明，对美国羞辱性威胁的认识构成了对美政策倾向性变量的9.6%，而对军事威胁的认识占了3.2%。所以，对于研究中国对美政策决定因素的研究者们来说，明智的做法应当是不仅仅考虑客观的军事力量平衡，还应该考虑人们主观上的特征和情绪。

讨论

艾伦·卡尔森[①]曾感叹在研究中国民族特征方面缺乏严格的测量，学者们没能把中国的民族主义放在一个更广阔的比较框架之内。对此我表示同意。这项个案研究应表明，对爱国主义和民族主义等概念进行严格的测量不仅是可能的，而且，这些概念能够成为阐释性社会科学的一部分。

尼尔·迪亚曼特（Neil Diamant）[②] 指出，在大众民族主义研究中存在着一个“门槛”问题，就像是我说的，中国所谓“第四代”城市人自成一体的爱国主义并没有承担起足够的牺牲或责任，使其爱国主义上升成为真正的爱国主义。与他研究过的拥有真正“爱国主义立场”的前一辈相比，迪亚曼特把这些曾在20世纪末站在大众民族主义抗议浪潮前列、年轻一代的城市人称为微不足道的“拿铁咖啡”民族主义者。还有，那些像我一样研究过大众民族主义兴起的人，都助长了“中国威胁”论。

迪亚曼特用“门槛”方式考察爱国主义/民族主义的问题，无论在概念上还是在实证上，都存在着问题。从概念上说，应该从哪里划分界线？究竟应做出多少“牺牲”才能算作他所说的“爱国者”？（或者说，究竟喝多少拿铁咖啡就会被斥之为非爱国的“精英”？）从实证上说，把爱国主义或民族主义简单归为一组问题，就违背了这些概念的复杂性和差异性。要想让爱国主义或民族主义的概念在阐释性社会科学中成为有用的东西，我们应最大限度地寻求实证测量的变化，而不是尽力去简化它。变量应尽可能地引起差异。比如，如果没有我们用7级李克特量表得出的调查结果的差异，如果我们在考察对爱国主义和民族主义的反应中没有设定五

① Allen Carlson，2009.

② Neil Diamant，2009；本书第二章。

个不同的量度来提高测量精度，我们就很有可能无法从实证上区分开中国的爱国主义和民族主义，或者无法揭示出它们各自独特的影响结果。

迪亚曼特错误地把中国年轻网民和游行示威者们表现出来的民族主义斥之为微不足道。我们的研究表明，个人在“卖国”或者坚持民族主义上的差异，影响着对美国威胁的认识和对美政策的倾向性。临时表现出的民族主义或在“国家”层面上的民族主义可能具有同样的影响。因此，当1999年北约轰炸中国驻贝尔格莱德大使馆事件以及2001年海南岛中美撞机事件燃起反美民族主义情绪时，中国人对美国威胁的认识加强了，同时，中国人希望对美政策更强硬一些。因此，在这些危机中，被煽动起来的中国民族主义会对中国外交政策产生非常严重的影响，尽管如迪亚曼特指出的，临时被煽动起来的民族主义后来变得烟消云散。总之，在中国民族主义上的变化，无论是在不同的个人还是不同的时间上发生的，都牵扯到对美国威胁的认识甚至于对美政策的倾向性，因此，我们有理由进一步研究它们，而不是排斥它们。

迪亚曼特最严正的指责就是对像我这样研究中国大众民族主义的人，说我们助长了“中国威胁”论。他的逻辑把我们与持以下观点的人扯在一起，即“中国威胁论”鼓吹者们屡屡以中国民族主义的兴起来支持他们的论据；因此，研究中国民族主义的人便是“中国威胁论”鼓吹者们的同谋。这一逻辑存在的问题是：一旦学术成果被发表，原作者是完全无法再控制其学术成果的使用或者被滥用。迪亚曼特的指责会对一些学者产生一种震慑作用，迫使这些人经常会把公共研究领域里的敏感政治问题留给其他非专业人士去搞。我认为，我们应当鼓励人们更多地，而不是更少地进行学术研究工作，把政策研究范围扩大到中国民族主义这种具有影响力的议题上。

第五节 结论：机会与挑战

柯庆生（Thomas J. Christensen）、江忆恩（Alastair Iain Johnston）和陆伯斌（Robert S. Ross）在他们主编的《中国外交政策研究的新方向》一书的结论中恰如其分地指出，中国外交政策研究是“理论和方法的消费者，而非生产者”。我希望本章能够证明试验性方法和心理测量，不仅有希望加深我们在中国外交政策上的实质性知识，同时也能够促进外交政策分析领域的理论发展。正如同跨文化心理学有资格去挑战和重塑主流社会心理学与认知心理学的普适性[1]一样，中国学的学者们也同样有资格去挑战和重塑那些依据西方经验得出的，但却在中国行不通的理论。

而且，试验性方法从理论上说是中性的。不管你是像陆伯斌那样是一位关注现实均势的结构现实主义者，还是像江忆恩那样是一位关注社会学理论的建构主义者，你都可以从试验给实证工作带来的严谨的解释原因的能力上获益。

而对于心理测量，就不能这么说了。如果你赞同陆伯斌[2]这样的唯理主义者的观点："对于决策误解得出的一般性论点……并不适用于美中冲突"，那么你就不需要使用心理测量。反之，如果你同意罗伯特·杰维斯[3]的说法——认识和误解是国家关系的核心，而且如果你想超越理论用实证方法考察中国外交政策，那么心理测量就是绝对必要的手段。

不过，在西方发展起来的心理测量常常在中国行不通。心理学中的许多核心概念，比如保守主义，都与西方自由主义传统紧密联系在一起，它们在中国是行不通的。比如，在广泛使用的右翼极权主义量度表中有这样一个固有的条目："无神论者和其他反对现有宗教的人，毫无疑问，就像那些定期去教堂祷告的人一样，都是善良和有德行的好人"，这显然无法应用于中国的国民。

在中国问题上使用西方心理测量还存在着另一个问题，那就是量度标准一般都有一个测量维度，这就需要对负面条目进行逆向计分。跨文化心理学家们发现，由于在思维方式上更偏向于辩证而非绝对化，亚洲人比西方人更容易同时持有相互矛盾的态度[4]。因此，如果强迫他们对单一维度的量度问题做出回答，就会降低数据的可靠性。比如，对于老一套或带偏见性的量度问题，中国被调查者可能会同时认为美国人极其"友好"（正面态度）和极其"讨厌"（负面态度），从而降低了单一维度测量的可靠性。在这种情况下就需要进行多维度的量度。与此相类似的是，在我们第二份个案研究中，测量人们对中国在百年国耻中是受害者的看法的试题和测量认为她是胜利者的试题居然被放在一起，尽管它们显然是相互矛盾

① 要了解整体情况，请参见 Nisbett，2003。

② Robert Ross，2001，p. 395.

③ Robert Jervis，1976.

④ Spancer-Rodgers，Peng and Wang，p. 2004.

的。这种实证研究结果证明了，为了适应从中国调查中搜集的数据，进行根本性调整是非常重要的。

另一挑战是，有些像如何看待威胁这种心理概念，测量起来的难度相当大，特别是通过书面的或网上的自答式调查时尤其如此。对于自己的真实想法和感受，人们并不总是实话实说的，甚至对于他们自己也是如此。这与我们通过“印象管理”或“自我展示”等技巧，精心调整自己对自己和世界展现的形象是一个道理。如果资金允许的话，我们将来在研究中还可采取一些生理学的方法，比如通过测量血压和皮肤电传导性来感知焦虑和对威胁的认识。更经济实用的方法是采用句子解读和其他能够揭示出各种态度和情绪在潜意识中或内心深处的测量方法。

从更广泛的层面来说，所有的统计研究都面临着两个挑战：进的是垃圾材料——出的是垃圾成果和进的是宝贵材料——出的还是垃圾成果。第一点，不管统计分析多么严格，如果原始数据不足，结果也不会有什么价值。这个问题已经在一度被广泛用来研究冲突的著名的“战争关联度”数据库中得到充分体现。哪怕是在对一些基本问题的定性上，比如说区分国家战争和内战，交战开始或结束的准确日期等，都是问题多多。对于本文所采用的政治心理学的类型而言，良好的内在可靠性对于在各种变量之间找到可靠的关联模式是至关重要的。比如，如果我们测量的内在可靠性过低的话，我们的路径模型使用的适用数据就可能不足以使我们对模型中所描述的变量关联模式感到放心。

第二点，即使有了完善的调查数据，但如果不能进行正确的诠释，也不会得到有用的结果。统计资料本身并不会说话。一个问题是，政治学家们过分强调统计意义测试（p 值），而忽视了效应规模和说明实际的统计意义和他们的统计结果的含义。尤其是当政治学家们使用现成的数据集时——比如含有巨大 Ns 值的美国全国选举调查报告和芝加哥全球事务委员会调查报告，这个问题就显得特别突出。使用这样的数据集，变量之间极少会出现完全的互不关联；p 值就是抽样规模产生的直接结果。统计意义测试的另外一个问题是，它不能全面地报告次要的统计结果。如卡尔·波帕[①]指出的，实证上的这种缺陷对于知识的积累是致命的。统计上的非调查结果同样也是非常有启发性的，比如在前面第一项个案研究中，美中

① Karl Popper, 2001.

学生在个人层面上对象征性和实际的获得/失去做出了相似反应，使我们开始质疑东方学者关于唯有中国人沉湎于“面子”的看法。

此外，很多统计工作也没有充分重视去说明统计结果的意义。这也许是因为关联数据太有限和解释本身的困难造成的。关联性设计方案并不能解释事情的原因。即使是在图 3-3 中所展示的路径模型，尽管是能够得到很好的数据，但它并不能够证明因果关系。因为有其他路径结构也能够同样顺利地或更好地得到数据。另外，即使有了从试验设计得来的数据，说明工作本身还是富有挑战性的。比如，尽管我们确信国家（美国/中国）是图 3-2 中造成不同程度焦虑的原因，但我们还是搞不清楚准确的因果关系机理到底是怎么回事。所以，我们对结果的说明不能是一成不变的。国际关系和中国外交政策研究中的政治心理学是一门新生学科，我们对它还知之甚少，因此把严谨的试验性调查结果转化成逻辑缜密的因果推论，仍是一件艰难的任务。

坦白地说，这么多的挑战的确令人头痛。进行这类研究并非易事。掌握心理学和国际关系理论、完成试验性设计方案和调查设计方案、进行心理测量和统计分析，这些仅仅是开始。另外一个挑战是数据收集。在中国找到合作者是至关重要的第一步。重要的是要和一群相互信任、拥有共同的志趣和目标的人共同工作。我个人更倾向于合作研究和数据共享，而不是购买数据，虽然如果想找到具有全国代表性的抽样时，这一招往往不一定行得通。更大的问题来自美国大学的那些人文课题评审委员会，它们很难打交道，还常常对中国持有误解，以致妨碍了项目的审批。一旦项目得到批准后，就会遇到多如牛毛但还可对付的各种手续。纸质问卷必须存放在安全的地方，丝毫不能泄露任何个人信息。电子数据文件必须用计算机密码保护，以确保参与者的保密信息。

政治心理学家们面临的最后一个挑战，就是来自政治学刊物上的同行评论，因为多数评论家们从主观上都会更看重研究设计的外在效果，而不是它的内在效果。这可能是由于美国政治和美国学研究的主流更关注选举行为造成的，当然外在效果在这方面显然是最重要的。此外，多数政治学家对于外在效果都持有一种短视的观点，在他们眼里只相信随机抽样调查。而复制重现是科学研究的一条基本原则。确实，整个心理学学科就是建立在采用独立抽样研究的交叉效果之上。我曾遇见过一些拒绝接受我的研究成果的评论家，尽管这些结果都已经在四个以上的独立抽样中得到复制再现。他们接受的就是随机抽样的教育，所以不能接受其他研究外在效果的方法。虽然，学者们应该像他们那样谨慎对待从非随机抽样中归纳出结论，不过，在许多情况下，这种测量的好处和内在可靠性都超过了归纳总结的某些缺陷①。研究设计应该遵循的是研究目标，而不是教条。

在我看来，如果我们想要更好地理解美中关系中安全与不安全的决定因素，从而避免另一场双边冲突，就必须克服在使用实验性方法和心理测量上所面临的这些挑战。中美在20世纪下半叶曾经交战两次，在21世纪初期，美国很可能会因台湾或中日关系而又被拖入另一场与中国的冲突。图3-3已清楚地显示，像丢脸这样的心理概念会强烈地影响中国人在对外政策上的倾向性。因此，在国际关系上的理性主义方法，比如新现实主义和新自由主义，必须用研究政治学与心理学相互作用的方法加以补充。我们面对的利害关系如此重要，以至于我们绝对不能被蒙蔽双眼和靠感情用事。

（许安结译　段若石校）

① Nicholson-Crotty and Merier, 2002.

第四章

互联网资源与中国对外关系研究

——网络空间能否增进对于中国对外政策的认识？*

寇艾伦（Allen Carlson）　段　宏（Hong Duan）

几十年来，研究中国对外政策的学者们在研究中国在国际事务上的立场时，都曾遭遇过极度的信息匮乏。20世纪60年代，艾伦·惠廷（Allen Whiting）借助自己丰富的政府工作经历，完成了颇具新意的专著《中国跨过鸭绿江》（China Crosses the Yalu）；而在其中阐述中方对朝鲜半岛的立场时，他所能参考借用的中国官方资料真是寥寥无几。到了20世纪70年代，金淳基（Samuel Kim）所著的《中国、联合国与世界秩序》一书，其主要资料都来源于中国在联合国大会上的投票情况。几年之后，鲍大可（A. Doak Barnett）短小精悍的《中国对外政策的制定》一书，也存在着资料来源不足的局限。与之相比，到了20世纪80年代末，这种情况略有改善，新一代学者们开始能够接触到稍微全面一些的资料。能说明这种趋势的最好的例子是汤姆·克里斯坦森（Tom Christensen）的研究工作，他参考了有关朝鲜战争的新解密文件，随后，江忆恩（Iain Johnston）、沈大伟（David Shambaugh）和陆伯斌（Robert Ross）都采用了大量的访谈资料。不过，这仅仅属于个别情况，自从20世纪90年代初以来，中国对外政策研究的总体信息框架并没有发生太大的变动，研究者们都在翻来覆去地使用有限的信息来源（几份国际政治方面的中文刊物①、官方声明、零星的内部资料、对小范围的外交精英人士的采访记录）。与此形成对比的是，现在普遍认为，中国对外政策研究有希望步入一个新的时期。现在越

* 本文的研究和写作得到了康奈尔大学LaFeber奖学金的慷慨资助，这是一种资助政治学系教师与研究生之间进行合作研究的资金。康奈尔大学的研究生本·布雷克（Ben Brake）为本章写作提供了额外的研究协作。

① 在这些刊物里最重要的是《国际问题研究》、《世界经济与政治》、《现代国际关系》。

来越多的新资料不断公开，标志着这种新的发展趋势。其中表现最突出的要属中国的互联网资源，它就像是中国对外关系新信息的一座宝库。那么现在问题是，互联网对于中国对外关系研究到底有多么重要？

在这个问题上，互联网过去多谈论的是它推动中国社会转型的潜力、新闻审查制度和言论自由等问题，而在本章，我们要着意重新调整一下它的主题。我们要集中讨论一些更普通，但对研究者而言却是更基本的问题，那就是，这样的网络空间是否包含了有助于我们了解中国对外关系所需要的新信息①。在这一点上，我们认为目前它所带来的益处可谓毁誉参半。一方面，如本章第一部分所述，在中国有关外交政策问题的主要网站上，所包含的新信息并不像许多人期望的那样多。确实，在中国网络空间上发布的许多官方文件和精英分析并非原创，更多的只是以前传统模式出版发行物的复制品。另一方面，如本章第二部分所述，在促进中国外交问题资料的收集和分析方面，人们在这个网络空间里仍大有用武之地。因此，我们认为，虽然互联网资料可以用来补充传统资源的不足，但是它们却无法取代后者的位置，因为在过去 20 年中，构成中国外交政策研究领域核心资源的仍旧是采访记录、期刊文章、档案以及新闻报道。

第一节　勾画与中国对外关系相关的网络空间概况

这一部分主要描述与中国外交政策相关的网络空间的大致轮廓。本部分定义的网络空间包括那些一直包含大量有关中国对外关系内容的网站。这种描述仅仅是为那些有志于在此领域进行深入探讨的人士提供一种初步的指导，这是值得一做的事情②。沿着这一思路，我们将下面的总体说明

① 要了解人们如何看待互联网对于中国政治的社会影响，请参见 Taubman（1998），Hartford（2000），Chase 和 Mulvenon（2002），Yang（2003），Shie（2004），Zhou（2005a），Tsui（2005），Kluver 和 Yang（2005），Saimders 和 Ding（2006），Damm 和 Thomas（2006），Tai（2006），Zheng（2008），以及 McKinnon（2008）。要了解网络活动对现实世界的影响方面的不同看法，请参见 DiNaggui et al.，（2001），Thelwall 和 Smith（2002），以及 Langman（2005）。

② 这也就是说，过去也曾做过一些努力来进行类似的描绘，在对安全领域的最佳描述中有弗拉维尔（Fravel，2000）和周（Zhou，2005b）。从更广义上讲，丽贝卡·麦金农（Rebecca McKinnon）主办了一系列的创新性的研讨会，来探讨中国网络空间出现的各种问题。最近一次是 2008 年在香港举办的一次研讨会“中国和互联网：奥秘与现实”。要想得到这次研讨会的材料，请登录 http：//jmsc. hku. hk/blogs/circ。

分为四部分：对覆盖中国对外政策和国际事务的主要媒体和新闻来源的看法；对中国外交部和顶尖研究机构及大学的网页的调查；对当前网络空间中专门涉及外交政策问题的最重要的学术网站的分析（并不是附属于某些机构的网站）；以及对中国专谈国际政治问题的论坛（BBS）和博客的调查。

一　中国网络媒体渠道及其对国际问题的报道

近十年来，在涉及对外政策问题的中国网络空间里，最重要和发展最迅速的一个方面就是在线媒体资源的出现。这一趋势的引领者便是新华社和《人民日报》，它们都开设了主要的中文新闻门户网站。与此同时，一些新兴综合门户网站，比如新浪、搜狐和网易，也纷纷开设自己的新闻频道，开始提供在线新闻[①]。这样一来，伴随着世界其他国家的发展，中国的互联网逐步成为一个重要的国内外新闻来源。中国互联网信息中心（CNNIC）近期进行的一项调查表明了互联网在中国发展的水平。该调查报告指出，截至2007年年底，中国互联网用户总数已经达到了2.1亿人，上网看新闻在中国互联网用户的上网活动中排在第四位[②]。确实，对调查做出回应的网民中有73.6%的人说他们上网看新闻；还有20%的人表示他们上网的第一件事情就是看新闻[③]。换句话说，新兴网络媒体已经成为传播中国国际问题信息的一条重要渠道。以下四个主要网站特别值得关注。

1. 人民网（http：//www.people.com.cn）

人民网是最显著的一家主流媒体网站，由中国共产党的官方报纸《人民日报》主办。该网站根据不同的专题分为许多板块。比如，它设有关于党[④]、政府[⑤]、人大[⑥]、政协[⑦]的新闻频道。除了常规的新闻频道以

---

① 新浪网请见 http：//www.sina.com.cn/；搜狐网见 http：//www.sohu.com/；网易见 http：//www.163.com/。

② CNNIC，2008.

③ CNNIC，2008，p.16.

④ 见 http：//cpc.people.com.cn/GB/index.html。

⑤ 见 http：//gov.people.com.cn/GB/index.html。

⑥ 见 http：//npc.people.com.cn/GB/index.html。

⑦ 见 http：//cppcc.people.com.cn/。

外，它还设有更加详细和专门的频道，比如政治、世界、军事和台湾。此外，由人民日报出版社出版的大部分纸质报纸和杂志，包括《人民日报》（国内版和海外版），都可以在人民网上找到全文，时间从2000年至今①。

除了这些普通频道以外，人民网还收录了相当多主要涉及国际政治问题的专栏。比如，在它的一个频道中，列出了自1997年以来外交部发言人的所有发言和讲话。同时，该网站还不时邀请中国外交政策专家前来讨论时事问题，并与网民进行在线对话。参与这些网络交流的专家名单一直在增加，其中包括中国国内最知名的一些对外政策学者，比如王辑思、阎学通、金灿荣、时殷弘、刘江永等②。

2. 新华网（http：//www. xinhuanet. com）

新华网由政府主管的新华通讯社开办，在许多方面，同人民网很相似。它同样包括一系列专门的新闻频道。比如，在其"数据频道"中有关于中国政府、中国共产党、民主党派、社会团体、中国经济发展、法制、人权、教育、国防和外交方面的信息③。该网站也提供新华社所属纸质报纸和杂志的全文，其中包括《新华每日电讯》。此外，同人民网一样，新华网的世界频道也邀请政府官员和学者就中国对外关系的热点问题同网民进行对话。这些在线谈话记录随后会张贴在"国际访谈"频道中④。除此之外，新华网还特别注重与其他网站的链接。比如，在其主页的显著位置上标有中国其他主要新闻门户网站的链接，以及35个地方新闻门户网站的链接⑤。

3. 中国网（http：//www. china. com. cn）

中国网是一个直接由国务院新闻办公室主办的新闻门户网站，在这一点上它不同于本章讨论的其他三个网站。中国网发布国际新闻，也发布更令人关注的中国对外政策的新闻。因此，其主要信息内容都是有关中国外

---

① 就在不久前，人民日报社出版发行了《环球时报》，它是专门谈国际问题的周刊。该刊物从2007年9月开始设立了自己的网站，成为一家独立的新闻门户网站（http：//www. huanqiu. com/）。这样的话，人们就不能再从人民网上阅读它了。

② 如需了解话题和谈话记录清单，请见 http：//world. people. com. cn/GB/8212/115071/index. html。

③ 见 http：//news. xinhuanet. com/ziliao/2004 - 11/content_ 2177717. htm。

④ 见 http：//www. xinhuanet. com/world/gjft. htm。

⑤ 见 http：//www. xinhuanet. com/dfwl. htm。

交、对外交流、外贸以及海峡两岸关系的报告。它的报道非常丰富，值得一提的是，其中文版网站所包含的内容远远超过英文版的对应网站。比如，其“国情”频道包含了门类齐全的中文网站和档案的目录，它们涉及国防和外交，但却没有对应的英文版资料①。该网站其他一些部分，比如提供“统计公报”②、全球政治年报和国家安全报告③的部分，也存在着同样的情况。

4. 中国军网（http：//www. chinamil. com. cn）

中国军网由《解放军报》主办，是人民解放军的网络出版物，是宣传报道它在一般性世界政治问题和专门军事问题上观点的渠道。同其他大多数中国新闻网站一样，它也拥有中文和英文两种语言的主页。它与中国网的情况相似，两种语言的主页在内容上有着显著的区别。其英文网站的频道各具特色，包括国防、军队建设、政治工作、后勤、军事外交、军事装备、信息技术，科技、军事训练、救灾、边疆与海防、中国人民解放军历史等。中文网站的结构大致相同，不过所包含的信息量却大大增加。比如，中文版提供了《解放军报》以及其他中国人民解放军所属报纸和杂志纸质版的全文。其收录的报刊范围广泛，既包括官方的《解放军报》和《中国国防》，也包括通俗性和技术性的《中国民兵》、《解放军画报》、《军事通讯》、《世界军事》。大多情况下，这些报刊过去的资料可在网上查询至2004年。中国军网是中国军事出版物的一个宝贵的资料仓库，同时，它也包含对中国军队结构和组织的全面综述。它还包括有一个详细介绍中国当前的军队领导、军队条例、装备和其他信息的数据库④。

二　外交部、大学和研究机构的网站

在过去十年中，中国外交部、主要的外交政策研究机构和开办国际问题研究专业的大学都开办了自己的网站。尽管这些网站最初在内容上都不够充实，而且到目前为止在内容上的差别也很大，但近年来它们发展很快，已经成为中国对外政策互联网的一个经久不衰的组成部分。有五个这类网站以及一些大学的网页很值得特别予以说明。

---

① 见 http：//www. china. com. cn/aboutchina/node_ 6175014. htm。

② 见 http：//www. china. com. cn/economic/zhuanti/06gongbao/node_ 7014958. htm。

③ 见 http：//www. china. com. cn/zhuanti2005/node_ 6087279. htm。

④ 见 http：//www. chinamil. com. cn/site1/database/index，htm。

1. 中华人民共和国外交部（http：//www. mfa. gov. cn）

外交部中文版网站中包含丰富的有关中国外交的信息[①]。“外交动态”频道中包括了有关高层外交活动和外交部新闻发布会的全面而及时的新闻材料[②]。“信息资源”频道包括有中国领导人和高级官员就中国外交政策的讲话、中国外交政策公报和一系列条约[③]。此外，该网站也提供有关外交部自身的详细情况。“本部”频道中列出了每位部长级官员的名字、简历以及他们负责的相关领域[④]。这个频道还包括外交部的组织结构情况。它不仅列出部里所有的司，还列出每个司的联系方式和司长的姓名。另外值得注意的是，该网站的链接四通八达，它能链接到中国驻外机构、其他中央政府组织机构、地方政府、地方外办以及主要的中文新闻媒体门户网站。

2. 中国社会科学院的外交政策和国际问题研究所

作为“中国哲学社会科学领域最高的学术研究机构”，中国社会科学院是一个拥有近3000名研究人员，囊括31个研究所和50多个研究中心的庞大机构[⑤]。尽管社科院主要学术活动和政策分析并非本章的重点，但它拥有一批中国最知名的外交政策与国际关系研究所。在20世纪90年代时，对这些机构的了解和与其研究人员接触，只能通过不断地打电话、写信和亲自访问才能实现。现在，中国社科院的主要院所都有了自己的网站，对各自的组织结构和主管单位的联系方式都有详细介绍。但除此之外，这些网站的内容都不够充实。比如，世界经济与政治研究所主管的网站就是社科院最重要的网站之一，上面提供的信息包括该研究所的历史、组织结构和主要研究人员（包括其简历、e-mail地址和主要学术成果）[⑥]。不过，除了这些资料以外，该网站登出的文章和论文很少，且都是从前发

① 外交部的网站还有英文版、俄文版、法文版、阿拉伯文版和西班牙文版。英文版（http：//www. fmprc. gov. cn/eng/）与中文版略有不同。中文版的信息更新。而且“国家”频道编排的也有些不同。这一频道的中文版（http：//www. mfa. gov. cn/chn/pds/gjhdq/gj/）提供的主要是各个国家和地区的政治经济情况，而英文版更注重它们与中国的双边关系和交流，对于研究中国对外政策的学者来说这些也许更有用。

② 见 http：//www. mfa. gov. cn/chn/pds/wjdt/。

③ 见 http：//www. mfa. gov. cn/chn/pds/ziliao/。

④ 见 http：//www. mfa. gov. cn/chn/pds/wjb/。

⑤ CASS，2009.

⑥ http：//www. iwep. org. cn/.

表过的。美国研究所的网页与之类似，上面只登出了为数不多的该所研究人员以前发表过的文章[①]。而且，该所网页的联系信息也远不如世界经济与政治研究所的详尽。亚洲太平洋研究所的网站上虽然有介绍其研究人员的完整信息，但除此之外，其他信息寥寥无几[②]。中国边疆史地研究中心的网站更是缺乏实质性的信息，连其研究人员的详细情况和研究成果都没有介绍[③]。

3. 中国国际问题研究所（http：//www. ciis. org. cn）

尽管中国国际问题研究所是外交部的主要研究机构，它的网站并未提供太多实质性的信息。该网站只是列出了其大致的组织结构、主要研究人员的简历，以及与每期《国际问题研究》（该所的旗舰刊物）目录的链接。

4. 中国现代国际关系研究院（http：//www. cicir. ac. cn）

同中国国际问题研究所一样，中国现代国际关系研究院网站的信息也很一般。它仅是提供了其主要研究部门的简要介绍以及发表在《现代国际关系》和《国际资料信息》上的文章目录和内容提要。

5. 上海国际问题研究所（http：//www. siis. org. cn）

该网站比中国现代国际关系研究院的网站的信息性要强一些。它提供了该研究所及其每个研究部门的介绍，还有每个研究人员的简历。此外，它还介绍了该研究所已从事的研究项目及其研究人员出版的图书和文章。

6. 大学网站

开设国际关系课程的几所中国大学现在都拥有自己的网站。不过，这些网站一般来说都缺乏实质性的内容。比如，北京大学国际关系学院[④]、中国人民大学国际关系学院[⑤]、复旦大学国际关系与公共事务学院[⑥]、清华大学国际关系学院[⑦]和中国外交学院[⑧]的网站主页上，仅仅列出了每种

---

① http：//ias. cass. cn/.

② 见 http：//iaps. cass. cn/。

③ 见 http：//chubabirderkabd，cass，cn/。

④ http：//www. sis. pku. edu. cn/.

⑤ http：//sis. ruc. edu. cn/.

⑥ http：//www. sirpa. fudan. edu. cn/.

⑦ http：//166，111. 106. 5/xi-suo/institute/index. htm.

⑧ http：//www. fac. edu. cn/.

课程的结构特点和师资情况。

三　国际关系专业门户网站及其学术论述

在中国媒体直接掌管的网站和主要的外交政策研究所的官方网站上，无论是报告的数量还是访问量都相当惊人。然而，也正是上述网站的规模和范围让人对浏览这些网站感到发憷。此外，由于主要媒体网站覆盖面非常广泛，它们对于外交政策的探讨往往不能集中深入，大部分都是应景式的（受到最新消息和政府指示的左右）。而且在绝大多数情况下，这些网站对于中国和世界的报道都不会超出官方规定的尺度。与之相比，近年来在中国出现了几家更加专业的、专门致力于外交事务和国际政治的学术性网站。尽管这些网站的访问量不高，但它们的主题非常专一，而且表现出一种潜在的趋势，要超越（如果不是直接挑战的话）中国领导层为讨论外交政策问题设置的种种的限制。因此，这些新生的网站对于中国对外关系研究人员展现出更大的价值。

在深入探讨细节之前，有必要强调一下这些网站拥有的一些共同特点。首先，它们都是面向那些致力于国际关系研究，特别是中国外交政策研究的人士。显然，它们的目标并不是广大的读者群，鉴于所有网站中文版的内容远远超过其英文版内容，看来它们主要是面向中国国内的消费群体。除了这些普遍的问题之外，这些网站还有一些类似之处。第一，它们都以相似的方式构建。内容分为几大专题板块，包括国际关系理论话题，涉及国家安全和中国外交的更接近政策性的讨论，以及更具体的对于中国主要双边关系（特别是与美国和日本）的研究；第二，这些网站都注重突出西方国际关系学者（包括摩根索（Morgenthau）、沃尔茨（Waltz）等）。值得强调的是，这些网站不仅提供了当代知名西方学者的著作，而且进行了评论，甚至还可以下载；第三，这些网站上对中国知名的学者和研究机构进行了广泛的分析评价；最后，这些网站相互之间都有链接（当然，它们也提供国外一些网站的链接），此类网站在今后几年中可能会继续增加，现在很有必要谈谈下面两家网站[①]。

---

① 当我开始撰写本章时，又出现了与这两家网站相类似的第三家网站“中国国际关系研究网”（http：//www. sinoir. com/）。然而，这个网站现在已经不存在了，似乎是体现了中国互联网变幻莫测的特性。

1. 中国国关在线（http：//www. irchina. org）

中国国关在线由天津南开大学国际问题研究所主办。张睿壮，南开大学知名学者，被公认为是该网站的主要发起人；现在，该网站由其学术委员会负责管理，其成员都是知名学者，分别来自于数十家中国著名的外交政策智库、学术部门和机构。其中来自北京的有贾庆国、秦亚青、门洪华和李少军。来自上海的有杨洁勉、朱明权和苏长和。确实，这一团体的名单上几乎囊括了中国国际关系研究领域最知名的学者，可以把它视为一份中国外交政策精英核心圈的简要名单。在这一点上，中国国关在线显然是最知名和最具有影响力的中国国际关系门户网站。

它的影响力充分表现在其网站内容上。网站创立者收集了近百名中国学者各种体裁的作品——杂志文章、发表在报纸上的评论、访谈、会议论文、专著摘录等。这种资源使得其他中文网站只能望其项背，使该网站与其他门户网站相比更显得不同凡响。尽管如此，登载在网站上的这些作品的价值可能并不像看上去那么重要。事实上，仔细查看一下就会发现，该网站上收录的大部分文章之前都在其他地方发表过。比如，在该网站2009年春季英文版的“国际观察与热点问题”（International Observation and Hot Issues）的网页中，前五篇文章都曾在纸质媒体上发表过①。而在其中文网页的主要栏目“学科建设”中，前五篇文章也都是转载的。换句话说，该网站的主要内容并不是新的。它只是及时反映出近年来中国研究外交政策和国际关系的主要学术刊物发表过的讨论。在这一点上，该网站似乎不像人们以为的那样具有创新性和开拓性。

尽管如此，中国国关在线还具有另外两个特点，令中国对外关系学者对其感兴趣。其一是它有意识地关心中国国际关系研究领域的发展。上面提到的“学科建设”频道②，收录了100多篇关于国际政治研究状况的文章；其二是它与中国国内其他涉及国际关系研究的网站广泛地联系在一起。它提供了数十家大学和研究机构的链接③。除了这些学术机构的链接以外，它还提供了与中国主要外交事务和国际政治刊物和杂志的链接④。

---

① 见 http：//www. irchina. org/en/news/hot. asp？cataid = 25。

② 见 http：//www. irchina. org/news/xueshu. asp？cataid = 22。

③ 见 http：//www. irchina. org/xueke/inchina/jigou. asp。

④ 见 http：//www. irchina. org/xueke/inchina/kanwu. asp 和 http：//www. irchina. org/guancha/link. asp。

2. 天益学术网（http：//www. tecn. cn/academic/index. php）[①]

与国关在线相比，管理天益学术网的并不是一个正式的学术机构，而是一个由个人组成的团体。该网站覆盖了社会科学与人文科学诸多领域，特别是其国际关系栏目很有特色。网站组织者建立了一个中国顶级学者的网络，并把他们的经典作品放在网上。同国关在线一样，它收录了许多以前曾在各种纸质媒体上发表过的文章。不过，它的这种重复现象并不像其他网站那么普遍。天益学术网上有相当一部分文章是原创的。令中国外交政策研究者们倍感兴趣的是，天益网的这些文章经常会超越官方对国际政治敏感问题设定的底线，去讨论一些敏感的国际政治问题。下面列举了一些代表这种趋势的最好的例子，它们是张文木关于美国“西藏计划”及其失败的文章[②]、吴心伯关于美国与东亚一体化的文章[③]、王辑思关于美苏争霸历史教训以及中国崛起道路的文章[④]、宋伟关于钓鱼岛和中国对日政策的文章[⑤]。

四　国际关系相关论坛与博客

媒体门户网站和学术网站基本上是中国外交政策研究者们自80年代以来就一直在使用的信息资源的延伸，但近些年来，网络空间已经逐步成为更广大公众表达他们对外交政策和国际问题的一个论坛。尽管直至90年代末，我们还几乎完全看不到民众对外交政策的观点，但现在，中国的非专业人士们已开始利用网络来讨论中国在世界的地位。这种发展趋势最显著的特点就是出现了专门讨论国际关系的论坛和博客。

1. 论坛

绝大多数中文网站都设有论坛（BBS）。要在论坛上发帖，网民需要事先注册；不过，许多论坛都允许非注册网民阅读帖子。很明显，现在中

---

① 自从2009年7月底以来，这个网站基本陷入停顿，人们猜想它已被关闭了。这是件令人遗憾的事情，因为它比其他网站有更多的原文和学者未曾发表的著作。

② 见http：//www. tecn. cn/data/detail. php？ id=18165，见网页上第40号注解。

③ 见http：//www. tecn. cn/data/detail. php？ id=18234，见网页上第40号注解。

④ 见http：//www. tecn. cn/data/detail. php？ =5947，见网页上第40号注解。

⑤ 见http：//www. tecn. cn/data/detail. php？ =364，见网页上第40号注解。

国大量的网民经常在论坛上发帖。比如，根据2008年1月的一份调查报告，35.4%的被调查者声称他们曾在在线论坛或论坛上发过帖或回过帖[①]。上面提到的许多网站都设有论坛，有三家网站的论坛值得特别关注[②]。

最著名的论坛当属人民网的“强国论坛”。强国论坛成立于1999年5月，当时《人民日报》网络版开设了它的第一个论坛——“强烈抗议北约暴行论坛”，以方便网友表达对在科索沃战争中轰炸中国驻贝尔格莱德大使馆的行径的观点和抗议[③]。该网站后来更名为“强国论坛”，并迅速发展成为一个长期的虚拟社区。现在该论坛设有数十个栏目，拥有超过68万名注册用户[④]。最近，随着胡锦涛参观人民网并在该论坛上与网民进行了在线交流[⑤]，该论坛的盛名得到进一步提升。

第二家具有特别意义的论坛当属中国网，它开设了几个专门讨论外交政策的论坛。其中最重要的和平论坛设有40个分论坛，其中五个专门讨论国际关系、台湾和军事安全问题。2008年时该论坛拥有12万多名注册用户[⑥]。

最后一家值得关注的论坛是由外交部开办的中国外交论坛。该论坛只有中文版。像其他论坛一样，想发表观点的人需要先注册，不过，非注册用户一样可以浏览该论坛。尽管与强国论坛和和平论坛相比该论坛好像受到当局更加严密的监控，但是特别有意思的是，人们在谈到它时，经常把它看做是中国领导人用来了解国内公众对中国外交政策观点的一种新的技术手段。此外，外交部官员会定期登录该论坛，回答网友提出的问题。

对于中国对外关系研究者来说，了解这些论坛是非常有益的，但最根本的是要考虑这些论坛在更广阔的中国网络空间内的整体影响。但是，衡量人们对这些网站的兴趣并不是一个简单的过程。首先，要确定访问量最

---

① CNNIC，2008，p. 54.

② 中国军网也开设了一个论坛，见http：//bbs. chinamil. com. cn/site1/gwgfsq。

③ 如需了解更多详情，见http：//www. 2. qglt. com. cn/fuwu/dt/hm99/hm9905. html。

④ 见http：//bbs1. people. com. cn/，人们普遍相信有大量未注册的网民阅读帖子，尤其是在国际上发生重大事件时期。

⑤ 如需看手稿，见http：//www. people. com. cn/GB/32306/33093/125024/index. html。

⑥ 见http：//forum. china. com. cn/ciicbbs。

多的网站，根据中国社科院社会发展研究中心2007年的调查，它们包括新浪网和百度，以及在中国排名最靠前的搜索引擎搜狐和网易。此外，根据由中国互联网协会主办的中国网站排名，综合排名前五位的网站分别是百度、腾讯、新浪、搜狐和网易①。另外，根据中国互联网协会主办的网站评级网的统计，五家访问量最大的综合性网站是百度、腾讯（QQ的官方网站，也是在中国最流行的即时信息软件）、新浪网、搜狐网和网易②。根据上述统计，本章作者查看了中国外交论坛③及和平论坛④上的帖子，把它们与上述门户网站上最热门论坛上的帖子数量进行了比较。结果发现，这两个论坛并没有太多的访问量。换句话说，就访问量和帖子来说，这两个论坛都远远落后于主流网站上的论坛。这表明，此类论坛在中国的影响力和吸引力很有限，如果研究人员想要通过这些论坛的帖子来概括中国民众的意见，他们还需要持谨慎的态度。

2. 博客

自从2002年博客的概念被引进到中国以来，中国网络空间中博客的数量在飞速增长。根据中国互联网信息中心最近做的一项调查，截至2007年11月底，中国的博客数量已经达到了4700万，其中1700万是活跃的博主⑤。随着博客的快速发展，可以毫不夸张地说，在中国的网络空间中出现了一个可供选择的、个性化的、受到较少监管的、更加自由地发表观点和看法的渠道。不过，根据目前的情况而言，这种在线言论方式在中国对外关系和国家安全方面还没有太大的作为。首先，与其他话题相比，“国际问题”和“对外关系”并不是大多数博客博主和浏览者们关注的中心。事实上，根据中国互联网信息中心的调查，中国网络空间中博客内容中大部分记录的都是博主自身经历和生活故事⑥。这并不是说中国没

① CASS, 2007, p. 39.

② 如需了解这方面评级情况，见 http://www.chinarank.org.cn/top500/Rank.do?r=1213942617523。

③ 见 http://forum.china.com.cn/ciicbbs/thread.php?fid=71。

④ 见 http://bbs.fmprc.gov.cn/board.jsp?bid=6。

⑤ CNNIC, 2007, pp. 9-10. 也要注意不断增加的英文网站，它们也跟踪中国的博客活动，特别是见 http://www.virtual-china.org/，见 http://www.zonaeuropa.com/archive.htm 上的 eastwestsouthnorth 和 http://www.sino.uni-heidelberg.de/dachs/上面的海德堡大学中国研究数字档案。

⑥ CNNIC, 2007, p. 18.

有网民开设国际政治的博客，而是说他们更乐意在论坛上谈论这些话题①。

第二节　利用与中国外交事务有关的网络空间

本章的前面部分把与中国外交事务有关的互联网看成是相对静止的存在。不可否认，这种描述并不完全贴近现实，因为它把一个充满活力的领域说成是静止不变的，没有考虑到这个领域内不断发生的变化。但是，由于研究和观察中国的人们对于中国的互联网了解太少，为了探索它对于研究中国外交政策真正的潜在价值，就有必要先勾画出这一领域的概况。如上所述，这样的网络空间，特别是从静态的角度来看，并不会像人们所期待的那样拥有太多新的、开创性的资料，尤其是与学者和分析家们从20世纪80年代开始就能与中国外交政策精英们接触相比，互联网资源看起来并不能够为中国对外关系的研究提供一条新的途径。但是，互联网资源确实包含了有用的信息，学者们完全忽略这些资源也是不妥的。概括说来，这些虚拟资源的意义就在于，与印制材料和采访精英相比，它们更易于获得。同时，它们还构成了一个动态的而不是静止的中国对外关系资料库。尽管如此，这个领域的流动性以及登载在这一空间的材料的广泛程度，对研究者来说都具有挑战性。鉴于这些希望和风险，当前研究者们可以考虑采用以下三种方法，来最大限度地利用与中国外交事务相关的网络空间的研究潜能。

第一，把网页当作是通向外交部、智库和研究机构的窗口。

尽管中国主要外交政策机构的网站上并没有太多关于中国外交政策的新信息，它们仍然是在研究中国对外关系最初阶段时的有用资源。这些网站的主要用途在于，它们提供有关正式机构组织框架的简介，以及构成中国不断壮大的外交政策精英团体的核心人物的概况。就正式机构的组织框架而言，它的透明度自20世纪70年代末以来不断提高。但直至90年代中期，如果想要追溯这些机构的沿革，还有赖于在图书馆查阅大量资料，

① 而且，与其他领域的专家和学者相比，国际关系方面的同行们在利用这种新渠道的长处发表著作方面显得动作迟缓。鲜有知名人士写博客。尽管包括庞中英等几个人有博客（见 http://blog.sina.com.cn/m/pangzhongying），但是他们最近几年很不活跃，有些干脆关闭了。

借鉴相关采访资料和为数不多的具有权威性的二手资料。与之相比，现在通过查阅这些机构的网站，就可以直接找到这些机构的各个部门，它们的相关职责，人事构成，甚至还有它们的出版物。比如，通过研究2009年春季外交部的网站，就可以轻而易举地发现它新成立了一个部门，即边界与海洋事务司，司长为宁赋魁①。除了外交部以外，每个主要的与外交政策相关机构的组织框架都可以轻松地在网上查到。比如，国务院中国现代国际关系研究院的网站列出了其每个组织部门以及部门领导②。外交部中国国际问题研究所和社科院各个研究所的网站，都是这种情况。

同样，通过网络也可以追踪到学者们在各个大学和研究机构之间的动态。例如，通过北京大学的网站，可以确认知名外交政策分析家和中美关系观察家张清敏，在外交学院长期任教之后，已经调到了北京大学③。更有用的是，在北大有关张清敏的网页上可以找到他的联系方式，而在十年之前，要想联系到这样一位学者只能通过无数个电话和熟人才能办得到。而且，张清敏这种情况是非常普遍的。北大网站上列出的教授有半数以上在他们的网页上都提供联系方式，清华大学国际关系学院网站上列出的学者几乎每个人的网页上都有他们的联系方式④。尽管在北京和上海众多智库的网站上并没有详细提供其研究人员的类似信息，但所有这些网站上都有其机构的电子邮件地址和电话号码。总而言之，尽管这些网站发布的有些资料看上去有些过时，而且即使掌握了这些信息也并不一定就能实现约谈或是采访，但至少，它们极大地方便了与中国学者们进行最初接触的过程。长期以来，对精英的访谈一直是中国外交政策研究的一个主要组成部分。因为这一发展，安排访谈的方式出现了重大的变化。

第二，使用新技术追踪在网络上发表的印刷品的变化。

在20世纪90年代，精英采访和中文资料的使用对中国外交政策的研究作出了突出的贡献。不过，由于这些工作绝大部分都是定性研究，往往也缺乏对于资料收集问题和研究方法的明确考量，从这些资料中得出的观点的代表性也很容易受到质疑。江忆恩（Iain Johnston）率先突破了这种

① 见 http：//www. fmprc. gov. cn/eng/whb/zzjg/bianhaisi_ eng/。

② 见 http：//www. cicir. ac. cn/tbscms/html/jgsz_ En. asp? rid = jigou_ en。

③ 见 http：//www. sis. pku. edu. cn/web/Teacher_ Browse. aspx? ID = 101，如需了解所有在北大工作的人员名单，见 http：//www. sis. pku. edu. cn/web/Teacher. aspx。

④ 见 http：//rwxy. tsinghua. edu. cn/xi_ suo/institute/english/faculty/faculty. htm。

想象的局限。具体来说，江忆恩（1996 年）在其有关中国历史性的现实政治战略文化及其对于近期历史的影响（特别是对毛泽东的军事斗争策略的影响）的著作中，提出一种社会科学框架，来对中国有关外交政策和国家安全问题的精英观点进行定性分析。尽管这篇文章主要谈的是认知图像（cognitive mapping）和符号分析（symbolic analysis）的问题，但江忆恩在其他著作中又多次提到在大型开放资源的数据集中采用内容分析（content analysis）的方法（找到专有词汇和关键词组）。在过去十年中，越来越多的学者追随江忆恩的脚步，使用内容分析法，努力在中国外交政策文件和分析中发现新的趋势和倾向。但是，这种做法极其耗费时间，而且由于有两点局限，使它难以仿效。第一，研究者感兴趣的资料很少有电子版，只能用人工把印刷资料转换成电子资料（这一过程存在着人工出错的可能性）。第二，当开始有了光盘和其他电子版资料时，分析这些材料需要用到的搜索引擎又不完善。因此，直到最近，内容分析法一直没能得到广泛的应用。不过，在过去几年中，网上中文和英文资源的飞速扩大，以及在这些资源中检索资料的新技术的涌现，在很大程度上克服了上述困难。由于这两方面的发展，曾经相当烦琐的内容分析法，现在变成了一种相对简单的工作。

本书中施达妮（Daniela Stockmann）撰写的那一章探讨了使用包括内容分析法在内的许多新技术对中国媒体资源进行分析的问题。她的调查总结非常全面，所以本章对这些问题就不再赘述。不过，有两个特别的程序值得关注。第一个是多语言内容分析工具（Yoshikoder）编的程序，它使用户能够比较快速和精确地计算出专有名词在文本中出现的频率，可以被用来查询官方发表的中国外交政策声明①的电子资料。第二个是在美国由东方风光（EastView）维护的中国知网数据库（CNKI），这个数据库特别有用，施达妮著作的基本信息都来自于此。首先，中国知网的“核心中文报纸数据库”包括了一套方便查询和检索的中国外交政策方面的官方声明文集。更重要的是，中国知网的中国学术期刊全文数据库，特别是其政治/军事/法律分类文集中，包含有精英人士对中国外交政策和国际事务的全面分析资料。从主要的中国外交政策期刊上收集文章，更不用说收集地方大学的出版物，曾是件既费力又费时的工作，但现在任何中国知网的

① 可从 http：//www. yoshikoder. org/上下载该技术。

订户都可以在网上找到所有这些资料。而且，由于中国知网的搜索功能操作起来十分便捷，这一网站本身就可以用来对这些出版物进行初步的内容分析。比如，在中国知网的“政治/军事/法律”分类部分中通过查找“和平崛起”这个文章题目，就可以轻松地追踪到这个曾被热议一时的话题突然爆发继而沉寂的轨迹。2002 年时，中国知网资料库中还没有以“和平崛起”为标题的文章；到了 2003 年，文章数达到了 8 篇（其中包括夏立平在《国际问题研究》上发表的力作），又过了一年，这类文章数就达到了 201 篇，2005 年时是 307 篇，而到了 2008 年又陡然下降至 72 篇。

第三，利用新技术跟踪网络空间的变化。

本章节所谈及的手段到目前为止大致上可看成是传统研究方法的延伸。每一项都有望给收集中国外交政策资料带来便利，但没有一项手段能够在认识和管理纷杂的网络空间方面开创新的局面。由于对这一领域进行描绘的技术尚不完善，所以直至最近，网络空间的多变性在很大程度上对社会科学领域中的分类方法和考量尺度（这种情况不仅出现在中国研究领域）构成了挑战。不过，近几年来，人们发明了越来越多复杂的研究工具，来更加系统地检索互联网数据。通过开发这些工具的用途，学者们开始能够更加准确地了解围绕中国外交政策问题的信息流和关系网络。以下两项新的专门技术看起来特别有发展前途。

首先是 Touch Graph 程序，它使用 Java 功能来追踪互联网网站的链接方式①。该程序可免费下载，它通过链接到一个动态的图形表，用户可以比较轻松地看到一些网站受大众欢迎的程度。同时，也可以借助谷歌（Google）的在线搜索引擎，使用该程序的在线版本。比如，本章就是通过使用 Touch Graph 的谷歌版本，来查看中国外交部的链接情况。方法是先把中国外交部的网址（URL）② 粘贴到 Touch Graph 的搜索功能栏，该程序会产生一个图形，该图形简要地显示出该网站在中国外交政策的网上讨论中的核心地位。该图形还显示出，外交部的网页与中国的中文媒体、政府和主要网页的链接情况。除了政府网站以外，还对中国外交问题相关

---

① 可以从 http：//www. touchgraph. com 上获得该程序。本·布莱克（Ben Black）对本章研究和撰写作出重要贡献。

② 见 http：//www. fmprc. gov. cn/eng/。

的主要学术网站——国关在线——进行了类似的测试。Touch Graph 技术再一次显示了国关在线的链接情况，特别是与中国的各大机构，比如教育部的国际关系学院[①]、中国社科院世界经济与政治研究所，以及与世界各外交政策研究机构的链接情况[②]。

另外一个工具是 Technorati[③]，它通过追踪超过一亿个博客和它们之间的联系[④]，来收集网络上汇总的数据。该程序最初设计只是为搜索英文博客，其范围大和使用简捷使它成为一个强有力的工具。因此，使用该项技术可以搜索出在一定时间段内某一话题被讨论或某一单词被使用的次数，从而能够更好地了解在某一特定时间内什么样的问题在网络空间里最受关注。比如，通过使用该软件的在线网站，搜索在 2009 年春季 180 天中“朝鲜”这个词在所有英语博客中出现的频率。从搜索得出的图表中可以看到，在这一期间与这个词有关的博客活动猛增，这准确地勾画出朝鲜半岛紧张局势升级的情况。

对于研究中国对外关系的学者来说，现在该软件有了更加重要的意义，因为它新增了对中文博客的搜索功能。在前期为此做的使用测试中，该软件追踪了 2007 年秋天 30 天中在中文博客中出现的美国总统布什中文译名的频率。在这期间，有 6000 多博客出现过布什的名字。接着，又对从 2008 年末至 2009 初冬季 180 天的时间段进行了同样的搜索。结果，毫不意外，布什的名字已经从中国博客中消失了。更有意思的是，在前面提到的在英文博客中搜索“North Korea”的时间段内，同时又对中文名词“朝鲜”进行了搜索，结果是相似的。

总之，对于那些希望利用中文网络资料研究中国外交政策的人来说，Touch Graph 和 Technorati 应该能发挥更大的作用。不过，尽管这些软件看起来非常实用，但是对于想利用网络帖子来了解中国大众对外交事务的看法的学者们来说，仍然存在着一个特别严峻的挑战。直率地说，人们对网

---

① 见 http://www.uir.cn。

② 其他也具备比较功能的程序包括（但不限于）SocSciBot，首席信息科学家迈克·塞沃尔（Mike Thewall）在他的“在线网络分析”手册中对此进行了详细说明，见 http://linkanalysis.wlv.ac.uk/；NCINET 的社会网络分析/文化领域分析软件，见 http://www.analytictech.com/；和 VOSON 的为在线网络社会科学研究开发的“同行开发工具”，见 http://voson.anu.edu.au/。

③ 著名的博客搜索引擎，公司总部位于美国旧金山。校者注。

④ 见 http://technorati.com/chart/。

上观点的整体代表性存在着疑问，因为只有那些可以上网并且参加网上讨论的人才会在网上论坛里发表言论。尽管中国互联网用户的数量在迅速增加，但这一部分群体主要还属于城里人和受过较高教育的人，更多的农村人口以及教育程度不高的人仍被排除在外。

第三节 结语

本章讨论的话题意义重大，因为近些年来，人们又开始了新一轮对中国在世界舞台上地位的争论。尽管这并不是一个新的话题，但这是第一次在中文网络资源真正开放的时代展开这样的争论。于是，人们又像在本书序言中曾质疑的那样，再次询问依靠这种网络资源是否能让研究者更好地了解中国当前崛起的特质。

在这一点上，显而易见的是，利用网络资源来分析中国的外交事务，这种做法至少更加全面和更加翔实地描述了中国政府的政策决断以及背后的动机。不过，它并没有促使人们在有关中国崛起的问题上达成共识，这点毫不奇怪。比如，一方面，中国安全问题专家傅泰林（M. Taylor Fravel）最近对中国军事网站进行了一项调查，以便为中国人民解放军在边境地区的状态提出他自己的论据。傅泰林利用这些资料来证明，中国境内军队的部署显然是出于一种防卫的考虑[①]。另一方面，2005 年，知名记者保罗·穆尼（Paul Mooney）对中国的网络空间进行了另一番调查，得出的结论是，互联网正在“为民族主义煽风点火”。

这种截然相反的观察结果表明，有关中国对外关系的网络资源存在着巨大的多样性。这同样也说明，这些新的资料，并没有使分析人士在看待中国崛起的问题上取得一致意见。当然，如果要求任何一种资源，特别是像变化性这么强的中国外交政策的网络空间，都要以能否让其使用者们达成一致意见为衡量其价值的标准，那就太过分了。不过，与此同时，用批判的态度去考察学者们使用这些新资源的方式也是合理的做法。遗憾的是，在这一点上，外交政策领域中现有的大部分研究很少考虑到研究方法，或者说，很少考虑到有关实证数据收集和使用的基本问题。换句话说，尽管在利用网络资源来研究中国对外关系上大有潜力可挖，但迄今为

① Fravel, 2007, pp. 701 - 737.

止学者们尚未能充分实现其潜能。而本章旨在向研究者们提供这一领域中的主要参考坐标，并就如何开发更加有效的研究方法来利用这一资源提出建议。

最后，随着与中国对外关系有关的互联网络在未来将不断发展壮大，研究者们使用它的能力仍将会遇到许多困难。其中最主要的是，网络空间的数据变化太快，公布出来的内容数量也过于庞大。此外，在中国互联网上信息的可靠性和代表性（特别是进入途径、防火墙和审查制度等问题）仍将是令研究者们担心的问题。尤其是在网络论坛上和博客中使用的相当口语化的中文，对于非母语研究者来说仍将是一个挑战。最后，由于中国外交政策研究者们中很少有人接受过计算机程序和软件的培训，他们会不断遇到这方面的技术难题。不管怎样，通过对网络空间的密切关注以及利用本章所介绍的各种方法，这些障碍大部分都可以被克服。总之，中国互联网即将成为中国对外关系研究领域中越来越有用的工具。

（许安结译　段若石校）

第五章

信息超载时代如何科学处理研究资料*

施达妮（Daniela Stockmann）

不过20年前，致力于中国研究的国外学者的主要信息来源是美国中央情报局下属的一个对外开放的情报机构——对外广播情报处（FBIS）。该机构负责搜集、翻译和传播从中国媒体获得的新闻和信息。“文化大革命”期间，大多数国外研究者无法获得在中国进行实地研究的许可，因此对外广播情报处每周五次的报告成为他们了解中国大陆事件的主要信息来源之一，他们只能依赖从对外广播情报处摘选和翻译的信息进行研究，这种情况直到中国改革开放以后才得到改善。虽然对外广播情报处服务的对象是美国的情报界，它采集的中国消息虽然总会有些倾向性而且缺乏代表性，但它的确一度成为国外研究群体最好的信息来源之一。

然而现在情况却发生了翻天覆地的变化。因为中国实行了对外开放，我们可以像中国公民那样在自己的国家去阅读、聆听和观看相同的新闻。即使不在中国，我们也能够通过互联网、有线电视或卫星信号接收器等电子设备访问大量的中国媒体信息。除了有更多的访问渠道，我们还可以保存这些信息。我们可以从中国向国外邮寄报纸、杂志和DVD，扫描档案，下载文件，以及录制电视和广播节目。大部分信息以电子的方式保存。花费大量时间搜集到的数据一旦被存储，就可以踏踏实实地放在我们的硬盘里，等候分析。我们再也用不着阅读对外广播情报处的报告，而只需在电

* 我要感谢寇艾伦（Allen Carlson）、江忆恩（Iain Johnston）、威尔·洛（Will Lowe）、张杰（Zhang Jie）、何尚恩（Jonathan Hassid）、杰西卡·韦斯（Jessica Weiss）和杰米·赖利（Jamie Reilly）颇有见地的评价和意见。我还要感谢“国立”台湾大学的古伦维（Ku Lun-wei）和马里兰大学的德博拉·蔡（Deborah Cai）给我提供的数据。同样还要感谢研究助理王明德（Wang Mingde）。

脑上打开一个文件夹，就立刻能得到研究需要的数据。对于研究中国的学者而言，这简直太妙了，看起来非常完美。

国内外能够获取的信息量在较短时间内急速增加。在中国国内，1978—2008年间媒体产业扩展了一倍①。在国外，有关中国的信息也有所增加。从20世纪80年代起出现了越来越多的宣传中国对外政策的中国出版物②。出现在国外媒体中的中国新闻也越来越多③。而现在，要想跟上有关中国的新闻报道成了一种挑战，因为人们无法同时处理如此巨量的信息。

另一个挑战是可获得的信息变化太快。一些报纸停刊，而另一些则刚刚问世；电子搜索引擎会突然出现在互联网上，但很快又消失得无影无踪。因此，很多中国研究专家简直成了数据收集家，他们不仅积累与他们现有研究项目直接相关的数据，而且还保存其他有意思的材料，唯恐再也找不到这些信息。所以，我们面临的双重挑战是，既要管理和处理大批现有信息，又要处理储存在办公室硬盘里的大量待分析数据。

然而这些发展都并非是中国独有的。全球化带来的一个现象就是信息增长以及更快的信息变换。谷歌等搜索引擎的成功说明人们需要这样的服务来帮助他们定位信息。同样，随着信息存储技术成本越来越低，加之互联网不断提速，使人们有更多机会共享文件，其结果是计算机中存储了大量无序的数据。为此，软件公司正在开发辅助电脑数据管理的文件存储系统。所以说我们在中国观察到的现象只是这种发展趋势的一部分，唯一区别就是它从信息极度匮乏到信息过剩的速度竟然如此之快。

研究中国的学者难以适应信息革命所带来的种种变化。到现在为止，学者之间几乎没有讨论过用什么样的方法和技巧来应对快速增加和变化的信息世界。在本章中，我阐述了如何使用电子辅助工具来搜集、管理和分

① 报纸从186种增加到1943种，期刊从930种增加到9549种，电视台从32家增加到287家（不包括广播电视台），广播台从100家增加到263家，网站从0个增加到2878000个。参见http：//www. gapp. gov. cn；http：//www. drcnet. com. cn；http：//www. stats. gov. cn；http：//www. cnnic. cn；http：//number. cnki. net；http：//press. gapp. gov. cn。

② 《中国日报》是1981年创办的英文报纸。《人民日报》海外版于1985年创刊（信息来自于报纸网站）。

③ 可参见伊桑·朱克曼（Ethan Zuckerman）的全球关注档案，http：//h2odev. law. harvard. edu/ezuckerman/，2008年1月24日访问。

析源自于中国新闻媒体的数据。由于用于中文文本定性分析的电子辅助工具至今没有开发出来，本章的重点只谈内容分析。本章描述的技术手段的主要优势在于，它们帮助我们用系统的方法进行研究。随机抽样自然而然地使我们想到这样的问题：数据对我们的研究是否可行；以及研究中国的推论能否推广到这个问题的整体讨论中。内容分析软件可以令我们在分析大量文本的时候保持一致性。因此，电子辅助工具帮助我们更准确地了解中国，并进一步支持我们对中国未来的发展道路所做出的结论。

本章的阐释对那些想在研究中使用内容分析的研究者非常有用。内容分析方法可以对广义的信息进行定量分析[①]。因此它不同于像话语分析（discourse analysis）和扎根理论（grounded theory）那样的定性文本分析[②]。内容分析能够很好地回答一些问题，比如谁、哪里、多少，以及特定变量之间的关系等等。虽然这些问题普遍存在于中国政治研究的各个分支领域中，但是在目前，内容分析方法主要被用于分析中国媒体的内容。这样做的原因有两个：首先，研究者把新闻媒体当做一种说明社会问题的标志，通过这个窗口来了解知识分子的看法[③]。第二，学者希望通过新闻媒体了解宣传的原因和结果[④]。不仅如此，内容分析也可用于分析其他信息来源。政治科学家通过对讲话、信件、政党宣言、课本、政府法案和法庭裁决进行内容分析，来研究政治精英的信仰[⑤]、公民意见[⑥]、政党的政治意识形态[⑦]、国际冲突[⑧]、政治议程[⑨]，以及不同立法机构之间的关系[⑩]，在此不一一列举。因此除了用于媒体，内容分析方法还可以应用于更大范围的文本资料中。在中国政治研究中，我们现在已经可以接触到形

---

① Neuendorf, 2002。

② Charmaz, 2006; Wood and Kroger, 2000。

③ 可参见 Gu, 1996; Johnston and Stockmann, 2007; Li and White, 1991。

④ 可参见，Esarey, 2009; Hassid, 2007; Stockmann, 即将出版; Stockmann & Gallagher, 即将出版; Wang & Tan, 2008。改革开放前，也使用内容分析法对内容进行分析，以便了解精英政治。Walder, 1979。

⑤ Burden and Sanberg, 2003。

⑥ Lee, 2002。

⑦ Laver and Garry, 2000。

⑧ Bar-Tal, 1998。

⑨ Martin, (2004)。

⑩ Kilwein and Brisbin, 1997。

形色色的信息来源，其中很多使用电子格式，如政治讲话、政府文件、法院判决、政府网站、教科书、讲座和中国学者的研究成果。虽然本章重点谈中国媒体，但是我们在这里说明的手段也可以应用于其他与中国政治研究相关的信息来源。

本章将按以下顺序展开。第一步，我将对中国新闻媒体电子资源进行概述，重点放在为搜集新闻媒体资源提供实用工具的网站和文档上。第二步，我将阐述内容分析的抽样技术，以及怎样检验抽样规模的代表性和效率。为此，我要阐述数据管理和数据分析技术，特别要说明使用软件程序来对简体中文文本进行内容分析的一种办法。第三要讨论在内容分析中使用电子信息对于促进我们对中国政治的了解，尚存在的局限性及其潜力。

第一节　中国新闻媒体的电子资源

在搜集媒体文章方面，研究发达的工业化民主国家的学者一般可以依靠数据档案，例如律商联讯（Lexis Nexis）或位于田纳西州范德堡大学的电视新闻典藏计划（Television News Archive）。而做中国研究的学者则没有那么幸运。大多数有关中国政治研究的数据集没有数据存档。但是做中国研究的学者们一般乐于通过私人交往来分享手中的数据集。近些年创建了一些中国新闻内容的数据集，它们在原则上为进一步研究提供了便利。马里兰大学为美中安全评估委员会建立的数据集（Maryland Study，2002）是最早建立起来的数据集之一。这个数据集采集了2001—2002年间六种报纸中有关美国的文章。施达妮[①]建立了一个数据集，搜集了2005年三个月期间重庆市三份报纸中与劳工法相关的文章。叶叙理[②]搜集了上海、北京和广州报纸中有关宣传的信息。何尚恩[③]分析了2004—2006年间26种报纸中的激进内容。近期，施达妮[④]调查了1999年和2003年三种报纸中关于美国的报道。然而对于深入研究中国新闻媒体内容来说，现有数据集的作用十分有限。现存所有数据集只是对报纸中的文章进行取样，没有

① Stockmann，2007。

② Esarey，2009。

③ Hassid，2007。

④ Stockmann，2009。

包括其他媒体来源；而且数据集涵盖的内容时间跨度相对较短，且大多围绕专门的问题，如报道劳工的法律新闻或报道美国的国际新闻。这些特点使得它很难让其他研究者利用数据进行深入研究。因此，对中国新闻媒体进行的第一手研究常需要搜集大量的新闻报道进行内容分析。下面我要介绍的是哪些电子资源可以用于数据搜集。

一 新闻网站的搜索引擎

能对中国新闻媒体进行抽样的渠道显然就是互联网。很多（并非全部）传统媒体已经让他们的新闻报道可以从网上获得。比如中央电视台有一个搜索引擎，可以检索2000年以来的新闻报道稿件以及视频剪辑。同样，2000年以后的许多报纸内容也可以在网络上找到。如新浪等在线新闻网站会选择性地刊登一些其他新闻机构的文稿，使得研究者可以看到某天在网站上发布的某些文章（可追溯至1998年）。新华社2000年以后的新闻报道也可以在网上搜索到。人们从www. daniestockmann. net上可以看到一份名单，它列出了上面提到的一些在全国和地方有影响的媒体资源的实用电子搜索引擎。不过，研究者在使用这些搜索引擎的时候，应当了解以下一些问题。

首先，网站发布的传统媒体的新闻内容，包括报纸、杂志、电视和广播，并不一定与广播或者印刷出版的传统媒体内容一样。一些文章只在网上发布，媒体工作人员在撰写这些文章的时候有更大的发挥余地①。选择哪种搜索引擎要看研究者希望探索在线新闻内容还是传统媒体的新闻内容。作为一种操作规律，在网站主页上可以直接看到的搜索选择框一般用于搜索在线新闻内容，而用于广播或印刷出版的新闻内容的搜索引擎可以通过“高级搜索”或“电子版”的链接找到。

然而，即使找到了正确的位置，传统媒体的搜索引擎在如何搜索和返回新闻内容方面也有所不同。一些搜索引擎允许使用关键词进行全文搜索，返回纯文本（txt）格式文件，而其他引擎允许使用刊物发表日期进行搜索，返回pdf格式文件②。如果学者只想根据刊物发表日期来搜索文章的话，那么这些差异便无关紧要了，因为所有搜索引擎都支持这个功

① He and Zhu，2002；Stockmann，即将出版的b。

② 这些特征不一定同时出现，但是在实践中常常同时产生。

能。然而多数情况下，我们要找的是文本正文中的特定关键词。在这种情况下，我们可能会在数据搜集过程中养成一种对系统选择的偏好。某些地区的媒体更倾向于使用返回纯文本文件的搜索引擎。比如北京地区的大多数报纸使用的是关键词搜索办法，返回的是纯文本文件，而重庆地区的报纸一般仅限用日期进行搜索，返回的是 pdf 文件。因此我们应当记住，我们在利用一种搜索引擎而不是另外一种搜索引擎进行研究时，会养成一种对系统的偏好[①]。

完全依赖在线新闻网站搜集新闻报道也同样有这个问题。很明显，那些能通过搜索引擎得到在线版新闻的传统媒体也是一些更加营利性的和商业化的媒体。例如，地方都市报和晚报比当地官方报纸更有可能拥有在线版本。而且东部沿海较发达地区的报纸比起西部内陆地区的报纸更有可能在万维网上展现自己[②]。因此，若想取得中国某地区新闻内容的代表性样本，明智的做法是使用另外的一些策略来搜集新闻报道。其中一些策略也可以通过电子方式来实现，我在下一节中会做介绍。

二　其他电子资源

使用其他电子资源可以在一定程度上帮助克服对使用搜索引擎和互联网上媒体资源产生的选择偏好。据我所知，在中国还没有可以公开获得的电视和广播的数据库。因此在本节中我重点谈的是传统印刷媒体。

大多数官方报纸可以通过中国知网（CNKI. net）读取。“中国重要报纸全文数据库”总共包括了 2000 年以来的 700 多种报纸。该数据库中的大多数报纸都是所谓的官方报纸或党报，而很少包括晚报和都市报。虽然如此，这个数据集对在线新闻网站仍是一种补充。另一种更全面也更昂贵

---

① 不精确的结果也可能来自于三种测量错误：首先，有时它们返回的文本并不能与印刷版本完全对应。为了复查核对，研究者可以将电子方式取得的结果的样本与广播或印刷文本进行比较；其次，同一篇文章有时候会多次返回。这样的话，研究者需要更正“命中”数字。最后，若搜索引擎使用不同的辨识关键词的技术，也可能会引起错误。一篇文章可能在一个搜索引擎中是“命中”，而在另一个搜索引擎中不是。为了使关键词搜索技术保持不变，研究者可以选择能够同时搜索许多媒体的搜索引擎。报业集团有时可以提供这个选项。

② He and Zhu，2002.

的报纸数据库是阿帕比数据库（Apabi）。[①] 此外，在许多图书馆中可以使用“人民日报全文数据库”搜索自1946年至今的人民日报文章。

许多在万维网上找不到的报纸的电子版本可以通过CD光碟获取。对想按时间序列进行研究的学者而言，这是明智之选。例如，在网络上可以搜索到2005年以来的北京晚报内容，而1997—2004年的新闻可以通过购买CD光碟获取。[②]

电子数据库以及CD光碟构成了额外的电子资源，它对于利用新闻网站搜索引擎来搜集数据的工作是一种补充。虽然这些资源帮助我们克服了单纯依赖新闻网站搜集数据的偏好，但是这种纠正作用非常有限。为了搜集到具有代表性的材料，研究者仍旧需要再去依赖纸质媒体或媒体广播的录音带，之后在使用计算机进行内容分析时，还需要订阅这些材料的电子版本。对印刷材料的小规模随机抽样可以用来评估数据选择偏好的程度，使研究者依此做出纠正[③]。毋庸置疑的是，现有电子资源极大地有助于数据搜集。不过，鉴于电子资源尤其是新闻网站变化很快的性质，我奉劝数据搜集者应准备在短时间内完成数据搜集，尤其在依赖互联网的情况下。如果数据搜集拖延到好几个月，一些有用的网站可能已经在万维网浩瀚的数据中消失了。

第二节　选取有代表性和有效的样本

鉴于如今中国研究学者可获得的信息量太大，他们不太可能查阅某一研究题目的所有材料。除非某人的研究问题很褊狭，足以把参考材料限制在可应付的数量内，否则最好的方法是从“总体信息”中随机选择一个样本，即研究者期望能够概括的一组单元。而非随机性的，即所谓非概率性取样只有在其他选择不存在的情况下才能使用，因为我们无法概括从总

---

① 可在 www. eastview. com/Online/AsianProducts. aspx 获得。免费（但是功能有限）版本的阿帕比可以在 www. press. idoican. com. cn 获取，2009年5月26日访问。另外一种报纸数据库名为慧科新闻（WiseNews）似乎使用了 CNKI. net。参见 www. wisers. com/corpsite/global/en/products/wisenews. html，2010年1月8日访问。

② 《北京晚报》和《北京日报》的联系方式和价格可见 http：//www. bjd. com. cn/com/2001gp. htm，2008年1月24日访问。

③ Heckman et al.，1998。

体信息的非随机抽样中得到的结果。对于内容分析，分析单元通常是广义上的一种信息，但是研究者可以根据研究问题的不同，将分析单元分解成信息组件，或者选择范围更广一些的单元，比如媒体来源。总体信息的范围一旦被确定，它就应当成为抽样的依据①。

目前，中国研究学者在分析媒体来源时主要使用两种抽样技术。第一种称为系统随机抽样，它从总体信息中列出的所有单元里（也被称为抽样框）每隔 X 个单元来抽取，或者在按时间顺序排列的信息中抽取。例如，《马里兰研究》在挑选有关美国的中国新闻内容时，它在几个月的时段内每隔一天抽选六份报纸②。使用系统随机抽样处理媒体来源的一个重要弊端是，一周中各天的格式不同。例如，北京青年报在每周一会刊发特刊，这在北京人中非常受欢迎③。如果这种选择周期正好赶上系统随机抽样的间隔的话，那么样本的代表性就会受到不利影响。因此，使用系统随机抽样的研究时常要减小间隔期来增加样本容量。但是这样做又会导致采样过量，使得研究者要分析更多的非相关数据才能获得代表总体信息的看法④。叶叙理（Easrey，2009）和施达妮（Daniela Stockmann，2009）使用了第二种抽样技术来分析日报，这种抽样技术称为构造周抽样。根据这种技术，研究者感兴趣的时期内所有自然周都被标号，接着在它们中间随机抽取周一的报纸，周二的报纸，周三的……直到组合出一个或几个周的报纸⑤。对周刊⑥、在线新闻站点⑦的处理过程也类似⑧。组合周抽样方法对涉及好几年的研究特别有吸引力，因为这种研究需要少量的，但同时又要具有代表性的抽样。

但是我们怎么知道为了抽样需要多少个组合周呢？理想的办法是，我

---

① 如需了解更多有关对总体样本的不同定义和内容分析中的抽样方法，请见 Neuendorf，2002。

② Maryland Study，2002。

③ CPCR，2005。

④ 如果已知总体样本的规模和理想的样本规模，研究者可以用总体样本规模除以样本规模来计算跨越间隔以避免过度抽样（Neuendorf，2002）。

⑤ Lacy et al.，2001；Stempel，1952。

⑥ Riffe，Lacy，and Drager，1996。

⑦ Wang X.，2006。

⑧ 赖夫、莱西和德拉戈（Riffe，Lacy，and Drager，1996）认为，以月份分层，然后每月抽取两天作为简单随机抽样，对于平日的美国电视网新闻应是最有效的抽样方法。

们先规划出一个“正合适”的抽样规模。这意味着要达到一个有效的样本规模，在这一点上，增加案例数量也不会显著降低抽样误差，然而减少案例数量则会显著影响结果的代表性。在美国的条件下，媒体学者已经发现两个组合周的抽样对于日报而言是最有效的样本规模①。为了检验同样的样本规模是否能应用于中国的情况，我将《马里兰研究》强调系统性的多采集案例样本的结果，与跨越十个月的组合周样本进行了比较②。如果从组合周样本得出的评估值与系统性的过量采样得出的评估值接近的话，我们就能自信地认为我们得出的结果也是总体数据的有效评估值。

在做比较的时候，我对不同类型的报纸之间的差异之处尤其感兴趣。因此，我选择了《北京青年报》作为非官方报纸的样例，《人民日报》作为官方报纸的样例。官方报纸直接受控于国家单位（例如《工人日报》），非官方报纸是商业性更强的晚报和都市类报纸。中国城市居民更喜欢阅读非官方报纸③。我借助于《马里兰研究》的成果，对每一种报纸中每天有多少篇关于美国的文章以及这些文章的普遍口吻进行了分析④。通过将系统性的样本看做总体性的样本，我考察了组合周样本中变量的样本平均值发生总体样本平均值的一至两个标准误差的可能性。根据中心局限定理，68%的样本平均值应该会发生总体平均值的一次标准误差，95%的样本平均值应该会发生总体平均值的两次标准误差。因此，只要样本平均值分布达到了这些标准，一个样本的规模就应当被认为是有效的。如表5－1所示，从《马里兰研究》数据中随机抽取的100个样本，有10个组合周达到了这一要求。这种抽样规模在《人民日报》和《北京青年报》中产生的差别不大。对于日报来说，组合周抽样方法比系统性抽样方法更好，因为它能够显著减少抽样的规模，在这个举例中减少了50%，而同时保持其代表性不变⑤。

---

① Lacy et al.，2001.

② 《马里兰研究》包含了十个月内发表的所有文章中的46%（2001年9—12月，2002年2—7月），因此对总体样本具有很高的代表性。

③ Stockmann，forthcominga.

④ 这些变量都经过训练有素的编码者的评估。如需了解更多关于编码者培训和测量的详细信息，可见马里兰大学研究（Maryland Study，2002）或在线附录 www. daniestockmann. net。

⑤ 马里兰大学研究搜集了303天中的140天的样本；10个组合周合计占303天中的70天。

表 5-1　在两种报纸中的 100 个样本发生总体平均值一至两个标准误差的百分比　(%)

	人民日报（*People's Daily*）				北京青年报（*Beijing Youth Daily*）			
	关于美国的文章数（每天）		文章的语气（每天）		关于美国的文章数（每天）		文章的语气（每天）	
	1 s. e. [a]	2 s. e.	1 s. e.	2 s. e.	1 s. e.	2 s. e.	1 s. e.	2 s. e.
1 周	20	32	22	39	22	35	15	34
2 周	32	51	29	55	25	55	25	49
3 周	28	56	39	66	35	60	32	62
4 周	47	72	44	69	51	78	37	68
5 周	65	90	49	75	46	75	48	83
6 周	53	90	57	81	53	78	47	83
7 周	48	86	47	87	56	86	47	88
8 周	60	91	50	89	65	92	60	88
9 周	60	87	62	93	62	96	68	94
10 周	69.00	100	75	98	72	96	70	96
人口平均值	6.43		0.18		9.65		0.13	
(s. e.)	(0.32)		(0.07)		(0.41)		(0.05)	
(s. e.)	(3.81)		(0.81)		(4.83)		(0.60)	

资料来源：《马里兰研究数据》（Maryland Data）。

[a] 以平均值为单位；s. e.* = 标准误差；s. d. = 标准偏差

[b] 由经过训练的访问者评估报纸口吻，打分范围在 +3（非常积极）到 -3（非常消极）之间。如需了解细节，请参见在线附录 www. daniestockmann. net。采用抽样设计（首先在总体样本中抽取一个系统样本，然后再抽取一个组合周样本）中的抽样权重法，其得出的结果没有显著差异。可通过 dstockmann@ fsw. leidenuniv. nl 联系作者检索到结果。

在使用组合周抽样方法的时候，你是否总是需要抽选十周？答案取决于研究目标。我在这里举的例子最适用于利用少量媒体报道来概括相当长一段时间内媒体报道的特点，在本案例中这个时间段指的是一年。如果研究目的是考察媒体报道在短期内的变化，比如针对某一个特定事件，那么文章数量不会太多，因此也用不着抽样。此外，我举的例子与国际新闻报道相关，尤其与美国相关。如果研究者对那些比表 5 - 1 中所示的标准变化更少发生变化的每日专题报道感兴趣的话，他们可以减少抽样的规模①。对于其他一些在每天 10 篇报道文章中会发生差异的题目，那么选择 10 个组合周的抽样就足矣了。

现在我们说完了如何搜集样本后，就应该考虑下一步如何进行内容分析，即管理和分析数据的工作。

第三节 使用数字技术管理和分析数据

粗略地看，70 天似乎不足以代表一份报纸将近一年的新闻报道。但是鉴于这 70 天里每天都会有好几篇文章只谈与美国相关问题，那么我们包含十个组合周的数据集很快就会有约 4000 篇这类文章。所有这些文章都需要进行整理、阅读、编码和分析。

要想解决分析大型数据集问题，一个通用办法是组织一些人来帮助进行编码和内容分析。虽然这种办法确实管用，但是它带来的潜在问题是如何保持一致性，这是因为不同的人会使用不同的标准评价新闻内容。例如，一个人会将一篇文章阐释为有些消极意思，而另一个人则会认为文章态度是中性的。因此，学者非常重视内容分析人员的培训，为此还开发了数学手段来检测编码者的可靠度。②

另外可以使用数字辅助工具确保一致性。针对很多语言来说，目前已经有一些定性和定量的软件程序可以用来进行内容分析。目前可以识别和分析简体中文汉字的软件只有 Yoshikoder，它是一种开放的软件，可在互联网上免费获取③。除了中文，这个软件还有很多使用其他语言的版本，使人们可以在各种语言之间对内容进行比较分析。更具体地说，这个程序可以用定性的方法，帮助人们比较含有特定关键词的文本。研究者可以同时打开几篇文章，用颜色来标记感兴趣的关键词。这个功能便于对一篇或

---

① 这解释了为什么莱西等人（Lacy et al.，2001）主张两个组合周已经足够：他们检验的变量具有变化少的特点。

② Perreault and Leigh，1989；Riffe，Lacy and Fico，1998。

③ 软件在 Windows 和 Macintosh 操作系统中都可以运行。它可以分析 UTF-8 格式的 txt 文档。总体情况请见 www.yoshikoder.org。想了解如何使用中文的 Yoshikoder，请见 www.daniestockmann.net。

多篇文本中特定词语的用法和构词法进行比较。这个软件的主要长处在于其定量内容分析，它可以计算在整个文本中与关键词有一定关联的特定字符或一组字符，使人们能够大量使用某些相同概念或某些类似的词汇进行内容分析。下面，我用两个例子来说明如何在实践中使用这些功能。

一　通过计算关键词分析新闻内容的敏感度

中国媒体研究者普遍认为，中国政府从总体来讲对媒体内容施加严格的控制，可有时，政府对新闻报道的控制会发生一些变化。除了在发生重要政治事件时媒体报道受到限制以外，2003 年的“非典”危机也是一例，政府每年对中国媒体的管控都有周期性的收紧和放松。在春节和人大会议（一般在一月到三月）期间，新闻报道的基调都会很积极，而每到年末就会有更多的批评。[①] 这种新闻报道的动态变化为新闻内容抽样制造了困难。例如，在我研究有关美国的新闻报道中，我感兴趣的是新闻内容的语气。但是，万一我的组合周样本过多地选择了春节时期的报道，那么我得出的结果也许会显得过于积极。[②] 不过，有一种办法可以应对中国媒体报道时而发生的这些变化。

在我的内容分析中，我使用各报在某一天发布的新华社关于同一话题的文章比例来找到时而发生的敏感度。新华社文章有时作为必登新闻被其他报纸转载。换句话说，宣传部要求报纸刊登新华社文章，而不是自己的记者写的文章。虽然现在很少有明确的要求，但是编辑仍然认为报道敏感问题时刊载新华社文章比较安全。各报社在发给记者的培训手册中也建议记者在报道特定问题时使用新华社材料。[③] 因此，中国媒体研究者可以使用新华社报道来表现某些问题的敏感性。

需要注意的是，我关注的是新华社文章在其他报纸上见报的比例所发生的变化，而不是一篇文章是否与新华社的报道相同。尤其在做国际新闻报道时，报纸都会或多或少依靠新华社作为信息来源。大多数报纸没有常驻国外的记者。因此，编辑通常发布新华社报道，即使宣传部没有强加任

---

① Stockmann，2007。

② 使用分层抽样方法时不容易解决这个问题。首先，我们不能确切知道如果记者不进行自我审查的话，中国新闻报道会是什么样子。另外很难定出一个确切的日期来标记对文章的严控期和松动期的开始和结束时间。

③ Stockmann，2007。

何限制。但是为了吸引读者，很多报纸都力求自己写文章。如《北京青年报》这类非官方报纸，实际上比《人民日报》等官方报纸转载新华社报道的可能性更小①。在这种情况下，记者会用其他新闻来源补充新华社报道，例如互联网和美国大使馆的新闻通讯。发生重大事件时，例如2003年美国入侵伊拉克，媒体机构有可能临时派自己的记者到国外。② 因此，报纸只是在一定程度上依靠新华社。仅仅把新华社报道作为一种哑变量不足以评价新闻报道的敏感性。只有关注在其他报纸上出现的新华社播发的同样主题的文章的比例变化，我们才能搞清楚编辑在某个时期应政府要求转载新华社文章的问题。

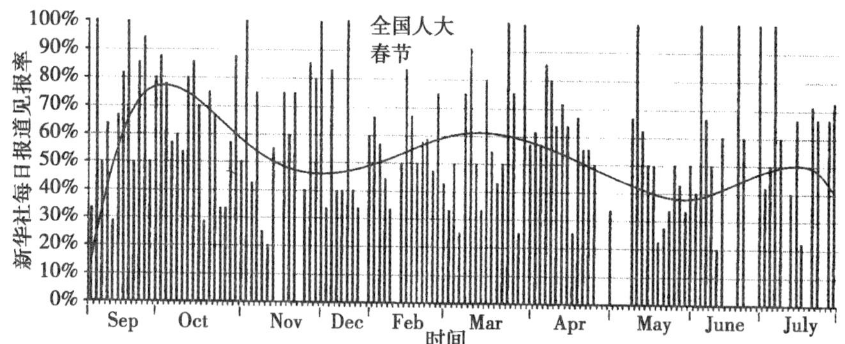

图 5－1　2001 年 9 月至 2002 年 7 月（没有 1 月份数据）在《人民日报》上发表的，关于美国事务的新华社通稿的比例

资料来源：《马里兰研究数据》（Maryland Data）。

图 5－1 肯定了这种测量方法的确是一种有效的指标，它代表了随时间变化的敏感性。《马里兰研究数据》使我可以研究新华社新闻报道在2001 年秋季到 2002 年夏季约一年的时间内（不包括 2001 年 8 月和 2002 年 1 月）是如何发展变化的。在图 5－1 中，X 轴代表时间，Y 轴代表每天在其他报纸上转发的新华社关于美国报道文章的比例。正如所预期的，新华社文章的转载比例在敏感度高的时期有所增加。"9・11"事件之后不久，媒体报道空间曾一度相对放宽，直到在中国的外国记者报道说中国

① 比较图 5－1 和 www. daniestockmann. net 上在线附录中的图表 A1。

② Stockmann，2007。

的新闻报道对此事缺乏同情心之后，情况才有所改变。[①] 政府认为这种态度缺乏建设性，于是试图用更加同情的观点替代之前的态度[②]。政府介入后，与美国相关的媒体报道变得尤为敏感。[③]“9·11”事件之后，各报在报道美国的时候，转载新华社文章的比例显著提高，涵盖了政治、经济、文化、社会、体育和娱乐等方面。到11月中旬，敏感度恢复平均水平，各报每天转载的有关美国的新华社通稿约占其美国报道的50%。除了这段中美关系紧张时期以外，春节和人大会议时期敏感度也会提高。2002年2月和3月，转载新华社文章的比例增加到60%。从4月末一直到夏季，新闻报道管制再次放松，然而在6月和7月与美国反恐战争相关的事件使得敏感度再次有所增加。[④] 我们在观察《北京青年报》每天转载的新华社报道时，也发现了同样的情况。总的来讲，这种测量方式恰当地反映了有关美国的新闻报道的自由度的变化。

要想使用内容分析软件来重复这种测量，就需要搞清楚一篇文章是否源于新华社报道。幸运的是，中国报纸文章经常引用新华社作为来源，尤其当某一话题比较敏感的时候。编辑乐于发布这种信息，因为他们可以不必对他人审查过的内容负责任。要想迅速在文章中寻找涉及新华社的内容，我只需让Yoshikoder搜索“新华”这个词。如果Yoshikoder没有找到匹配项，文章会被标记为“0”。如果找到一个匹配项，文章会被标记为“1”。转载的新华社文章的数目除以当天刊登的同类文章总数，得出的结果会保存起来，实际上那一天刊发的每一篇文章都会在我的数据集中占有相应的比例[⑤]。

虽然评价某一话题的敏感度本身很有意思，然而每天新华社报道的比例也是一种有用的控制变量。在回归分析中运用这种测量方法，可以在控

---

① “9·11”事件刚刚发生时，城市青年和网民表现出相当的“幸灾乐祸”情绪（Chen S.，2004；Guo，2002）。外国记者报道的例子可以参见CNN，“China Tries to Keep Tight Lid on Anti-U.S. Feeling”，September 14，2001。

② 例如，大学被要求放映一部电影，以一种更加同情的视角刻画美国人（Chen S.，2004）。

③ Stockmann，2007。

④ 2002年6月，阿富汗过渡政府成立。2002年7月，中国新闻界开始讨论美国军事入侵伊拉克的可能性。

⑤ 如果所有自变量都被编码为0或1，使用比例可能比百分比更好。这样可以在回归分析中解析常量。

制随时间变化的敏感度的情况下研究其他相关变量之间的关系。[①]

在本节中，我使用新华社报道作为例子来说明 Yoshikoder 是如何有效地计算关键词的。这种功能还可以用于考察新闻报道的其他特征。例如，对中国媒体如何撰写某些话题感兴趣的研究者，可以先找出与特定撰写方法相关的一些关键词。在我研究法律报纸如何撰写关于劳工问题的方法中，我将与工人和他们的法律代表性相关的术语，如“雇员”、“律师”、“原告”等分为一组，把与生意相关的术语，如“雇主”、“工厂”、“公司”等分为另一组。通过计算这些术语在新闻中出现的次数，我就可以分析出这些新闻报道大体是从工人还是雇主的视角撰写的。[②]

除了计算各个类别的术语或关键词数目，Yoshikoder 还可以用于计算各组关键词之间的相关性。例如在分析新闻报道的口吻时就可以使用这个功能，我将在下节中阐述。

二　通过计算相关性来分析新闻报道的口吻

计算机如何识别新闻报道的口吻？我们使用的许多词汇可以划分为带有积极含义或带有消极含义。一旦词汇被划分为“积极的”、“消极的”和“中性的”，计算机就能够围绕特定的相关概念来识别和计算这些词汇。当然这靠的是一种有效的方法将语言进行分类的技巧。幸运的是，中国研究专家不必白手起家。很多心理学家和语言学家已经开发出了“字典”来衡量口吻以及文本属于哪种类型[③]。有很多字典可以帮助使用各种语言的、以计算机辅助为手段的内容分析[④]。虽然到目前我们还缺少一种辅助性的中文字典，但是在 2005 年，“国立”台湾大学首创了一部积极和消极词汇集[⑤]。把这些词汇作为两个独立的词类输入 Yoshikoder 程序，就可以将它们与其他关键词相关的词汇进行比对。虽然我们希望能有中国

---

① 可参见 Stockmann，2009。

② Stockmann，2007。

③ Stone，1997；Stone et al.，1966。

④ 可参见综合问讯（General Inquirer）主页，http：//www. wjh. harvard. edu/ ~ inquirer/，2008 年 1 月 26 日访问。

⑤ Ku et al.，2005。这部词典由综合问讯（General Inquirer）的翻译版和一份网络口语术语集组成。它的有效性已经经过先行检验，使用一种方法从汉字部首中提取出积极性或消极性。可以联系古伦维（Ku Lun-wei）获取这本词典的繁体中文版，lwku@ nlg. csie. ntu. edu. tw。

大陆的中文版本，但是在实践中我发现台湾版本完全可以适用于我对大陆文本的定性考察。

例如，我感兴趣的是官方和非官方报纸中与劳工问题相关的法律新闻报道中存在的差异。除了使用区分积极和消极词汇的中文词典之外，我还建立了有关劳工纠纷主要参与方的同义词词组，它们包括代表官方的词汇（例如“政府”或“行政”），代表法律的词汇（例如“合同”或“规章”），代表雇员的词汇（如“工人”或“外来务工人员”），以及雇主（例如“公司”或“老板”）。[①] 然后，我计算了在8个相关的同义词前后出现的积极词汇和消极词汇的频率[②]。结果，通过在所有出现的同义词中，把体现积极含义的词汇数量与体现消极含义的词汇数量相减，我看到了文章总的口吻。[③] 有些意外的是，非官方报纸比官方报纸在态度上更中性一些。我们观察积极报道和消极报道之间的巨大差异，可以看出官方报纸宣传中的报道显得过于积极，这也有利于读者形成一种印象：非官方报纸是更可信的信息来源。数据还表明了非官方报纸具有更强的商业倾向。然而，偏向雇主的报道并不一定与偏向雇员的报道相冲突，非官方报纸在正面报道某些公司时也会指出工人受到的积极对待，这些报道兼顾了劳资双方的利益。我的研究结果表明，倾向于政府和倾向于商业的信息可以相互强化。[④]

分析新闻报道的口吻不一定非要用到相互参照方法。研究者已经开发了与特定机构、身份和价值相关的语言词典[⑤]。截止到2009年，我们只

---

① 这些组在Yoshikoder里被称为“种类”（categories），单独的关键词被称为“模式”（patterns）。关于如何设定种类的建议，可参见http://www.wjh.harvard.edu/~inquirer/developing_new_categories.htm，2008年1月26日访问。

② 在Yoshikoder中，首先制作一个“整合”（concordance），接着做出一份整合报告。

③ 因为符合有关概念的同义词数量会影响到在文本中找到的消极和积极词汇的数量，我建议使用这个变量将口吻测量规范化，或者在统计分析中控制这个变量。在一些案例中，长篇文章的（用Yoshikoder计数）效果会更好。

④ Stockmann，2007。

⑤ 为了开发自己的词典，首先必须给一些词汇定义，让它们具备一致的概念。接着你需要在根术词汇上增加衍生词。最后，检查不适当的衍生词以及意义含糊以至于无法将其有效地包含的词汇。关于词典的更多样例，可参见http://www.wjh.harvard.edu/~inquirer/homecat.htm，2008年2月20日访问。

看到很少的这类中文词典，比如涉及敏感关键词的和中国的对外政治的词典[①]。如果这些资源得以共享，编制的新词典可有助于当前 Yoshikoder 的应用，并进一步强化中国研究中的计算机辅助的文本分析。

上述案例说明 Yoshikoder 是一种分析中国新闻内容的有效工具，这个软件的关键好处之一就是它提高了分析中文材料过程当中的一致性。与人工编码相比，计算机辅助文本分析（CATA）更为可靠和标准。然而，依赖软件进行文本分析也有其短处。因为计算机辅助文本分析不能参考上下文信息，不如人工赋码那样能显示出细微区别，缺乏灵活性。计算机可以定位出同时出现的词汇，却无法识别同时出现的词汇之间在语义上的关系[②]。例如，《人民日报》1999 年的一篇报道称“以美国为首的北约袭击中国大使馆，是对中国主权和民族尊严的粗暴侵犯”[③]。在这个句子中，美国是挑起者而中国是受害者。消极词汇如“袭击”和“粗暴侵犯”描述的是美国的行动而不是中国的行动。然而，当分析围绕“美国”和“中国”两个词汇的口吻时，Yoshikoder 会为美国这个词汇找出一个消极词汇（“袭击”），为中国这个词汇找出一个积极词汇和三个消极词汇（“尊严”，“袭击”、“粗暴”和“侵犯”）。结果，测量出的对中国的口吻比对美国的口吻更加消极。所以，计算机辅助文本分析提出的假设，即同时出现符合对应关系，在个别案例中并不能准确测量出不同类别词汇之间的关系。在实践中，我发现软件程序识别出的中文文本的大体口吻与我使用定性阅读文本得出的结果一致，虽然我对某些句子的定性分析偶尔会有些差别[④]。

在这种情况下，需要牢记于心的是使用软件不能代替阅读。使用计算机辅助内容分析时，人们看起来好像是只需给机器键入一个文件，它就能针对研究问题反馈数字。这种想法看起来很诱人，因为漫不经心地计算关键词纯粹是浪费时间，数字只有与想要测量的概念相匹配时才有真正的价值。因此，使用 Yoshikoder 或任何其他内容分析软件者应不断地检查软件是否拾取了所有的关键词，以及是否需要增加重要的同义词或种类。[⑤] 而

① Hassid，2007；Stockmann，2009。

② Roberts，1989。

③ 参见《对世界和平的严重威胁》，《人民日报》1999 年 5 月 12 日。

④ 解决这个问题的一个可能的办法是从语义上对网络文本分析（Roberts，2000）。

⑤ 为了改进软件，请将问题报告给 Yoshikoder 的开发者（参见 www. yoshikoder. org）。

且毋庸置疑的是，计算关键词永远不能代替人们从阅读新闻中获得的对中国时事的深度理解。

三　内容分析和中国政治

那么，中国政治研究者从使用内容分析中可以得到什么帮助呢？这个问题在20世纪60、70年代广受争议。在研究1962年中印边界危机期间的中国新闻报道中，廖光生和惠廷指出，“在获得数据有一定困难或研究者严重依赖档案证据的情况下”，内容分析提供了一种“适当的研究方法”。[①] 他们强调了内容分析的三个关键性的优点：第一，这种方法最适当地利用了稀缺的信息；第二，这种方法为“主观式的研究”提供了“检验”，而且使其他研究者也能够重复使用这种研究方法；第三，它揭示出不易被看见的模式，使人们能看清它们。[②] 但是他们的说法受到了强烈的批评。傅礼门（Friedman）[③] 认为内容分析不能增加对中国政治的了解，他反驳道：“廖光生和惠廷的模型最终被束缚于一个机械模型里，它无法应对政治和政客中开放、主观和本能反应的现实。”在更早的一本著作中，奥克森伯格（Oksenberg）[④] 进行了更深入的阐述，他提醒人们注意新方法中自身存在的危险：“更加频繁地使用计算机、定量内容分析和其他先进的研究技术无法解决（与选择来源偏好相关的）问题，其危险在于技术会掩盖问题。”魏昂德（Walder）[⑤] 重新审视了这个问题，他同意在内容分析前必须首先对选择信息来源时可能产生的偏好进行评估，但是他还提出内容分析的长处在于“为具有批判眼光的读者揭示出导致某种结论的一系列假设和决策，这些信息用其他方法无法详细阐明”。魏昂德以积极的观点来总结这场讨论，他强调透明性是内容分析的关键优势。

30年前对内容分析的是非褒贬在今天并非全部有效。与20世纪70年代的中国研究专家相比，我们不再面对数据来源短缺的情况。信息革命为中国政治研究带来众多机遇，最重要的是，中国研究学者再也用不着考虑如何最大化地使用稀缺资源，而这正是廖光生和惠廷认为研究中国政治

---

① Liao and Whiting, 1973, p. 81。

② Liao and Whiting, 1973, p. 97。

③ Friedman, 1975, p. 538。

④ Oksenberg, 1964, p. 605。

⑤ Walder, 1979, p. 570。

的关键问题。相反，目前在制订研究方案时遇到的核心问题是如何精简信息，使人们的研究工作简便而又仍然能代表中国的发展情况。因此就需要开发出能够产生有代表性结果的抽样技术。在本章中，我说明了十个组合周抽样结果是一种有效的抽样规模，它可以收集大约一年内的有关美国的国际新闻报道。如果研究者对报纸报道的变化性质有所了解的话，他们可以从我对日报内容研究得出的结论中得到启发，把它用于其他课题的研究。但是这些从推理得出的结论不可以简单地借用到广播或电视报道上。要想借助中国媒体来研究中国政治，还需要在其他问题领域和其他媒体来源上进一步测试抽样技术。进行测用时，研究者可以依据本章概括出的步骤，我在此处依靠的是一个对新闻报道过度抽样的数据集，并将结果与更有效的抽样技术进行了比较。从更广泛的意义上，加强对抽样方法的研究，对于解决中国信息过量但同时还保持其信息代表性来说是非常重要的工作。

这个核心问题关系到奥克森伯格所担心的问题，即在中国政治研究中使用内容分析方法所产生的选择来源倾向。目前，这种在中国媒体内容研究中非常普遍。在分析中国媒体内容时，研究者过度依赖中国东部较发达地区的官方渠道和媒体来源①。在当代研究中这些倾向与研究方法论无关。研究中国新闻媒体内容时，学者倾向于使用定性研究方法，而在使用定量技术进行研究的学者中，至今没有什么人使用计算机软件。因此，在使用信息来源中发生的这种倾向并不是像奥克森伯格担忧的那样，是由定量研究技术或电子辅助工具造成的。而是如魏昂德提出的，不管使用何种研究方法论，只要做研究就会有来源选择倾向问题。同时，奥克森伯格看到的情况，即电子辅助工具限制了研究者在实践中使用的信息来源的范围，至今仍然是存在的。在本章中，我说明了电子信息来源让人们能轻而

① 在31篇系统分析中国媒体来源内容的文章中，65%涉及报纸，23%涉及电视节目，只有13%是网站。我不了解在广播或期刊上发表的文章。在分析报纸内容的诸多研究成果中，85%研究的是全国发行的报纸，55%研究的是中国最大的报纸市场即北京、上海和广州这三个城市里的地方报纸，只有20%研究的是中国其他地区的地方报纸。虽然官方报纸并不受到中国报纸阅读者的欢迎，但是95%的研究考察的报纸还是官方报纸，其中65%也从非官方报纸中抽样。至于电视，内容分析选择的所有节目都是中央电视台的报道。在考察的在线内容的4篇文章中，只有1篇通过在线网站抽样，且大部分都位于东部沿海地区。如需参考这些研究成果，请登录：www. daniestockmann. net。

易举地从较发达地区和未被充分代表的欠发达地区的媒体来源中获得信息。虽然如此，时至今日，中国研究学者还没能充分探索电子信息来源提供的便利，增加他们对于中国媒体的了解。他们可以使用电子信息来源去进一步了解杂志、电视和广播，地方媒体，以及北京、上海和广州以外的媒体情况。[①] 尽管奥克森伯格的观点没有过时，但是考虑到当代研究中发生的信息选择来源的倾向问题，电子辅助工具带来的机遇要远超过其局限性。

鉴于目前绝大多数人都运用定性方法来解读中国媒体内容，傅礼门对内容分析的批评在研究当代中国的许多学者中得到反响。毋庸置疑的是，内容分析不能像定性研究方法那样达到对含义的深入细致的理解。在解读文本时，定性研究者会考虑到文本的整个内容，包括与文本相关的信息来源的详细情况、信息、渠道和受众等。[②] 内容分析丢掉了内容中的许多东西，但是它获得了其他方法无法揭示的信息。内容分析增强了透明度和一致性，由此产生了可再现的、可靠的和一般性的结论。[③] 正是因为这些可以互补的优势和劣势，当前的学界推荐使用混合方法来分析信息，用定性研究方法补充定量方法[④]。在使用计算机辅助方法进行内容分析时，我坚持认为，获取定性含义应该始终成为检验质量的标准。计算机只是辅助人工编码的工具，使编码者的工作更具有一致性，由此产出更可靠的结果。因此，像 Yoshikoder 这样的电子辅助工具应该被视为定性文本分析的有益补充，而非简单替代。电子辅助工具在帮助人们系统地分析内容和扩大信息来源方面发挥了重要作用，它帮助我们更加全面和准确地了解中国政治。

（薛松译　段若石校）

---

① 虽然广播和电视的文本可以在网上获得，但是开发电子辅助工具，把这些音视频材料转换成为 txt 文档，对于这方面研究会非常有利。中文语音识别软件（如 Via Voice）是研发新软件的有益的起点。

② 可参见 Roberts，1989。

③ 参见 Neuendorf，2002。

④ Duriau，Reger and Pfarrer，2007。

第二部分　定性分析法

第六章

来自社会底层的看法

——以民族志的方法阐释当代中国的劳工政治和体制变化

陈　鹏（Calvin Chen）

伊利莎白·佩里（Elizabeth Perry）在她 1994 年发表的中国政治状况评论中说，1979 年中美关系正常化给新一代美国政治学家带来了一种机会，那就是，“运用实地调查方法和中国特有的文件资料进行新型学术研究”的机会。此外，佩里还认为，鉴于“中国政治历程异乎寻常的复杂和多变”以及这个研究领域多年的成果积累，它有可能最终“成为孕育新分析方法的沃土”①。

自从佩里的文章发表以来，中国不仅加速了经济改革，而且产生了新一代国家领导人，加入了世界贸易组织，成为了全球第二大经济体。这些在全球各个国家及地区的综合影响下发生的深刻变革，正在为研究领域打开更宽广的道路，打破其间的陈旧界限并重新组合，迫使我们重新考虑怎样才能理解中国政治领域中的核心问题。例如：国家行为如何影响经济和社会转型，特别是在那些以往“政府鞭长莫及”的地区?② 可以采取哪些形式来扩大政治参与，以及它们对于促进政治稳定和政权合法性发挥什么样的作用？以市场为导向的活动是如何重塑政府机关、民众行为和社会结构的，尤其是在地方层面上？重现并不断演化的社会认同对于人们从事有效的集体行动意义何在？中国的情况为人们观察这些问题以及其他各种问题提供了一个宝贵的视角，并且有望帮助我们进一步认识在世界其他地区发生的类似过程对当地公民的影响。

---

① Perry，1994b，pp. 704，712。

② Shue，1988。

在很多政治学家看来，用民族志方法来探索这些问题有其缺陷，或者说有失恰当。尽管在克利福德·格尔茨（Clifford Geertz）① 的努力下，“深度描述”已经被社会科学界所接受，甚至确立了自己的地位，但是当今的绝大多数政治学家，不论其分析方法的侧重点是定量的还是定性的，都热衷于研究普遍性的、带有规律性的东西，他们认为使用过多的文字来表达地方的具体事务，无论是在寻求事物规律上还是在诠释重大的社会和政治现象上，都作用有限。像过程跟踪②和比较历史研究③这类方法，如果用在解释特定案例结果方面，的确能够使人们更加重视从地方观察中获得的资料。然而在大多数情况下，政治学家习惯于运用屡试不爽的方法做因果推论，或依赖精挑细选的模型，来解释在不同时空跨度下发生的事情的共性和特性。在这个过程中，人们没有过多的余地去深入了解在这个学科里个人和群体赋予其行为、选择以及环境的意义④。当然，在用不同方法研究社会科学的过程中，有其固有的折中方法，然而，只有当我们更正确地判断这些折中方法，并在倾向普遍规律研究方法和倾向文字表达研究方法之间找到一个更理想的平衡点时，我们才能使该学科研究真正受益⑤。

相比之下，许多中国学者及该领域的专家很乐于认可民族志研究方法的潜在作用。尽管如此，这种方法的实用性十分有限，因为政治学领域的专家们心里清楚，这种方法不能来“检验”某种假设，也不能为普遍理论提供实证基础。在中国，还有另外一个原因使人们不愿意进行民族志研究，那就是这种工作始终处于一种无序状态，即使到了后毛泽东时代，情况也没有改变。要想得到中国当局的批准既费时又费力，而且整个申请过程充满变数，没有透明度。而且，即便得到了官方批准，还会面临着一大堆挑战，比如时间安排冲突、信息误差、访问限制，以及当地居民不愿或不敢与外界人员交谈等问题。鉴于这些困难，似乎与其冒着潜在风险进行民族志研究，还不如坚持传统的、将普遍模型与可测变量相结合的研究方

① Clifford Geertz，1973，pp. 3 - 30。

② George and Bennett，2004。

③ Mahoney and Rueschemeyer，2003。

④ 迈克尔·布若威（Michael Burawoy）在对早期人类学研究做分析时提出过类似的观点。参见 Burawoy，2000：p. 9。

⑤ Sil，2004。

法。然而这样一来，我们不仅会失去民族志研究本身可能带来的思想成果，也享受不到用它搜集更多数据的好处。结果使许多重要问题都无法得到验证，因为它们既不能直接用标准化变量的形式反映出来，也不能轻易地用经验分析中的重复方法来解释。

虽然大家承认民族志研究在中国面临许多限制和缺陷，但本文想着重说明这种研究是如何提高我们对中国政治的理解的。尽管侧重于变量的方法能帮助人们了解事情重要的本质，但我坚持认为，更多地运用民族志研究方法，对于我们开创一种更加全面的方法去认识和探索中国政治和社会的各个方面，是至关重要的。我认为，民族志研究事实上能让我们用新的眼光去看待政治领域的核心问题，帮助我们找到更多的以经验为依据的，有着细微差别的，有力的论据。尽管民族志研究非常强调“深度描述”，但要指出的是，在描绘特定的群体在特定的地点和时间所处的复杂环境时，它能够让人们更好地抓住那些引发、维持或阻碍变化的，多种的有时是深藏不露的因素。把关注点集中在具体的细节上，可以使社会学家不致夸大演绎推理的重要性，避免过分依赖和误用那些理论上的构想和分类①。我的确非常同意詹姆斯·斯科特（James Scott）所说过的话，那就是一般的社会科学家和专门的政治学家，如果他们能更加尊重那些实际知识（也就是古希腊人所称的 metis），即颠覆那种简单的划分法，放弃一些他们一向偏好的确定知识（古希腊的 techne），那么就更有可能为该领域的学术讨论做出经久不衰的思想贡献②。给予那些被社会遗弃的群体和不正常现象更密切的关注，不仅能够促使我们更深入了解地方上的关切和做法，而且可以为我们提供新的契机，去重新审视、修改和质疑那些支撑现有理论和概念的各种假设。

虽然仅靠民族志研究并不能彻底解决这些问题，不过它确实帮助我们更全面地理解交互作用，省略掉学术分析的过程，为理解查理斯·拉金（Charles Ragin）所定义的“多重交互因果关系”打下一个更坚实的基础③。从这个意义上讲，民族志研究不会像我们所想象的那样，与目前在政治学和中国研究中强调定量分析和倚重变量的研究方法产生更多的矛

① 参见 Emerson，Fretz and Shaw，1995，p. 111。

② Scott，1998，pp. 319－323。

③ Ragin，1987。

盾。毋庸置疑，更多的民族志研究能帮助我们更好地发现事物的相互作用，以及宏观过程在微观调整中的效果和微观调整对宏观过程的影响。这种方法不仅可以提高我们的能力，去检验针对另一种解释提出的假设，还可以建立一种认识论的“中间地带”，促进不同学科学者间的对话，甚至增进社会科学领域的知识积累①。

第一节 民族志方法的视界

民族志研究的优点和缺陷一直是社会科学界热议的话题。它长期以来与人类学家和社会学家的工作相互关联，已经卓有成效地拓宽了学术分析的范围，从大家熟悉的相邻学科到陌生的边缘学科。正如迈克尔·布若威（Michael Burawoy）指出的，先期发表过的威廉·伊萨克·托马斯（W. I. Thomas）和弗洛里安·兹纳涅茨基（Florian Znaniecki）合著的《身处欧美的波兰农民》（*The Polish Peasant in Europe and America*，1918），以及布罗尼斯拉夫·马林诺夫斯基（Bronislaw Malinowski）关于特罗布里恩群岛社会群体的考察（1922）等著作，为最主要的民族志研究的兴起提供了一个舞台，这种方法后来成为芝加哥学派的重要标志②。这些著作考察了普通行为者如何看待和应对他们所处的这个被前所未有的变革所包围的世界，这些变革发生在经济生产、社会组织和政治权威等各方面。而另外一些著作则表明，面对同样的变化，那些更偏远的社区却基本上没有受到过多影响。所有这些研究成果都通过更多地关注非精英的个体及群体的想法、方法和行为，极大地修正了过去那种以精英为导向的研究方法。通过与当地人的深入对话，并凭借研究者作为社区成员的参与观察体验，这些研究成果使学者们更进一步看清了自己以往用来反对和抵制这种看似无形但却困扰他们的巨大力量的做法。

然而，虽然有了这些认识上的突破，但作为一种研究方法的民族志还是经常遭到社会学家的批判，说它依赖于传闻轶事和道听途说的证据，而不是靠严格的经验分析或经过精挑细选的理论模型。许多人对民族志研究者有一种肤浅的固定看法，认为他们热衷于没完没了的收集具体情况，他

① Sil，2000a，p. 166。

② Burawoy，2000，pp. 7 - 11。

们那种试图从更广义角度分析政治动因的观念令人难以理解，他们给大众心中造成的印象一群能说会道的人。更糟的是，人们把民族志研究者看成是一些有勇无谋的人，与声名显赫的医疗人类学家保罗·法默（Paul Farmer）没什么两样，他们都同样表现出无所顾忌、理想主义和坚韧不拔的精神。事实上，像法默一样能够取得摇滚明星般地位的人，不仅依赖于个人勇气和永不妥协的坚持，更重要的是，他们践行着一种法默所谓的“更关注意义而非测量的人类学”[①]，他向人们揭示出平民百姓是如何在那些最凄惨的、被外界遗忘的地方顽强生存的，因此他的书吸引了广大的读者。

还有一些批评家指出，民族志数据的采集过程极少符合科学研究方法的规矩，而这些规矩应当是同样适用于定量和定性分析的[②]。在这些批评家眼里，民族志学者被认为过分依赖侥幸看到的事情和个人观察，不太在乎自己选择信息时的倾向和抽样失误。由于他们强调的是要搞清楚，在一种特定环境下，各种因素包括个人层面上的和结构层面上的物质因素和精神因素，是如何共同产生某种特定结果的，所以他们并不重视具体变量在影响结果时的重要性。批评家们将此看成是民族志研究不严谨的表现，声称从这些研究中得出的结论充其量只是对个别情况的非理论阐释（而且很可能只是主观阐释）。就连“分析性叙述”[③] 的支持者们，虽然他们看似热心于将理论模型与对特定案例的深度认知相结合，也在极力回避从多方面来说明具体事物，因为那样做过于复杂，他们最终转向用战略博弈的逻辑来完成他们的因果分析[④]。虽然在人类学和社会学某些方面发生了后结构主义转变，但是由于它明显地采用了一种更加相对性的认识论立场，使得该领域的学术观察家对其表述是否能做到价值中立产生了质疑，所以发生的后结构主义转变并没有推进民族志研究向更加理论化的方向发展[⑤]。鉴于这些情况变化，就不难理解为什么许多政治学家，对他们的同事收集的轻松有趣的传闻逸事表示怀疑，觉得充其量只是些“故事”而已。

其实这样的批评并不是完全没有道理的。民族志学者过分关注捕捉个

① Kidder，2003，p. 72。

② King，Keohane，and Verba，1994。

③ Bates et al.，1998；Levi，2004。

④ Sil，2000b，p. 375。

⑤ Rosenau，1992。

别环境下个别人物与众不同的情况，以至于使他们有时难以充分发挥蕴藏在他们研究之中的理论内涵。不过，人们心目中的民族志学者和政治学家之间的这种分歧经常被人夸大。此处要特别说明的是，民族志并没有而且从来就没有与理论完全脱节。正如克利福德·格尔茨所指出的，虽然民族志学者“和历史学家、经济学家、政治学家和社会学家一样面对着同样重大的社会现实（只不过后者的情况更加复杂），比如权力、变革、信仰、压迫、工作、情感、权威、美、暴力、爱情、名誉；但是他面对的现实并没有那么突出，完全可以不必使用大写字母去强调它们”[①]。诚然，民族志学者能够而且应该更直接地、有意识地去应对理论问题，不过本文着重要说的是，民族志研究中所包含的原始经验资料对于进一步做出严谨精密的解释是必不可少的。尽管民族志学者不愿仅靠一门研究就做出结论自有其道理，但显而易见，这种研究可以通过在新出现的、或是过去未得到充分研究的社会政治学领域中检验其相关性，来支持和扩大引进别的理论。

民族志的研究成果的可贵之处还在于，它经常迫使学者们用一种全新的视角对事物的发展和过程进行再评估。人类学家乔治·马库斯（George Marcus）告诫我们不要抱着既定的分类和推理模型不放，因为“如果还有什么东西有待于让民族志学者去发现的话，那应该是关系、联系，以及涉及联系、交往和传播的文化，而这正是我们过去按照‘自然’分类方法（即根据已存在的主题资料）给研究对象定名时所忽略掉的东西”[②]。同样，凯文·奥布赖恩（Kevin O'Brien）在中国研究地方人民代表大会时也发现，如果采取“灵活多变的方式进行问题选择、问题排序及后续调查”，当“（一个问题）被错误地概念化的时候”，或者（当他）“故意摆出为难的样子或者忽略了自己的困难的时候”，这个问题就显得特别突出[③]。不过不管怎样，这绝不是说民族志学者应该或者是已经忽视了他们相关学科中的重要概念；我们也不能就此下结论说，民族志学者在研究方法上是不受学科限制的。只能说，这种对“关系、交往和传播的文化”的研究，迫使我们首先要明确，如何定义和应用那些过去使用的，表达我

① Geertz，1973，p. 21。

② Marcus，1998，p. 16。

③ O'Brien，2006，p. 36。

们理论框架的概念，其次在引用新数据的时候，重新检验用这些概念做分析有多大作用。在奥布赖恩看来，在实地调查的基础上对原来的问题和概念进行“中途校正”或改动，使他得以改进一些概念，而这些概念源自于“西方对一个地方政治现实的理解并不适用于该地区”。[①] 的确，通过揭示与错综复杂的背景情况交织在一起的系统规律性，民族志研究向人们表明，归纳和演绎这两种方法的结合使用是如何大大地丰富社会科学调查的。

第二节　民族志与中国劳工政治

随着中国启动后毛泽东时代的改革，人们得到了进行民族志研究的机会，学者们对新研究跃跃欲试，可是他们却面临着一连串令人望而却步的挑战。其中包括一些实际的困难，比如如何获准进入实地调查点、应对可能存在的政府监视、保护调查对象免受可能的骚扰，等等。如此种种的限制，经常使许多研究者的工作难以开展，他们充其量也就是做一些托马斯·戈尔德（Thomas Gold）所说的“游击式调查”（1989）。再加上中国疆域辽阔，民族志学者们要找到一个对学术研究相对开放，又能代表中国多方面情况的实地调查点，往往要费尽周折。不过，虽然这些问题始终没有得到解决，他们还是千方百计地开展了重要的研究，为我们了解当代中国社会的重大发展状况填补了大片空白。

人们在该领域争论的关键话题之一是中国工业转型的本质和路线，以及它给辛苦劳作的广大工人带来的影响。近来发表的一些针对中国劳工的文章专门揭示了工厂的阴暗面。例如，李静君（Ching Kwan Lee）在她的《性别和南方中国的奇迹》一书中，专门提出“国家、劳动市场以及根据性别能力区别使用劳动力等因素，在生产过程中是如何导致产生了多种形式的政治斗争的”[②]。她在书中还表明，在她所调查的两家中国南方的电子产品工厂里，全球经济力量和国家目标是如何与人们的乡土情结、年龄、性别等因素相结合，共同培育出专制的管理制度和造成恶劣的工作环

① O'Brien，2006，pp. 30，37。

② Lee，1998，p. 160。

境的。类似的著作还有潘毅（Pun Ngai）的《中国制造》[1]，他在书中记述了作为工厂劳动力中坚力量的打工妹是如何反抗男性领导不顾她们死活，让她们在与世隔绝的条件下做工的遭遇。这两部书都揭示了在工厂干活的员工们从事的隐蔽斗争和在幕后发生的权益之争。李静君和潘毅用打工妹提供的证词和她们的经历，成功地揭示出许多细节资料，从而证据确凿地向人们表明，生产过程中的政治斗争涉及一系列更加复杂，有时是看不见的谈判和程序，它们往往在个人和集体双重层面上同时进行。而正是这些过程，最终锻炼了工人们的力量和意志，使她们敢于与工作中的不公正做斗争，维护自己的权益。

与李静君和潘毅对中国南方的研究相比，我在温州和金华（浙江的两个县）的两个镇做的关于乡镇企业制度起源及实施的研究，其结果在许多方面都与她们二人的有很大不同。我在这个过程中碰到了一系列复杂的企业内部情况，其中夹杂着正规的要求和非正规的做法。为了理清这些错综复杂的头绪，我首先遍访了总部位于温州的凤凰公司以及总部位于金华的木星公司[2]的所有主要工厂，跟随考察了主要管理人员全天的工作，在流水线上和生产工人们并肩工作，最后又对各类不同工作人员进行了形式多样的开放式采访。在温州，我住在公司的一间宿舍里，和职工们一起在食堂吃饭。时间久了，我逐渐融入了他们的圈子，而这期间从来没有人向我讨要过礼品或者报酬[3]。

长期的逗留给了我充分的时间去了解一些关键问题，包括公司政策的产生和实施、造成工人们抵制的根源，以及最后的改进方法。更重要的是，我收集到的资料促使我改变了最初的一些假设，我当初曾认为员工是否服从管理、企业总体利润和效率等因素，都会影响到他们的物质奖励。在通过与这些企业互相交流得到一些新发现之后，我开始考察它们内部的其他一些情况。我关注的是在哪些情况下企业目标会与那些非正规的，但是能维持企业全体人员正常运作的规定和做法发生脱节，企业管理层又是怎样想方设法防止发生这种现象，让二者能更紧密结合的。

那些采用以变量为导向的研究方法来研究类似问题的学者们通常会发

---

① Pun Ngai，2005.

② 为了保护有关企业和雇员的身份，我虚构了凤凰和木星这两个假名。

③ 不过，在结束实地调查时，我倒是给过许多受访者小纪念品，比如领针、纽扣和校旗，来表示我对他们的感谢和情谊。

现，把那些超出最初研究方案的数据和新的进展情况放在一起研究，是一项极具挑战的任务。在我 1997 年的温州考察暂停期间，发生了一件令人吃惊的事情，足以证明这个观点。那年夏天，中国的两名学者到那里做一个关于员工态度的调研，并在几家当地公司考察管理情况。在对凤凰公司为期一周的访问中，二人与一组管理人员“代表”进行了几个小时的会面，就他们的工作经历及其在私企工作看到的挑战展开了讨论。果然不出所料，在有上司当场坐在会议室一角观看整个进程的情况下，这些员工们要么大唱赞词，由衷感谢公司给予的提高机会，要么一言不发。一些与会者后来发表意见说，但凡脑子正常的人，谁会为了区区一个调研，就冒着丢掉饭碗的危险去讲实话呢？于是，不论个人还是全体，大家都明哲保身，说些上司和研究者都爱听的话。

值得称道的是，两名研究人员认识到了这些员工的困境。为了打破缄默、得到更坦率的回答，他们尝试了匿名调查。然而令他们没想到的是，调查问卷竟被员工视为一种累赘。参加这项调查的人在先前的会议上就说过，调查就像是在他们已然满负荷的工作中再添一件麻烦事。一天，在午餐快结束的时候，我无意中听到和自己在同一个办公室的几个人在嘲笑有些人写的问卷。当我问他们是什么事那么好笑时，他们告诉我，他们搞了一点小小的恶作剧。比如，在年龄和性别两栏中，他们故意胡编乱造。自己的性别明明是男工，却偏要写成“女”；明明只有 25 岁，却要写成 52 岁。对其他问题，他们干脆就不回答，要不就只写个“是”或“不是”，更有甚者，有时胡乱写些毫无意义的话。我从未查明这样的恶作剧有多普遍，不过有传言说，其他办公室的员工也是如法炮制。也许，他们之所以这样做，一方面是因为不愿意把自己的时间浪费在这种费力不讨好的工作上，另一方面是因为他们想在不损害自己的前提下借机发泄一下自己的烦恼和无聊的情绪。虽然出现这种恶作剧，不能怪中国社会科学院的研究人员；但这无疑会干扰他们收集到的数据的有效性，并最终影响到他们的研究成果。

尽管这个例子确实有些极端，很难代表全部样本和尊重调查的研究，但它还是突出体现了更注重推理和理论的研究方法与民族志研究方法之间的区别。比如，由于社会学家注重于寻找那些可以用于各种案例的论据，他们往往无法避免对复杂的社会现象作简单化的假设，而民族志学者追求的却是支持他们论断的实证的充分有效性。另外，尽管各种变量和它们之间的关系常常在以理论为基础的研究中得到明确的表达，但是它们在揭示具体的因素是如何和何时影响特定结果时，就显得不那么有效了①。由于中国社科院的研究人员不能充分调查员工恶作剧行为的严重程度和原因，因此，他们就看不到员工的这种烦恼对他们的分析造成的潜在影响。

即便两名研究人员确实没太多时间做更全面的调查，他们对于突破自己原有的研究方案、去探索其他可能的解释也显得有些缺乏热情。比如，当我问他们是不是要在公司办公室或车间之外什么地方和员工做更坦诚的沟通时，两个人都认为没有必要。他们做的只是晚上回到自己住的宾馆去分析已经采集到的数据，而没有抓紧时机，在一些非正式场合，比如吃饭或喝茶时，与员工进行更多的讨论，以获取新的信息。他们的态度和杜鲁门·比利（Truman F. Bewley）描述的经济学家的行为如出一辙："在经济学中有一种倾向，就是认为你不应该问别人他们在做什么、动机是什么，因为他们要么会糊弄敷衍你，要么就是不知道自己的真正动机是什么，他们并不了解自己，他们会夸大自己的作用，自我标榜一番，不一而足。所以，你要做的就是与研究对象保持一定距离。虽然这样做在一些情况下是有益的，但也不完全尽然。这就好像把经济学看做一个遥不可及的星系，你只能靠一些非常间接的理论和数据去解释它。虽然我不否认那些理论和数据确实有用，但我认为人们需要取得更直接的经验。"②

换句话说，固守原来的研究计划，妨碍了他们"到不同环境中和各种各样人群"的沟通的努力，从而使他们更不容易看到一个更全面、更合乎自然情理的现实③。当然，我们做这样的说明并不是要强调说凤凰公司的员工们都为人不真诚和不合作，也并不是想诋毁中国研究人员认真的工作。这里想强调的是这种研究方法的局限性，而且再认真分析一下看，这种方法也不利于寻找、确认和调查新的线索。相比之下，民族志学者会在那些"官方版本"④之外，主动地去发掘和研判那些尚未说出和尚未看到的东西，并用这些数据去判断那些已经在公开的和有目共睹的论坛上发

---

① Ragin，1987，pp. 54－56；Wedeen，2004，p. 301。

② Bewley，2004，p. 282。

③ Bewley，2004，p. 383。

④ 这个词来自于詹姆斯·斯科特（James Scott）的著作，其含义是指要想看清在各种环境下权力之间的关系，就需要在公开发表的和官方材料之外，对事物背后的情况做深入研究。见Scott，1990.

表的东西的价值。

此处的潜在含义就是，投入更多精力去了解那些困扰企业员工的各种关系，以及被调查者如何定义和怎样看待他们面临的挑战——也就是去践行利萨·维迪恩[①]所谓“赋予含意”的过程——对于丰富我们的研究大有裨益。在之前的例子中，员工们之所以给出积极的回答，一方面是因为他们相信那些是研究者们希望听到的东西，另一方面也是因为担心一旦说出可能有损公司形象的话会遭到上司的报复。这些回答掩盖了他们深藏在心中的怨恨和对于他们上司虐待他们的不满情绪。问题还在于，因为调查研究的方法对调查十分苛刻严格，使得许多可以解释社会和政治现象的重要“杂音”，在其含意还未完全搞清楚之前，就已经被排除在分析过程之外了。遗憾的是中国社科院的研究缺乏一个可以把这些因素放在一起来考虑的机制。

民族志的独特和可贵之处，不仅在于其能够揭示隐藏在事物背后的动态情况，还在于它强调的是一种在“抓拍”基础上的“移动图像”。保罗·皮尔逊[②]所做的观察说明，在更加注重理论检验的研究中，政治和社会的发展经常像“在时间上被冻结了”一般。当然，一次调查可以揭示出由不同时刻组成的大量信息，然而长期的参与观察能捕获到更完整的过程，反映出我们是怎样一步步进展的。对于民族志学者来说，历史不仅举足轻重，而且更重要的是，它是对情况发展做出更广泛、更深刻了解的中心环节。拿凤凰公司这个例子以及其他企业的例子来说，如果没有过去的工作实践和管理部门的调整做参考点，就很难理解为什么一部分公司管理人员胆敢对上司的指令打折扣，这些方式体现出他们内心深处的不满和工作中的冲突。

关于这一点，我的研究表明，这种行为很大程度上与公司在组织结构和管理实践方面的转变有关，这种转变摈弃了那种更人性化的、以信任为基础的组织和管理方式，取而代之的是一个缺乏人性的、等级分明的、程式化了的，或者说，就是官僚主义的方式。它们造成权力集中在少数管理者手中，个人的积极性不断被挫伤，对企业下层员工的不断加强的控制，所有这些都导致了与全体员工产生摩擦和关系紧张的结果：即由于员工们

① Lisa Wedeen，2002，p. 717。

② Paul Pierson，2004，p. 2。

认为调查是强加给他们的一项浪费时间的负担，于是就用恶作剧来发泄不满。此外，这样做也是一种既能对上司略施报复，又不至于为自己的行为承担后果的手段。

第三节 民族志、机构变革及体制建设

民族志研究除了能够帮助更准确了解员工态度和想法以外，还能使我们深入观察到中国组织机构内部各种动态的性质和隐患。以凤凰和木星两家企业为例，它们的主管人员在 90 年代初期和中期都曾邀请当地的共产党代表，在企业里建立受共产党控制的群众组织分支机构，也就是工会、妇联和共青团（CYL）。

为什么当学术圈和决策圈一致认为共产党应该尽量不插手企业事务时，企业领导者却出乎意料地把共产党请回来了呢？对此，我并没有简单地假定，党的下属机构在企业的重新出现就意味着恢复了政治挂帅。我使用的民族志的研究方法表明，此时共产党起到的不同寻常的作用只是提供支持，而不是对企业管理发号施令。此外，员工们先前那种献身共产党理想的热情已经大大减弱，使党在企业里重新掌权的可能性更小了。1998 年，我在木星公司参加过一次企业的党员会议，我明显地看到，参加会议的大多数人已经对正统说教麻木不仁了。尽管官员和公司领导极力鼓吹为祖国发展而奋斗，几个年轻人却在下面嘻嘻哈哈、窃窃私语（绝大多数女工显得更安静和严肃），他们甚至嘲笑发言人的口误，说他们装腔作势。相比之下，凤凰公司的员工倒不像他们那么桀骜不驯、满口非难，但是对共产党在组织活动上提出的目标和理想，却同样无动于衷。2004 年，凤凰公司举办了一次为期两天的纪念邓小平诞辰一百周年的回顾活动。尽管所有资深员工都出席了，但还是有很多人没有认真对待那次活动。实际上，让我大吃一惊的是，我的两个受访者居然在一次会议进行之中在电话上回答我的问题（其中有一个还是那次会议的主要组织者之一），只不过他们怕打扰别人而压低了声音。事后他们对我说，这确实挺遗憾的，不过也没办法，因为他们毕竟还得负责做出一些重要的、紧迫的决定。

另外，参与者的观察和民族志研究还发现，由于 20 世纪 80 年代后期至 90 年代初期外地居民的大量涌入，大大地改变了两公司内部劳动力的构成，再加上企业合理化进程中的混乱，都激化了企业内部前所未有的社

会冲突。由于两公司管理层都试图通过规范和扩大生产来取得早期的成功，他们的急于求成破坏了人们一贯奉行的注重个人积极性、互相帮助和信任的做法。一些员工们，尤其是那些从公司成立就开始工作的本地员工，对过分严格的劳动管理模式日益感到不满和失望，另外他们也很讨厌来自那些外来工人的日益增强的竞争，无论那些人是否真的有一技之长。眼看辛辛苦苦赚来的钱和取得的地位都在遭受威胁，他们变得忧心忡忡。他们偶尔会做出反抗，而且这种反抗还呈上升趋势。而员工内部这种阶层和社会矛盾的愈演愈烈，又加速了熟练工人的流失及生产力的下降。因此，企业领导层把共产党请回工厂的目的，是希望利用其在组织方面的丰富经验，帮助克服他们无法解决的社会矛盾，而不是要恢复党在企业里面的领导地位。

在过去发表的理查德·西尔特（Richard Cyert）与詹姆斯·马奇（James March）合著的《企业行为理论》（1992）一书中，以及后来发表的凯瑟琳·西伦（Kathleen Thelen）的《制度是如何演化的》（2004）研究报告中，都记载了企业为平息内部纠纷所做的努力。尽管二者都没有用民族志方法研究组织行为，但它们都详尽地考察了不同行为者是如何团结在一起，来增强其自身的利益和整体的利益。为了应对新的挑战和新利益，这些团体通过重新分配"闲置资源"[①]，或者重新组合，使自己的团体不至于解体。在木星公司和凤凰公司里，企业领导采取的同样方法是，让党来当"出面人"。他们还用公司利润给全体员工发放各式各样的集体福利，从廉价的整条肥皂、成罐的食用油、整箱的汽水，到比较费钱的新款服装、当地景点一日游、免费年度体检、伙食补贴等。所有这些举措都是为了让员工相信，在本企业生活是值得的，而且只要他们全力以赴地做"好员工"，这样的好处就不会改变[②]。

同样为了赢得民心，工会代表和共青团成员也不辞劳苦地组织了大量活动，它们既可以娱乐大家，又能提高企业形象，从而消除了工作中的明争暗斗和同乡派性。这些活动大多采取"比武"的形式，员工们一般都乐意参加。例如，有一项比赛是让生产线上的工人们装配他们每天负责大

① "闲置资源"是指超过了取得组织目标所需要的多余的资源。它们包括资本和劳务，但不限于这些。

② Edwards，1977，pp. 147 – 152.

批生产的部件，看谁做得又快又熟练。同样，办公室职员间的比赛包括打字、算账甚至沟通技巧。后来还增加了演讲比赛，让所有参加的员工都来讲一讲自己进入公司以来，在个人和职业能力方面都有哪些提高。

无论对于参赛者还是旁观者，演讲比赛都是既兴奋又紧张的事情。前者一心要胜出，所以压力重重；而对后者来说，部门尊严和荣誉同样重要。凤凰公司公共关系办公室的一名女性受访者，在预赛中显得极其紧张。她觉得如果不能进入决赛，不仅自己很没面子，还会让办公室同事脸上无光。相比之下，虽然那些口才不太好经验也不丰富的选手知道自己不具备晋级所需要的条件，却还是下定决心要把自己的经历告诉给评委和观众。而实际上，他们做出了一些最令人难忘的发言，用自己的真诚和乐观赢得了热烈的掌声。还有一位中年女保洁员，在比赛中告诉大家，尽管她在公司地位低下，但其他员工总是尊重她、关心她。她认为："我的工作只是打扫洗手间，这并不是什么重要的工作。可是每当我遇到别人时，他们总是问候我最近怎样，还告诉我不要太累。他们总是很关心我，谁也不在乎我过去是干什么的。"虽然其他员工不是经常有她这种感受，但他们都很能体会她的心情。

虽然凤凰公司里的人坦承工厂生活有很多不足之处，但许多人都理解公司已经做了最大努力。这些活动使员工有机会去发泄长期压抑的不满，抛弃工作中的勾心斗角和互不相让的派性，从而团结到一起。有一些人认为，公司在打破陈规陋习和消除用工不平等方面也取得了进步。凤凰公司中心财务室的一名二十多岁的当地女员工，曾经直言不讳地说："公司在信任外地员工并委以重任方面已做了改进，这在原来很少见。就拿我在的财务部门来说，现在将近1/3的员工都不是本地人。要知道我1996年刚进公司时，所有岗位都被本地人垄断了……不过现在公司的看法变了，他们已经能够接受这些人员变动了。"①

同样，一名30岁出头，1998年刚刚由质量管理检察员升任部门经理助理的外地职工，也表达了这种积极的态度，他说："本地人不像以前那样歧视外地人了。实际上，现在绝大多数工人和中层职员都是外地人。领导也更加尊重工人，关心他们的需求了。尽管矛盾还是偶尔存在，但远不

① 第94位受访者，笔者个人采访，2004年8月11日。

如过去那么严重了。”①

党组织还希望通过其附属机构鼓舞新员工和年轻员工的士气。公司现任共青团书记说：“我们组织这些活动，目的是不让员工们感觉到，他们整天除了工作就没有别的生活。当然，我也理解，他们来这里主要就是想赚钱。可如果每天除了早上上班晚上回家，没有别的内容，那又有什么意义呢？我总对他们说，即使将来有一天他们离开了公司，这些经历和回忆还会伴随他们，帮助他们回想起美好的时光。”② 尽管每天要工作很久，许多人还是对组织和参加共青团活动非常热情。一名二十四、五岁的男员工认为，组织活动是“一种锻炼”，是结交他人的绝佳途径，也是开发自己才能的好机会。③ 与此类似，妇联代表们将精力集中放在增加女工的晋升机会上，帮助她们正确认识工作和私人关系（或缺乏私人关系）引起的压力。妇联的领导是一位三十岁出头的女性，她说，聆听女员工的倾诉是一项非常重要的工作，因为“她们有时不好意思或不愿启齿，尤其是当男性找她们谈话时。所以她们经常直接给我打电话，我们就在电话上聊天。我们所做的就是用心倾听她们的意见。当她倾诉完自己的烦恼后，我们就会给她分析情况，说明采取某种措施后产生的结果。虽然我们尽力帮她们寻找解决问题的最好办法，但困难还是很多，这就是我们力所能及的。”④

上述发现一方面加大了我们对组织建立自己的管理体系的认识难度，另一方面又为我们提供了一个重要机会来修正这些理论。凤凰公司的新情况表明，这个过程并不是简单地以一种一成不变的方式完成的，而是经过企业的各部门之间复杂协商才形成的。无可否认，员工在和管理权威抗衡的时候，由于很清楚自己的弱势地位，他们除了运用“弱者的武器”⑤ 之外，不愿意采用其他方法，这清楚地表明他们对自己从属于领导的地位只能逆来顺受。然而，管理层试图在组织内部恢复劳工稳定和社会安定的努力也表明，领导们心里很清楚，在企业内部应该允许进行适度的合法斗争，因为这些斗争对维护社会完整至关重要。从这个意义上讲，以上研究

① 第 42 位受访者，笔者个人采访，2004 年 8 月 18 日

② 第 128 位受访者，笔者个人采访，2004 年 8 月 12 日。

③ 第 132 位受访者，笔者个人采访，2004 年 8 月 17 日。

④ 第 87 位受访者，笔者个人采访，2004 年 8 月 7 日。

⑤ Scott，1985.

成果不仅与切斯特·巴纳德（Chester Barnard）“无差异区”的概念和道德经济提出的见解相吻合，而且可能还有助于进一步完善他们的理论①。此外，这些研究还说明，除了物质奖励以外，员工们还以一种挑剔的眼光看待公司对待他们的态度，并且会不断地根据这点来重新调整他们的诉求。也就是说，“无差异区”也许并非像我们过去想象的那么大，而互信互惠的程度也没有我们过去认为的那么低。

确实，一些非正规的因素，比如亲属成员和同乡关系等，对于建立企业最高领导权威并使之经久不衰发挥着深刻的影响。管理者们总是倾向于选择他们最熟悉的人做提拔的候选人，认为这些人更加可靠。正如在凤凰公司供职的一名外地的技术专家说的，“管理层担心的是，把更多的权力和职责交给我们，会使我们对公司的战略和机密一览无余。那么一旦我们离开公司，这些信息会落到竞争者手里。”② 到1998年，担任凤凰公司副厂长的外地人寥寥无几。实际上，只有一人做到了厂长的职位，而那全靠他和企业创始人长期以来的私人关系。尽管在1998年的那场领导部门“清洗”中，撤掉了一大批位居管理层的远亲和当地人，然而一些关系更近的亲戚，比如企业创始人的兄弟和姐夫、妹夫等，仍牢牢把持着高层领导的职位。

这种局面反映出马克·格兰诺维特（Mark Granovetter）所说的“牢固的纽带”③。在上述这个案例中，它们代表的亲戚关系和社会网络仍旧发挥着影响力，并由此形成了企业人员的核心。只要这一群体存在，这些人对于决策的主导权就不大会很快削弱，尽管他们在人数上会减少一些。相比之下，在木星公司，这种非正规的地位差别贯彻得更加公开。在企业效益最好的几家子公司里，经理都是总裁的嫡系。比如他的儿子和女婿，连同他侄女的丈夫和另外一个曾经帮助他摆脱困境的近亲，都是几个关键部门的总经理。④ 即使在较低的领导岗位上，由本地人主宰的现象也很明显。在工厂的经理人员中，158名经理中有142名都来自本县；而在剩下的16人中，有9人虽然是外县的，但却属于浙江省，只有7人来自

① Barnard，1968；Scott，1976.

② 第29位受访者，笔者个人采访，1997年8月21日。

③ Granovetter，1974，pp. 1360 - 1380.

④ 第110位受访者，笔者个人采访，1998年6月30日。

外省。[①]

以上情况不仅表明，建立一种霸权式的工厂制度[②]的整个过程，取决于决策权、非正规的身份差异及闲置资源的分配情况，而且更重要的是，它们清楚地表明，管理者们是如何把这些因素结合起来并运用它们，因为这些因素运用得好，可以提高他们动员群众和维护厂方自身利益的能力，否则会适得其反。把这些观察到的情况与中国政治、组织理论和体制结合在一起看，可以使我们更好地理解，这些因素是如何发生变化，它们是怎样重新构建了我们原来想当然的体系的。[③]

第四节　结语

中国政治领域近年来取得了巨大的进步。人们可以获得新的研究材料，接触到更多档案资料，以及实地调查提供的新信息。它们使学者们得以深入探索和更好地认识中国当前的社会主义转型期的整体轮廓和细微变化。这些数据还使他们有更多机会来应用大量不同的研究方法，以便实现他们开创更尖端复杂的政治行为和变化的理论的愿望。

尽管民族志被大多数政治学家视为一种有相当局限性的研究方法，可是它却为人们提供了一种强有力的、尚未得到充分利用的调查方法，使人们能够认识中国社会和政治生活中更大的趋势和发展，而这些情况通过正式模型、统计方法以及跨国家比较方法是无法轻易发现和阐释的。民族志研究之所以具备这种独特用途，不仅是由于它认真关注特定的行为者在特定时空下如何思考和行动，而且更重要的是，因为它能帮助我们理解一系列错综复杂、相互关联的因素和过程是怎样在共同作用下生成的结果的。然而，尽管厘清这些纷繁头绪对于深化我们理解政治现象至关重要，但有的时候，这种努力似乎会妨碍学者们探索更严谨、更实用的解释。过分关注于专门的因果机制而忽视了其他方法，那些主流的研究传统从一开始就忽略了个人和组织之间的相互关系，以及它们是如何发生政治和社会转变的。要想搞清楚这些错综复杂的联系，就需要从一个更宽广的角度观察，

---

① 这些数据来自木星公司1997年有关其职工的内部报表。

② Burawoy，1985.

③ Nohria and Gulati，1994，pp. 550 – 551.

而在这方面，民族志恰恰能提供一种其他途径无法提供的新颖视角和重要的见识。

为了掌握个人和群体赋予他们的行为、实践活动和生活圈子的不同含义，中国研究这个领域已做好准备。它不仅要重新检验和修正那些支撑现有理论的各种假设，并且更重要的是，要重新评估那些已被认可的、涉及特定结果产生原因和产生方式的知识。在这个过程中，我们正在重新唤起人们去丰富和深化自己的认识，而这种认识来自于缜密考察特定环境下的特定人物。把“中国政治不同寻常的多样经历”① 融入学术讨论中，我们就有可能进一步推动社会科学知识的交流和发展。

（陈文佳译　段若石校）

① Perry，1994b，p. 712.

第七章

访谈与民族志之间
——用深入实地方法研究精妙和隐形的政治

芮杰明（Benjamin L. Read）

在过去的20几年里，汉学领域从运用民族志和参与观察方法取得的大量研究成果中获益匪浅①。人类学家在这方面一马当先，发挥了表率作用②。一些社会学家对这些方法也是乐此不疲③。不论它的学科起源如何，也不管研究的特定主题是人际关系，乡村治理还是农民企业家，很多作品都具有强烈的政治色彩。读罢这些书籍之后，人们自然而然会获得大量的关于中国权力运作的宝贵知识，尤其是发生在基层组织层面的事情。

一些政治科学家也使用类似于这些研究手段的方法来研究中国④，可在这些方法与政治科学学科之间的关系中还有尚未解决的问题。虽然在我们的领域中一些人早已经使用民族志和参与观察方法（在下面我将这两种方法归在“深入实地方法”类别之下），然而这些方法总被人看做是左

---

① 更不用说费孝通、西德尼·甘博（Sidney Gamble）和其他人以前的作品成果。而且，本章说到的仅仅是使用英语出版的研究。

② Bruun，1993；Chen，2003；Fong，2004；Friedman，2006；Gladney，1996；Hertz，1998；Jacka，2004；Jankowiak，1993；Jing，1996；Judd，1994；Kipnis，1997；Litzinger，2000；Liu，2000；Murphy，2002；Notar，2006；Perkins，2002；Pun，2005；Rofel，1999；Schein，2000；Watson and Watson，2004；Yan，1996，2003；Yang，1994；Zhang 2001.

③ Calhoun，1994；Chan，Madsen and Unger，1992，2009；Farrer，2002；Lee，1998. 我要感谢伊利莎白·J. 佩里（Elizabeth J. Perry）、张莉（Li Zhang）和麦宜生（Ethan Michelson）提醒了我注意在这里提到的一些内容。

④ 除了下面将要讨论的研究，还可参见 Blecher and Shue，1996；Friedman，Pickowicz and Selden，2005；Hurst，2009；Steinfeld，1998；K. Tsai，2002，2007。

道旁门。目前人们仍旧就何为本学科的重要知识以及获得这些知识的实用方法莫衷一是。其他定性方法的使用者不久前也加入了这场论辩。他们明确地阐释了其工作是如何与创立和检验政治科学理论的进程相结合。使用民族志和参与观察方法的新生代最近也颇为活跃[①]。沙茨（Schatz）发现，这个群体的成员之间也不尽相同。自诩为阐释主义者的人向政治科学主流本体论和认识论的多种观点发起挑战。他在书中写到，其他人以一种有限度的新实证主义者的模式在做民族志的工作。他们“细致入微、全神贯注于创建中层理论，认为积累知识是一种值得追寻的方向，对于学者做出贡献的潜力抱乐观的态度”[②]。虽然我赞成应从多视角研究政治的看法，而不是仅仅局限于科学范式，但是我所要讲的属于第二种类别。我认为不同类型的政治科学家能够而且也应该认识到正在讨论中的实地考察手段的价值。

本章引用了中国研究以及其他地区研究的样例，其大部分内容与特定国家无关。我在这里提出一种观点，即深入实地方法对于中国研究是一种尤为恰当且必要的方法，这个观点也适用于其他非西方国家环境和受到政治压制的环境。我希望这个倡议能够得到响应，使运用民族志和相关手段的研究者携手共进，而不是像过去有些人那样互相拆台。这就意味着要更加深入了解研究其他地区的专家的工作。

依据目前的研究情况，我所倡导的政治科学民族志研究包括两个方面的含义。第一方面是我们这些实践者应该如何理解自己的工作，我们在实地做些什么，以及如何撰写和总结我们的研究成果。我们应该因观点相同而团结一致，用它指导我们的行动，提高我们的研究成果和效率。第二方面更具有普遍性且关系到本学科。在某种程度上，若要深入实地方法在政治科学中有所成就，必须下大力气重塑学科本身，必须让其他政治科学家明白这些方法是如何适用于他们所熟悉的方法论领域的。只有这样，这种类型的研究，不论是关于中国的还是关于其他地区的，才能发挥出最大的潜能。

本章特别关注实地研究方法的内在权衡问题，尤其是研究广度（研究更多的单位，尽量发现更多的差异）和深度（有效性、丰富性和对每

---

① Schatz, 2009b.

② Schatz, 2009a, p. 14.

个单位的深入了解）之间的权衡。政治科学家有责任面对普遍性的问题，这也是其他社会科学领域面临的同样问题。同行们希望我们能用理论术语概括问题，解释差异性。而有时最恰当的研究方法就位于研究范畴的这一端或是另一端，因此要能够养成对某个实地进行细致入微的调查的习惯，正如詹姆斯·斯科特①在他称为“塞达卡”（Sedaka）的马来西亚村庄中所做的著名研究；或是像在许多调查研究中一样，通过大量的实地调查采访来收集相对有限的信息。虽然用民族志的传统方法可以达到某种深度，然而有时候多种原因要求使用折中的方法，在观察的深度上做一些让步。虽然没有固定的模式能够干净利落地解决此种困境，但是本章仍将努力概括总结这些因素，并加以解释。

最后，我也恰好是一位支持用多种方法或“混合方法”攻克政治科学的实证问题的坚定分子。在我自己做的关于中国大陆和中国台湾地区街道组织的研究中，我将从参与观察和访谈得到的深刻理解与宽泛的调查数据结合起来。本章以下探讨的其他研究也使用了多重方法，也体现出开发多种类型信息的益处。民族志和参与观察的方法自身需要被政治学者理解和阐明，而不是在它与其他研究方法结合使用时才被理解和阐明。

第一节　深入实地法

以民族志和参与观察为名的方法在政治科学中的地位有些令人尴尬②。我们这个学科自以为运用这种研究方法取得了许多丰硕的学术成果，这听起来有些孤方自赏的味道，其中两部最流行的作品是芬诺（Fenno）的《家常风格》（*Home Style*，1978）和斯科特（Scott）的《弱者的武器》（*Weapons of the Weak*，1985）。实证研究者中的一部分人被这些方法所吸引，最早要回溯到二战刚结束时期，或者是更早的一代人③。他们偶尔在小组会议中讨论这些方法。现在人们已将这些方法或单独或与其他方法结合的方式，积极地应用于一些更吸引人的

---

① Scott，1985.

② Bayard de Volo and Schatz，2004.

③ Banfield，1958.

研究中[①]。

然而，这些方法仍没有受到足够重视。公平地讲，它们只是在方法论的课程里才被偶然提到。即便是在美国政治科学协会内倡导定性和混合方法的正规部门里，以及近些年营造起来的热烈氛围中，这些方法仍被看做是“远房亲戚”。比如在定性研究方法研究所的2006年课程大纲中几乎对它只字未提。近期出版了一些关于定性方法的最重要的图书，其中两本虽然对民族志学者和参与观察者而言相当实用，但是都没有专门提到这些方法[②]。

为什么它们会受到如此冷遇？我首先要讲一些最简单的原因，那就是掌握运用这些方法的技能并把它们应用于实际，需要花费很多时间和资金，尤其当研究是在不同语言环境下进行的时候。所以向那些急于压缩时间完成学业的普通研究生推荐这些方法时，往往好心得不到好报。况且，在整体学科中，人们还需要掌握其他更多的方法和技能。

当然还有其他一些原因。由于认识不同，实践者发生了明显的分化，例如上文提到的“阐释主义者”和“实证主义者”的分歧，在近期的作品中越来越明显[③]。有一部分人在文章中除了描述自己的研究工作之外，不太愿意向其他人介绍自己采用的方法。在政治科学中，尽管这些方法有助于创立和检验理论，但是还没有充分地向人们说明它的益处，最后，也许是最重要的，那就是人们还没有认真地把民族志和参与观察方法中关键的评估、应用以及教学结合在一起使用。

我相信，对于使用这些方法的研究者来说，不论他们是只使用这些方法还是兼用其他方法，在学科内共同努力建设一个联盟或使用者群体应该是一个正确的步骤。这项工作首先应当在搜集信息来源、证据和数据的相关方法方面达成共识。我们希望这样做可以超越和消除认识方面的分歧。

也许我们应当用一个词来概括这一系列相关方法。这样的一个术语就是深入实地法（SIMS），它指的是从人们日常生活中收集证据。在这种情

① 与中国无关的例子包括：Adams，2003；Allina-Pisano，2004；Bayard de Volo，2001；Cammett，2005，2007；Galvan，2004；MacLean，2004，2010；Roitman，2004；Schatz，2004；Straus，2006。

② George and Bennett，2004；Brady and Collier，2004.

③ Burawoy，1998；Schatz，2006；Yanow，2003.

境下，人们与环境互动，使研究者提出的问题更加贴近所要研究的问题，这意味着与电话调查或某些形式的一次性访谈相比[1]，它需要更加深入现场、环境、地方，与各种信息提供者有更深的接触。这个术语包含所谓“民族志”和“参与观察”的主要含义，也许还包括其他一些做法，比如焦点小组。它还强调这种研究采用的不同形式，比如在一个地点进行深入的研究或者是着眼于广度的研究，以及以深入实地法为主要方法或以它为辅助方法的研究。

说实话，我提出像深入实地法那样的新术语实属无奈，这在某种程度上是因为我还不太相信其他方法能够在政治科学中把研究者有效地联合起来。“民族志”在社会科学卷帙浩繁的方法论研究中，尤其是人类学中，具有长期的优势，但它也并非完美无瑕。一些人类学模型把标准设得过高，迫使人们需要长年累月的努力才能有所收获。这可能意味着一种整体主义的倾向，即必须了解某一个社区或地点的整体情况，才能理解其中某个部分。还应指出，目前民族志的含义和实践正经历着变革和激烈的辩论，并不是所有的实践者都认为民族志应局限于这些形式[2]。虽然如此，在我看来，这个术语还是不太适用于短期实地考察和信息搜集覆盖面窄的研究项目。

而且，“参与观察”是一个太笼统的术语。这个概念在这里所指的界限可能与我们想要放在一起谈的问题并不完全吻合。一方面，研究者“参与”其他类型的研究，例如纯粹的访谈。另一方面，对某些人而言，“参与观察”则意味着只有经过一段长期的过程，研究者成为社区生活的一部分，才能算作是完整和真正的参与。也许有些人会认为“参与观察”只涉及民族志所指的实践活动的某一部分，而另一些人则认为两个概念是相互关联的。

正如本章上文提到的，在政治科学的深入实地方法研究中，人们阅读得最多的两部书就是芬诺[3]和斯科特[4]的。对这些书籍进行深入思考可以让我们想想怎么做才能在学科中整合和提高这两种类型的研究。从一个角度看，它们具有巨大的差异，也许在方法上几近两个极端。斯科特把他的

---

① 其实一些类型的调研和访谈需要大量的铺垫和建立信任的工作，见 Posner，2004。

② 如马库斯（Marcus，1998）有所保留提出了某些观点支持多实地研究。

③ Fenno，1978.

④ Scott，1985.

研究工作说成是：在一个拥有 360 位居民，化名为塞达卡的马来西亚村庄中进行的“一种深入实地的、细致入微的研究阶级关系的工作”①。斯科特将他的方法定位于人类学民族志的传统做法②，他说，他在塞达卡度过了至少 14 个月来进行访问、观察和参与村民生活。

而芬诺③完成的作品，则着眼于政客和选民之间的关系问题。“一个当选代表如何看待他（她）的选区？以及由此而产生的另一个问题：他（她）的看法对其行为产生何种影响？”④ 他采用的方法是在美国众议院议员所居住的地区内和他们朝夕相处。他把自己的研究方法戏称为，“没完没了地和他们泡在一起，四处打探，或者只是随便逛逛”，就我所知，他把自己的方法明确地定位于社会学家和其他政治科学家所使用的参与观察的传统方法，而对民族志却只字未提⑤。在这本书以及长长的方法论附录中，芬诺以一种直白甚至自我调侃的方式解释了他采用的方法：跟着政客到任何他们允许跟着的地方，和他们套近乎并记下他们讲的话，见机行事提出问题⑥。显然这比斯科特的村庄研究在参与研究的程度上要“薄弱”得多。与单一实地项目相比，芬诺牺牲了深度来换取广度，他研究了 18 个不同的代表，在他们的党派和资历等方面发现了巨大的差异⑦。他在每一位代表身上花费的时间从 3 到 11 个工作日不等，平均达到 6 天⑧，而在其中某些天里，他接触研究对象的时间非常有限⑨。

尽管它们的区别很大，但可以把这两本书简单地归于一类。两位学者在这一领域中都坚持自己的理论，而这些理论在一方面有其主导性和臆测性，而另一方面又具备理论代表性。两位学者在研究中都确立了一个实证研究的主题，在一系列假设基础上提出自己的见解，而那些假设都是需要

---

① Scott, 1985, p. 41.

② Scott, 1985, pp. xviii, 46.

③ Fenno, 1978.

④ Fenno, 1978, p. xiii.

⑤ Fenno, 1978, pp. xiv, 249, 295.

⑥ 他还在 1986 年《美国政治科学评论》的文章和其他文章中讨论过他的方法，全部文章重新收录在芬诺（Fenno, 1990）的作品中。

⑦ Fenno, 1978, pp. 253 – 254.

⑧ Fenno, 1978, pp. xiv, 256.

⑨ 人们可以继续对比。当然斯科特特别关注的是底层的声音和经历，而芬诺则毫不掩饰地表达出对他研究的精英令人赞许的同情。

通过实地研究来检验和充实的。

第二节　研究者何时需要使用深入实地方法

在什么情况下这些方法对于政治学研究特别有价值，甚至有时候是必需的呢？有一种情况可以让我们看到这些方法的特殊价值，那就是当我们研究的内容极其微妙时（例如，关系、网络、身份、风格、信仰或行为模式）①，当我们的研究内容是不公开的、敏感的，或者需要建立信任才能打破僵局，需要等待时机，打开路子才能看到真实情况的时候②。斯科特和芬诺的研究是这方面的范例。简而言之，在两本书中，他们研究的基本主题都是个体的观念（农民如何看待阶级关系和政客如何看待他们的选区）。而观念往往是个只可意会，不可言传的东西。因此调查和简短访谈这样的研究形式在这里行不通，需要采取建立信任和长期观察的策略。

微妙性在这里是一个相对的概念。充分运用深入实地法解决问题的途径会随着现有理论发生巨大变化。斯科特采用他自己设计的方法之所以取得成功，靠的是他的读者接受了他的观点，把臆测作为一种成立的解释，否则他将一事无成。怎样具体地运用深入实地法才合适，在一定程度上取决于现有假设和数据的精细严谨。如果大家都承认在 X1、X2 和 X3 固定的情况下，X4 与 Y 有正相关关系，而且承认争论的问题关系到系数的大小，而无论它们的关系是线性的还是二次的，是否需要加入与 X5 的交互，在这种情形下，如果仅仅观察到 X4 和 Y 有相关关系，那么是不足以对以前的研究提供什么附加价值的。深入实地法并不仅仅适用于研究少数题目或现有理论尚不成熟的情况，它还能够有效地指出，X4 比我们想象的更复杂以至于需要新的测量方法，或者在实际生活中，因果关系看起来从 Y 直接到 X4，它们的关系还受到以前完全被忽略的其他因素的制约。

那么这种方法在中国这样的国家是否特别适用呢，答案是“肯定的”。那种强调中国的社会政治现象比其他地方更“微妙”的说法是无稽

① 实际上，在政治学领域内我可以想到的大多数概念都包含微妙成分，需要对它们仔细观察。我们这样说这并不是要否认非深入方法对这些研究主题的作用。

② 关于政治的不公开面，参见 Scott，1990；Kuran，1995。

之谈。然而可能有人会指出，中国长期以来发生的事件和现象，至少在初期会扰乱北美和西欧创建的社会科学，使它们难以捉摸。这些现象包括中国共产党夺取政权，“文化大革命”，地方协会、利益代表方式，争端模式和对不满的表达，在中共领导下的经济快速发展，社会主义过渡，甚至是中国现政权的类型。像“我在中国看到的现象属于何种情况?”[①] 这样的问题有时会难以回答。它虽然造成了一些困难，但是也为创新提供了机遇。因此，正如其他非西方制度下的研究那样，在确定中国实证现象与现有概念的关系之前，需要对这些现象进行仔细分析，而深入实地方法非常适用于这个目的。

这个答案的另一部分关系到“不公开”研究对象。需要再一次强调的是，即使是在开放自由的政治体制下，某些重要的问题也是不公开的，比如政治家对他（她）的选区的真实想法。在中国，国家管制使人们有时很难获得数据，而且会担心那些数据的有效性。今天的中国大陆既不像中国台湾等地区那样开放，也不像朝鲜或缅甸那样闭塞。人们能接触到什么样的机构或个人因情况而宜。有时候，人们只需从正门走进一个政府机构就能获得需要的信息。对于一般性问题，即使作为陌生人，打一通电话或者做一份问卷调查已经足够。官方的阻碍和非官方信息的漏洞百出是最常见的问题。在这些情况下，虽然人们无法通过一次访问或谈话获得有效或有用的详细信息，但是可以采用一种更具耐心的方式获得。与那些具有更加开放的政治机构和更高透明度、公开度的国家相比，在中国的很多情境下，需要有更精心的策划才能获得有用信息。不过从另一方面来看，不论在中国还是在其他封闭或半封闭的政治体制内，通过建立信任和耐心进行信息收集，还是可以获得可观的回报的。

正因为如此，一些类型的项目需要在研究地点进行深入的挖掘，比如对人类行为进行直接观察，尽管这些类型的研究也许并不属于民族志的传统内容。例如，梅拉妮·卡梅特（Melani Cammett）在研究黎巴嫩真主党时，就曾认真地运用这一方法，目的是要建立与其组织的联系，为与其成

① 我要感谢加州大学伯克利分校的劳拉·斯托克（Laura Stoker）坚持让学生问自己“这个现象属于何种案例”的问题。

员进行一系列访谈打下基础[①]。与此相类似的还有惠廷[②]和雷米克[③]的研究，虽然在本质上并不是典型的民族志，但他们还是靠在其蹲点调查的两三个地区内建立友好关系和网络的办法。

在我自己的工作中，我曾经使用实地考察的方法来研究中国大陆和台湾地区由政府扶植的街道组织。这种组织在中国大陆称为居民委员会或社区居民委员会，台湾地区称为里长和邻长。我对中国大陆的研究分别在七个不同的城市进行，但重点在北京市。我在那里的目标是研究城市不同地区和不同社会经济背景下的邻里。我想尽量做到随机选择实地，还希望能避开每一个区建立的“模范”街道，因为在主要城市中，人们通常把当地的和外国的参观者带到这种地方去看表演。我带着我的“主办单位”中国社会科学院的介绍信——除此之外我没有特殊许可——敲开了居委会办公室的门，进行自我介绍，说明我的工作，询问能否进来谈话[④]。对于那些乐于接纳我的居委会，我进行了数次回访。用这种方法我最终建立了包括十个街道的实地研究组[⑤]。在为完成论文进行的实地考察的 14 个月里（1999 年—2000 年），以及之后进行的三次短期驻访（2003 年—2007 年）中，我在其中两个委员会里花了差不多 30 个半天（早上或傍晚），对其余大部分居委会访谈约 12 到 15 次[⑥]。每一次访问我都坐在办公室里与工作人员交谈，看他们怎样办公和讲些什么。

我研究的根本目的是了解街道社区中的权力是如何运作的，以及这种由政府扶植的最基层组织与它们代表的居民之间是什么样的关系。这些题目非常微妙，具有复杂性和细微区别，而且因地点、人群和情境而不同。这类问题都是不公开的，他们还会尽量掩饰，因为居委会或者它的辖区不

① 截至 2009 年 6 月，人们还在审阅在这个项目中撰写的论文，仍未发表。

② Whiting，2001.

③ Remick，2004.

④ 在两个案例中，一开始的接触都是通过熟人的非正式接触，在其他两个案例中我使用了官方渠道，通过一个街道办公室联系人，还通过市政府以及我的接收单位的外事办公室获得了正式的许可。

⑤ 在五个街道中我不是被居委会就是被政府官员拒绝了。在两个这样的案例中一位警察陪我到了地方公安局，并告诉我不要再回到街道去。在十个实地中，有两个在经过六次成功的访问之后，居委会被上级通知不要继续与我联系。

⑥ 在三个进行考察的实地中，我建议为工作人员或其子女教授英语，接下来几个月我每周在公寓里开办语言班。

愿意开诚布公地向一个陌生人谈论这些关系，他们之间的交流也不会留下什么可以查询的记录。所以直接观察并不能克服这些挑战。只有通过建立了解和信任，礼貌地试探，以及亲历居委会各种解决问题的过程，我才能了解到国家权力运作和城市社会之间的联系①。因此上述居委会的例子验证了这样一个公式：虽然研究这些问题会遇到官方的阻碍，但是有时（虽然不是总能）可以获得准入，尤其是通过非官方渠道。

第三节　深入实地法如何对理论做出贡献

正如以上的讨论所揭示的，有些时候搜集有用的数据时，需要与研究对象以及其主管的机构建立信任和了解。单单这一点就已经足以说明深入实地法的基本原理。但是除此之外，至少还有四种民族志工作方法对社会科学概念和理论的创立是有帮助的，我们在这里提出它们也许是有建设性意义的。

首先，民族志工作能够引出新假设。对芬诺而言，他之所以选择“泡在一起和四处打探”作为实地研究的方法，一部分是因为他把自己的研究工作定义为敢于走前人没有走过的道路。他认为政治科学家所做过的全部工作几乎都忽略了民选代表对自己的选区的理解，以及他们在选区内的行为方式②。鉴于存在理论上的空白，需要有一种“完全开放式的和探索性的”方法。

“我尽力观察和探询这些成员所做的每一件事情。我想他们所想。我随时准备发现在工作中出现的重要问题，而不是想当然地认为自己已经知道这些问题。”③

芬诺是否绝对有必要用这种方法去做研究，还有待商榷。在回顾之前的研究时，虽然他说“在议会选区中进行的政治科学研究十分罕见”，但是他接下来就这个题目引用了八本书和文章，表示它们对自己是最有帮助的。④另外，我担心芬诺过于强调他的研究方法的松散的、没有特定结构的性质，会使很多本学科的研究者误认为参与观察就是一种猜测性的，不

---

① Benjamin L. Read, Roots of the State: Neighborhood Organization and Social Networks in Beijing and Taipei (Stanford: Stanford University Press, 2012).

② Fenno, 1978, p. xiii.

③ Fenno, 1978, p. xiv.

④ Fenno, 1978, pp. xvi, n. 9.

受形式拘泥的方法，它充其量仅在研究过程的最初始、最基础阶段才有些用处。

然而，这种开放式方法令人信服地观察到事物的内部情况，并据此对政治家和选民的行为提出新假设。芬诺没有过分强调这些假设，他提出的假设包括以下内容：众议员就职伊始最关心各自选区；议员关注最多的是最有组织，最容易以团体形式接触到的选民；而选民关注的是议员的个人关注点，是否爱摆架子，他们是否有机会了解议员的想法与他们对一些问题的看法是否一致[①]。因此，他的书提供了一个很好的例子，表明参与观察方法有助于产生新的理论主张。

陈鹏通过对浙江企业进行深入的民族志研究，从中得到的一些成果，也可以被理解为属于这一类型。正如他在本书中的那一章阐述的，除了其他情况外，他还发现，在这些企业中正在建立共产党的机构。陈指出，若不是通过“最底层的观察”，很容易将这个现象误解为政府将自己的组织意志强加给企业，或者是公司在逆来顺受，以便在政治上过关。与此相反，令人惊讶的是出现了第三种可能性：公司积极鼓励这种发展，是为了借助党的帮助缓解劳工中的社会紧张[②]。

第二，深入实地方法还可以利用从假设中得出来的定性指标，来检验假设。这种方法来源于金（King）、基欧汉（Keohane）和维巴（Verba）的《设计社会调查》[③]。本书提出了一个建设性的、较少有争议的概念，即通过找到和评价尽可能多的“可观察到的内涵”，定性研究者能够最大限度地检验提出的假设，在“可观察到的内涵”中，即使只有一个单独的案例，也能说明很多问题。这恰好印证了在金、基欧汉和维巴的著作问世以前一些研究者就早已在做的工作。

斯科特在《弱者的武器》[④] 中对村民的叙事、仪式、屈辱和抗争的细腻描述可以被解读为一系列对“臆测”假设的检验。贫困潦倒的村民拉扎克（Razak）的情况就是一个例子：“拉扎克作为地方赞助和慈善机构的受益人，不论他是否出自自愿，本应该对‘社会地位比他高的人’做出积极的评价，但他没有这样做，他说‘他们叫上我们去抓逃跑的水牛

① Fenno，1978，pp. 215，235，240－242.

② C. Chen，2006，2008.

③ King，Keohane and Verba，1994，pp. 28－31.

④ Scott，1985.

或者帮他们搬家，但是他们不会叫上我们参加他们的聚会活动……’富人们根本瞧不起我们”①。还有一些例子能检验对当地人的看法②，比如当一台节省人工的联合收割机陷在泥地里时，人们反而幸灾乐祸③，以及在保护村民运稻工作的村庄大门上的纷争④。

我在北京的研究中使用了从街道搜集来的证据来检验几种关于选民和居委会关系的假设。一种假设涉及的是受保护人主义。在中国和世界各个地方，可以把普通公民和当权者的关系当作是一种保护人—受保护人的关系，典型的交换方式是下级给予政治支持而上级提供物质产品和工作机会。但是我对居委会的探访表明，居委会的积极分子和支持者在帮助视察街道和为居委会上传下达信息的过程中，基本上没有得到什么实际的报偿。有些时候他们仅仅在年度聚会上才能得到象征性的礼物，比如毛巾和香皂。由街道办事处严格管理的居委会基本没有能力向他们提供政府的补偿，至于工作机会就更谈不上了。然而，事实证明，积极分子与各处的志愿者的动力都来自于自豪感、成就感，以及参与社会活动的满足感。虽然与城市居民的私下访谈以及定量调查都支持这一结论，但是参与观察是其中最为重要的手段。只有经过了日复一日的对积极分子的观察，倾听他们与居委会工作者的谈话，与愿意坦言工作的居委会成员交谈，以及对居委会掌握的物质资源（这些资源是多么有限）有了第一手的了解后，我才相信了受保护人主义的假设并不是理解这种国家—社会关系的关键。

虽然当地被访人的言语、态度和行为也是一种形式的证据——本质上也是数据点——可以用于检验假设，但是这种证据也可以采用另一种形式，即因果过程观察。西赖特（Seawright）和科利尔（Collier）给这种观察下的定义是“一种深入观察或一条数据，它包含了情景、过程或机制的信息，而且在因果推断中具有不寻常的影响”⑤。从事这种观察在本质上与“过程追踪”没什么两样。在政治科学方面，在运用历史资料进行的案例研究过程中，人们对与过程相关的证据问题，举行过一些重大的方法论讨论。这里面的道理和民族志以及参与观察的道理是一致的。实际

① Scott, 1985, p. 12.

② Scott, 1985, pp. 13 – 22.

③ Scott, 1985, p. 163.

④ Scott, 1985, pp. 212 – 220.

⑤ Brady and Collier, 2004, p. 277.

上，深入实地方法可能更适用于集合因果过程的观察，因为深入实地法使研究者能主动地探索，而不是依赖于对现有资料的被动分析。

蔡晓莉[①]做的关于中国农村公共物品供应的影响条件的多种方法研究，为起源于参与观察方法的因果过程观察，提供了一个卓越的例子。在这项研究中，定量证据给分析工作帮了大忙，她对四省316个村庄及其村民进行了调查。根据这些数据做的回归模型证明，在其他条件相同的情况下，拥有某种形式的社会机构的村庄，比如宗教协会和宗族组织，也有修建道路和学校的愿望。蔡进一步在至少9个村庄里进行了一系列集中的定性比较，清晰阐释了被称为"团体组织"的社会机构与利益结果之间的因果联系。每一个村庄案例研究都包括2到20天的探访，并记录在数页纸的报告中。它们均对因果过程做了生动的描述。如在李家庄，村领导利用同族关系和社区精神来动员村民捐款铺路；而在潘家庄，族群内各派之间的长期冲突用这种方式就无法解决。

深入实地法的第四大益处是创立、修正和提炼理论概念，并使人们在这个学科领域内去不断理解、检验和分析这些理论概念。正如布兰迪（Henry E. Brady）在为政治科学中普遍使用的定性方法辩护时指出的：

概念形成、检验、以及检验的效果在几乎所有研究中都很重要，而且可能在定性研究中是最为重要的。"公民社会"、"遏制"、"民主"、"民族主义"、"实质能力"、"社团主义"、"团体思维"和"信用度"这些概念给人们提出了超乎寻常的概念性问题，它们正如"热"、"运动"和"物质"这些概念为古代人提出的问题一样。[②]

在中国研究领域，我们不由自主会想到欧博文（Kevin J. O'Brien）和李连江（Lianjiang Li）关于"依法抗争"的著述，它体现了为创立理论而进行的长期、近距离研究的重要性。两位作者指出，他们的作品至今仍留下一些未来探索的空间，比如说明政府何时会消极而不是积极应对要求公正的具体吁求，以及探索地区间的差异[③]。他们的研究最吸引人的地方是率先阐述了抗争性的集体行动，这不仅适用于中国，也适用于其他地区，他们还详细说明了这种行动背后的原因，以及它是如何影响到各级政

① Tsai，2002，2007a.

② Brady，2004，p. 62.

③ O'Brien and Li，2006，p. 114.

府的。他们虽然使用了多种资料来源，但是并非所有的都是民族志方法，作者明确指出，在他们调查工作中，只是一些在少数几个村庄中做的深入调查，对指导研究工作起了至关重要的作用[①]。

第四节 权衡：深度与广度

如果《弱者的武器》[②] 一书中包含多个村庄，说服力会不会更强（或更弱呢）？如果芬诺[③]只追踪了4位政客，但是与每个人相处数月而不是几天呢？

所有的研究都涉及到如何权衡的问题。在民族志和参与观察研究中，研究者要根据其自身的性质，在观察和与特定的实地和信息提供者建立关系之间进行选择，决定投入多少时间。鉴于研究项目有限的时间和资源，自然就会产生深度和广度之间如何权衡的问题，即要么在少量实地（或者仅一个）进行深入工作，要么开发更大数量的实地，在每一个实地花较少时间。那么在一个特定项目中应该开发多少个实地呢？[④]

一 实地层次差异

这个问题的答案一部分取决于实地层次自变量的数量以及它们之中差异的性质。斯科特说明了他为什么选择塞达卡的原因：它具有明显的典型性，而且从前的研究已经做出了一些参考值，可以根据它们分析新的变化[⑤]。他好像没有明确地说明为什么只选择了一个村庄[⑥]。其不言而喻的原因好像是，为了获得“内部未经公开的资料”，必须在一个地点长期“蹲点”，并且村庄自身的差异性（在富人与穷人之间，以及在不同的信息提供者之间）要比如吉打州（Kedah）和柔佛州（Johore）那种地区间

---

① O'Brien and Li，2006，pp. xi－xvii，131－133，139－141，以及和欧博文的私下交谈。

② Scott，1985.

③ Fenno，1978.

④ 玛利亚·海默（Maria Heimer，2006）的一篇文章包含了她在做地方官员研究时选择方法的实用讨论。她走访了12个国家，在每一个国家中都使用非常紧凑集中的一套问题。更概括地说，出现在《在中国做田野调查》中的这篇文章会吸引很多此书的读者。

⑤ Scott，1985，p. 90.

⑥ 更确切地说，这项研究不仅仅只局限于塞达卡，它还将地区作为一个整体寻求证据，而且斯科特提起曾经到周边的村庄去短途寻访。但是他的研究仍然在单一村庄研究的框架下。

的差异性更重要。此外，为研究设计的整体框架也不适于探索不同的实地：塞达卡的住民有意要为所有地方的农民代言。

在《家庭风格》一书中，芬诺[1]在谈到选择18位议员代表时使用了一种随意的口气（“我没有故意要找一个可以称之为有代表性的群体，更谈不上是什么样本了”[2]）。但是它的确是一个样本，而且他解释说他之所以如此选择样本是想观察不同党派、地区、种族、年龄、资历水平以及选举竞争性的成员和选区。因此他选择了自己熟悉的小样本策略，以便能在一系列有潜在重要性的自变量中观察到差异性。虽然样本规模小的问题仍然存在，但是芬诺的道理是一清二楚的。

二　发展实地的前期支出

每一个实地都包含可称之为启动支出或前期支出，它指的是花费的时间和精力以及其他费用。那么为了完成特定研究工作而获得有效信息，需要达到什么程度才能满足基本要求，或者说是理想的要求呢？在我与北京和其他城市的居委会打交道的过程中，在大部分情况下我至少需要三到四次走访才可以消除他们的疑虑。在刚开始的走访中，气氛会有些紧张，交谈也很拘束。要想了解一般性的问题，比如小区有多少人口，这里有多少低收入居民等，并不困难，但是对于开放式问题，他们的回答往往是小心谨慎和空泛的。在大部分（虽然不是所有的）实地考察中，这种戒备会随着气氛的改善而逐渐消除。因此可以说我初期投入的时间使我得以近距离观察居委会日常工作以及和居民互动。就眼前的目标而言，鉴于研究者资源所限，如果发展实地的支出和风险越大，那么他（她）能够发展的实地就越少。

三　数据搜集的性质

虽然这对于民族志研究是个一般性问题，但是尤其值得指出的是，建立信任和培育良好关系（无论是在本情境还是在其他情境下）所需要投入的时间，要取决于需要什么样的信息。如果只要了解基本情况，类似于居委会日常搜集，并张贴在办公室墙壁上的那种信息，比如法定育龄妇女的

---

① Fenno，1978.

② Fenno，1978，p. xiv.

数量，可能只需要一次走访就可以完成，当然这还要看研究者可以提供什么样的介绍信。而要想了解一些不怎么公开的，开放范围有限的内容，例如，受到国家严格管理的居委会选举的实际过程，则需要几次走访才行。

在“这个天平”上的另一端，如果要想根据典型的城市人类学研究模型撰写出全面的“街道研究”①，那就必须大量地减少案例数量。这意味着需要付出更加全面而持久的努力，甚至比我最深入的实地付出更多。此外还需要有一套在同一街道内经常走动并与形形色色的居民交谈的方法。这种交流是私下进行的，与居委会没有关系。如果我的研究项目用到这些策略，也许会威胁到我事先与居委会达成的心照不宣的谅解。于是乎，我选择在街道中做市民访谈和问卷调查（在居委会人员不在场的情况下，私下获取居民的看法）的方法，而不是在我进行参与观察的街道上进行调查。

四　优化有效性

选择研究策略时需考虑的一个问题是，在民族志方法上投入时间和精力，利用一次性访谈就获得信息是否值得。有时为了达到目的或是在一些情况下，只需见一次面就能搞清楚研究者想了解的情况。所以通过尽量减少花在每一位被访谈者身上的时间，就能最大限度地增加被访谈者的数量，从而了解到更大的差异性，从大样本研究中受益。有很多定性研究者甚至认为，再次或第十次造访信息提供者简直就是令人费解的浪费时间。

然而研究者愿意反复回访实地自有其中一些道理：这是因为要获得信息就需要花时间培养信任和增加了解，当然还有其他原因。首先，即使最配合的，愿意提供消息的信息提供者也可能在一次谈话中或多次谈话中“改变他们的故事”。众所周知，在调查研究的领域中，对问题的不同措辞，问题顺序和问题涉及的内容都会引出不同的回答。同样，被访谈者在不同的情形下谈的事情，有可能与他们的信仰和经历完全不同或自相矛盾。此外，如果让多位信息提供者同时在一个研究实地相遇，那么他们之间的关系可能会严重影响到他们讲的内容。如果深入研究的目的是了解最真实的个人想法，那么就必须考虑多次会谈，以便增强有效性。

当研究工作要依赖关键信息提供者，尤其要依赖于他们对几年前甚至

---

① 如 Bestor，1989。

几十年前发生的事件的回忆时，这样做就显得格外重要。彼得·西博尔特（Peter Seybolt）的书《把皇帝拉下马》（1996）就是一个范例。西博尔特通过与在1954年至1984年担任党支书的王福成（音译）进行的一系列长谈，勾画出了一个贫困的河南村庄的政治历史。这些访谈集中于四次访问中，1987年是第一次，1994年是最后一次。除了王以外，其他一些村民也提供了信息。正如作者描述的那样，每一次访问都使西博尔特和王（以及其家人）之间的关系更进一步，从而唤起他在口述中更深层的记忆和微小的差异。这本书绝不可能仅靠作者的一次访问就一促而蹴。

最后还有一种情况是需要进行多次或者长期接触的，那就是当研究工作要靠观察研究对象与周围环境的相互影响时，例如，观察在访问期间突然发生的事件。芬诺[1]的研究非常依赖这种方式。他指出，如果他的研究工作采用的是在国会山代表办公室里听他们讲45分钟话的传统办法，那么根本就不可能成功。他使用的方法是寸步不离研究对象，跟着他去处理选区里发生的每一件事，记录他们在活动中的真实行为和表现，以及观察他们在与各部分选区开会之后完全放松下来时的状态。

居委会办公室也是了解情况的地方，那里是政府调解人员（居委会工作人员）、居民和更高层的政府官员经常会面的地方，可以看到他们之间各种不同的交往关系。在有些时候和有些场合他们会更忙些，这些办公室经常会举行各种活动，其中很多是居委会成员无法预测的，因此他们无法提前安排和规划。居民和访客突然造访的原因五花八门：比如抱怨邻居吵闹；为了申请政府福利或者批文而寻求帮助；支付小额费用；协商小棚屋、空房或者空地的商业使用；要求居委会解决任何他们面临的急需解决的问题，不管是关于房屋维护、兼职、婚姻介绍还是任何其他事务。同时，街道办事处的工作人员会定期走访，解释最新分派给居委会的任务并检查完成情况。警察，尤其是分给一个街道的“片儿警”，在传达或了解关于抢劫犯、假释犯、惯犯或持异见者信息的时候，经常会坐在椅子上，一边饮茶抽烟，一边聊天。

第一手观察的方法使人们能看到居民和居委会成员如何处理所有的情况。而观察者的出现总会影响到被观察者的行为，因此需要对实地考察笔记做仔细地判断，客观的分析。与此同时也不能忽视建立信任和相互了解

① Fenno，1978.

的重要性，正如上面提到的那样。通过观察他们接触中的肢体语言（比如傲慢的还是歉卑的），倾听他们讲话的语气，就可以推测出各类公民和代表政府的工作人员之间权力关系的许多情况。而且，这种观察还能使人们从谈话中发现新的问题，使他们不满足于泛泛的表面的答案，去深入探索个别的、具体的案例。例如，当一位居民到办公室来要求居委会帮助解决和邻居的纠纷，我就会询问纠纷的原委，有哪些参与方，哪些政府部门或法院参与了等等类似的问题。如果在办公室外面的情境下访谈居委会成员，就完全遇不到这种情况，她也不会想到要提起那起纠纷，这样的话就了解不到调解行为的信息。

第五节 结论

许多事关研究者工作的政治方面的信息，从人们原始的观点到封闭的机关活动，都是对外不公开的。而且，在政治领域中的很多情况是非常微妙的，人们还无法用已确立起来的社会科学概念给它们定性。所以理解或者理清它们事关重大，当研究者面对以上一种或所有三种情况时，也许就需要从民族志和参与观察，或称之为“深入实地法”中找出解决的办法。这些情况在任何国家都可能存在，而它们在像中国这样的政治封闭、非西方国家体制的国家里特别普遍。当然，这里讨论的方法并不是了解政治活动的唯一方法，仔细研究公开的文件，挖掘和分析书面材料，以及从公开数据中推导出结论等等，都是行之有效的方法。

深入实地法的目的就是要获取用平常方法无法获取的信息和最有效的数据。由于篇幅有限，我们无法详细讨论这些方法的实际操作。核心问题是，研究者要花时间与研究对象建立一种比单次访谈更深入的关系，尽可能地与他们建立友好关系和信任。通过长期的相互交往，研究者要获得的是那些掩藏在表面下的，关于“党的路线”的情况，以及那些难以捕捉或未经考虑过的答案。虽然问卷调查和非实地对话在有些情况下是行之有效的，但是通过观察在自然生活状态下的人们的活动，就能够得到在问卷调查或者非实地对话中永远无法获取的数据。

尽管这种方法要求投入比其他方法更多的时间和精力，但是这些代价或许没有想象中的那么多。全身心地在一个实地蹲点长达几个月不是这种方法的唯一形式。政治科学家也可以在多个实地之间分配时间，或者部分地使用深入实地方法来配合其他方法。

本章向人们表明（或者是一种提示），有些人认为这些方法就是一些缺乏理论根据的，冒冒失失的实证主义是完全不对的，与此相反，它们非常适用于创立理论：提出假设，用至少两种方法检验假设，并且进一步完善概念。这部书中提出的一些经典和当代的例子，不管是在中国研究领域还是在更广泛的学科之中，都展现了自己的价值。为了充分发挥这种方法的潜力，有必要在政治科学中加强学者们之间的对话，讨论如何适当地、有效率地、最大限度地使用这些方法，这也意味着要用前后一致的，有说服力的方法，向我们学科中的同事们说明民族志和参与观察的用处，让这种方法更好地被他们理解和接受。

本章节选发表在美国政治科学协会定性方法组 2006 年秋季刊的通讯中。

（薛松译　段若石校）

第八章

当代中国政治研究中的个案、议题与比较

贺　斌（William Hurst）

就在不久以前，当政治学者获准在中国内地进行实地调查时，他们心中还会存有一丝的不安，那是一种既有难以抑制的兴奋，又有冷静思考后的疑虑交织在一起的心情。而这些在进入 80 年代后已发生了变化，学者们激烈争论的话题是，在内地进行实地调查好，还是在中国香港、中国台湾地区或境外的地方从事研究好。[①] 从一开始，在中国的土地上进行实地调查就是一项敏感的政治课题，研究人员的关切仍旧集中在如何获得进入地方的许可，如何确保受访对象与合作者的安全，以及他们的研究成果在中国境内外产生的政治影响等方面。

然而人们往往会忽略一些问题，比如如何选择实地调查地点以及地点选择会给研究计划和结果带来哪些影响等。不过最近的一个例外是，玛丽亚·海默尔（Maria Heimer）在她经过深思熟虑撰写的文章中，提倡运用她所说的“单一个案多地点方式”（one-case multi-field-site approach）来制订实地调查计划。她认为，“计划制订者可以通过探索地点的相似性，不过分计较它们之间差异的方法，取得对某种现象更加深刻的认识。”她在文章中还强调指出，“这种研究方法的不同之处在于，它改变了过去那种做法，比如说去四个调查地点，把它们看成是同一种现象的四个不同个案……并寻找这四个不同个案之间的差异”[②]。

与海默尔（Heimer）相比，我主张在选择个案时应着眼于那些能够

---

① Thurston，1983.

② Heimer，2006，pp. 62，69.

解释特定差异的案例。我把这种方法称之为“个案内比较”（within-case comparison），它是一种专门把代表更大型的次国家层面单元作为研究地点的方法，利用这种方法可以使确定研究成果范围的的工作相对容易一点，防止过于关注不太相关的事情和只有在中国才存在的极少的真正差异。尽管我使用的例子来自本人对中国下岗工人问题的研究，但其论据基本上也适用于其他中国问题研究和比较政治领域中的其他分支。

第一节　什么是个案？为什么要研究个案

人们对于“个案”和“个案研究”的定义和运用不尽相同。约翰·格灵（John Gerring）将个案研究清晰地定义为“为了解更大的（相似的）单元群而对单一单元进行的深入研究”，在这个过程中单元（个案）被当作“在某一时间点或有限时期内，观察到的一种有空间局限性的现象”[①]。进行个案研究的学者必须能够分清相关的“单元”以及包含这一单元的更大单元群（由个案组成的整体）。

我们可以将中国政治中的重要现象当做个案，进而在若干地点进行实地调查研究并找出共性。这有利于我们解读这些结果产生的过程和原因。我们可以更进一步将“整个中国”当作个案，仅对那些全国层面的现象进行研究。或者，我们可以选择中国政治、社会或各级政府中较小单元作为研究个案。实际上，后一种方法也许是在研究中国政治中最常用的（也是最有用的）方法。

但是，采取这种方法会带来另外一些问题。研究人员如何决定选择哪些个案来进行研究？通过研究哪些个案可以使哪些研究议题得到很好的解决？是研究单独的个案好，还是对几个个案进行比较以做出更可靠的概括好？对于准备研究中国政治的一个或多个较小个案的学者来说，这些仅是他们所面临问题中的一部分。我提出一种旨在解决其中部分问题的方案，把它称之为“系统性次国家层面比较”（systematic subnational comparison）。这一架构适用于研究一些问题，而这些问题在中国各种个案中会存在差异［而非海默尔（Heimer）所热衷的那种共性］。

或许，斯蒂芬·范·埃弗拉（Stephen van Evera）对个案研究的普遍

① Gerring，2004，p. 342.

用途作出的判定是最简练的。他指出，个案研究可以被用来“验证理论，提出理论，找出前提条件（antecedent conditions），验证这些前提条件的重要性，解释那些个案内含的重要性”①。只有通过在特殊情况下进行的个案研究（如“关键性个案研究”），以及对一些超出小的分支领域的真正具有“内含重要性”的个案进行的研究，才能完成理论验证工作。如此说来，这两方面的用途与大多数研究人员关系不大。② 我所提出的系统性次国家层面比较方法可以被用来提出受限理论，找出这些理论发挥作用所需要的“前提条件”（也就是背景性变量），验证这些背景性条件的必要性，以及推测这些理论能够概括的范围。

第二节　比较政治领域中的次国家层面比较与个案选择

在更宽泛的比较政治研究领域中，次国家层面比较分析已成为流行的方法③。理查德·斯奈德（Richard Snyder）坚持主张，把重点放在国家层面之下的单元可以帮助我们克服两个问题，一个是他所说的“平均数主导分析”（mean-spirited analysis），另一个是“无效的以偏概全构图法”（invalid part-to-whole mapping）。④ 平均数主导分析是一种在全国普遍使用的研究方法（虽然不是绝对的，但它特别强调的是量化方法），它用国家层面的整体指标代表国家各部分的具体情况，也就是说，假如所有地方的情况都不能严格符合国家整体上的指标记录，那么国家各个地方的情况就等于是接近该国的平均情况。

无效的以偏概全构图法往往与定性的个案研究分析相关联，当然其他方法也有关联。正如斯奈德（Snyder）所言，“当人们把仅符合某个经充分研究的地区或其他次国家层面上的单元的特性或过程不恰当地提升为一种国家层面的范例时，就会造成无效的以偏概全构图现象……国家层面的个案经过这样不恰当的解读，就成为代表整个国家的特征，而它们其实只

① van Evera, 1997, p. 55.

② 关于对个案研究用途提出批驳的文章，特别是“关键性个案研究”，参见 King, Keohane and Verba, 1994, pp. 208 - 212。另一方面，强调“关键性个案研究”效用的最早也是最好的文章之一，参见 Eckstein, 1975。

③ Linz, de Miguel, 1966; Mahoney and Rueschmeyer, 2003, p. 14.

④ Snyder, 2001b, pp. 98 - 100.

代表某一特定地区或几个地方的特性”[①]。这个问题在中国政治研究领域中特别普遍。

在比较政治研究领域中，大部分次国家层面的分析已经在努力避免上述两大缺陷，把注意力集中于有关制度构建、政府间关系，或公共管理和政策实施等方面。从这个角度上讲，针对拉美、欧洲、北美和亚洲部分地区的深入研究已考察了各种在次国家层面上的政府机构的形态和机能[②]。在中国研究方面，有相当一部分学者用比较研究的方法对个别省份或其他次国家层面的政府单元进行研究。[③] 我们在研究国家的政治机构的形态和作用机制过程中发现，有的人常常把次国家层面个案的界限与次国家层面政治单元（如州、省、市、县、镇或村）的界限混为一谈。

但是，如果为了避免受到次国家层面政治单元的局限，转而去研究其他领域，比如社会运动、贫困、经济增长、工业化模式、犯罪与恐怖主义以及其他很多政治活动的结果和过程，又会发生什么情况呢？如果一味坚持以次国家层面政治单元作为个案研究，那么就会导致人为的，有时甚至是适得其反的研究。相反，人们在对次国家层面单元进行比较研究时，应当注重与现实问题相关的社会的、政治的或者经济的领域。

值得注意的是在一个更宽泛的范畴里有些著作要做的是阐述那些与他们的研究课题相关的次国家层面单元的宏观情况，例如，理查德·本塞尔（Richard Bensel）在他对 19 世纪晚期美国工业化的分析中指出，当时美国的经济发展是极不均衡的，在东北和大湖地区、南方和西部地区可以看到具有不同特征的地区政治经济体。[④] 可以看出，在他提到的每个地区层

---

① Snyder, 2001b, p. 99.

② 比如，Anderson, 1992; Brace, 1993; Cornelius, Eisenstadt and Hinley, 1999; Eaton, 2004; Gray, 1994; Heller, 1999; Herrigal, 1996; Kohli, 1987; Kooghe, 1996; Michelmann and Soldatos, 1990; Putnam, 1993; Sinha, 2003; Snyder, 2001a; Stoner-Weis, 1997; Tendler, 1997; Varshney, 2002。

③ 关于新中国成立后军事/行政区域的研究，参见 Solinger, 1977。关于中国省区的研究，参见 Fitzgerald, 2002; Cheng, Chung and Lin, 1998; Hendrischke and Feng, 1999; 以及由悉尼科技大学国际研究所出版的《中国各省》（*Provincial China*）杂志。如需了解更多最近出版的关于中国省份的学术讨论情况，参见 Dittmer and Hurst, 2000/2003, pp. 18 – 20。

④ Bensel, 2000, ch. 2. 关于在内战后的 100 余年里地域之间的冲突如何构成了大部分的美国政治，参见 Bensel, 1984。

面上，民众对于财富和资本积累提出的种种诉求都关联到政治经济这个课题[①]。运用类似方法对专门选定的次国家层面单元进行分析研究，可以促进对其他国家政治的研究。

第三节　运用次国家层面比较方法研究中国政治

在中国研究领域中，最好的定性个案研究只采用经过检验的普遍规律，并把它的成果用于适用的场合。可是在遵循这一传统做法的过程中，有很多研究仍倾向于采用无效的以偏概全构图法，所以我们看到的结果是，那些围绕上海或北京（中国最不具典型性的城市），广东或江苏（中国最不具典型性的省份）进行的大量研究都自称能够解释整个中国的政治动态。

从 90 年代中期以来，新的研究通过直接比较中国国内的次国家层面单元，来发掘更加精确无误的普遍规律。托马斯·伯恩斯坦（Thomas Bernstein）和吕晓波（Xiaobo Lü）（2003）关于农村税收问题的研究著作，以及蔡（Kellee Tsai）对于地下金融（informal finance）的研究著作，都是值得注意的例子[②]。这些著作代表了次国家层面比较分析方法在中国研究领域中，无论在质量上还是系统性上，都取得了重大进步，然而他们所使用的研究方法用在其他类型的研究问题上未必能行得通。

伯恩斯坦（Bernstein）和吕（Lü）的研究首先提出一个推论性的假定（deductive premise），即中国可以被分为沿海、中部和西部“三大地带”。这一研究在一开始所必须设定的前提是，中国这三个辽阔的但被人为划分（常按照经线或“离开大海的省份有多少”来划分）的地带不仅具有内在的不可分割性，而且彼此之间又具备有利于分析的明显差异。中国这三大地带中的每一个都比整个欧盟地区的人口要多，而且在诸多方面来说也更具多样性，每一个地带的土地面积都要比美国的西海岸地区大。显然，这种地带划分并不适合于所有研究课题。这种研究方法的一大缺陷是，要研究的次国家层面单元幅员和差异性太大，以至无法进行深入的细致分析，而这种分析又是理清因果机理、追踪复杂过程或完善概念所需要的。

---

① Bensel，2000，pp. 12 – 15，ch. 4.

② Bernstein and Lü，2003；K. Tsai，2002.

蔡（Kellee Tsai）的研究则更具归纳性。她并没有从中国地域划分的概念出发，而是先在一些地点进行深入研究，然后在微观层面的研究成果基础上归纳出类型或地域。这样做的问题在于，在选择研究地点时从一开始就缺乏合理性。因此读者可能会提出疑问，或许蔡选择的地点全都是一些不相关的（不能真正代表任何更普遍的类型），或是这些地点在全国差异明显的地区中，只占很小的一部分（仅是代表一些小的次类型）。这个问题在别的研究著作中也存在，比如苏珊·惠廷（Susan Whiting）关于地方机构和经济发展的那本书。显然，从一开始，她所研究的个案仅代表了全国所有地区差异中很小的一部分。这样就影响了她的研究成果的概括性（generalizability），即便惠廷强调她主要感兴趣的只是从为数有限的一组个案研究中归纳出类型[①]。

这种研究在构建亚历山大·乔治（Alexander George）所说的“类型性理论”方面非常有用[②]，还可以帮助进一步推动范·埃弗拉（van Evera）倡导的理论发展。然而，这却让研究人员难以确定可以从他们的论据中能够发现多少普遍规律。这也不能促进就前提条件或背景变量展开的推理或论证，而这些都是理论发挥作用所必需的。

正像人们所希望的那样，学者可以将伯恩斯坦（Bernstein）和吕（Lü）所进行的推理性论证、选择个案的合理依据与蔡和惠廷对地域和类别的严谨微妙的定义结合起来。在中国选择个案是一项复杂的工作。要想对大型的次国家层面单元（比如大的地区、行政机构的主要分支等）进行深入研究（尤其是实地调查）往往是行不通的，而我们的愿望也许正是要说明它们的行为。这就意味着，我们只好先挑选出一个或几个单元，按照一种次人口层面方法分类，并且以它们自己的人口来代表所有的个案。如果我们对地区感兴趣，我们就需要挑选出一些省、县、村或城市来进行更深入的研究，并让它们代表该地区中所有省、县、村或城市。

这是一种被称为“典型个案研究”的方法，它曾被用于在一个更大量人口范围内对几个次群体进行比较分析[③]。这种研究方法是与一个国家中采用次国家层面比较分析方法“最相似的体系”，该体系的“x-差异”

---

① Whiting, 2001, pp. 29 – 37.

② George, 1979, pp. 43 – 68.

③ Gerring, 2001, pp. 218 – 219.

大部分都具备一组明确规定的特性，尽管如此，人们还是看到了大量的“y-差异”①。选择个案的关键在于，要让它们至少能够合理地代表它们所应代表的那些大型的次群体。有些读者或许会反对在中国进行实地调查之前就预先提出一份个案名单，认为这样的研究计划很可能行不通。一些人甚至会批评那些用次国家层面比较研究方法取得研究成果的学者提出的论点，认为他们只是通过他们的“关系”去访问“有熟人的地方”。这种批评所依据的假定是，要想进行系统性次国家层面比较分析，就需要在赴中国之前选定所有个案。正如我下文将要论及的，这种假定不一定是正确的。

当我们要出发去进行实地研究时，很重要的一点就是搞清楚哪些个案可能是合适的。这意味着，我们应当有能力分辨出哪些是合适的个案，哪些是不合适的个案。我提出的构想中并没有忽视一些随时会发生的因素，我把这比作，“研究好比即兴演奏爵士乐”，这些都是因为研究中国的工作充满不透明性、限制和不确定性所导致的。相反，我的构想中提出一种标准，按照这种标准来研究一系列的个案，可以让它们奏出各种变奏和独奏。

第四节　关注中国城市下岗工人

一　地区与城市个案研究

在研究中国国有企业下岗工人以及他们下岗的政治和社会影响时，次国家层面比较分析是最有用的研究方法。特别是通过系统地选择一些可以代表更广大地区的城市，对这些城市的微观层面的政治和社会变化进行深入研究，有助于我们阐释一些重要结果。此外，这种比较分析还可以帮助研究者提出一些相关的假设条件，告诉人们他们做的这些阐述在什么时间和什么情况下才是有效的。在这个部分，我将阐述若干不同地区的下岗原因和失业类型。在我的其他研究工作中，我也使用这种比较分析方法来分析政府对下岗问题的政策回应、工人的应对办法和实现再就业的非正式渠

① Przeworski and Teune, 1970, pp. 32 - 34.

道，以及工人与之抗争的方式等问题。[①]

要想为比较研究挑选恰当的地区，就需要对下岗这种现象的总体情况有一个清楚的了解。[②] 下岗并非在中国的所有地方都是一个大问题。人们手头缺少有关失业的确切地点和时间的可靠信息。即便是负责这项工作的官员也不怎么相信政府内部报告和秘密统计数据。[③] 既然没有关于多少工人自愿下岗，多少人实现了再就业，多少人生活难以为继等方面的完整数据，我们就只得依靠过去的报告、开放的内部文件和中国官员的讲话。2001 年的一份内部报告列出了 21 个遭遇重大政治和经济问题的城市，它们都涉及国有企业工人下岗问题。这份报告的作者将这些城市按照不同的地域进行归类，它们是：东北、长江中下游、华北和西部[④]。在一次访谈中，一位非常了解下岗问题的国务院某部委官员表示，中央政府已经"得出结论，我们需要集中精力处理 13 个省市的下岗问题"。[⑤]

我认为，有四个政治经济区域面临严重的国企工人下岗问题，它们是：东北地区（辽宁、大连外围，吉林和黑龙江），东部沿海地区（天津、山东沿海[⑥]、江苏、大连和上海），中北部地区（山西、陕西、山东内陆、河南以及兰州和包头），以及长江上游地区（湖北、湖南、重庆和四川）。

这些区域的差异表现在五个重要方面，它们是（1）地方政府能力；（2）国企总体商业环境；（3）劳动阶层社会状况；（4）市场机遇；（5）中央和地方关系。地方政府能力主要指的是财政能力，特别是地方政府为优先项目提供资金的能力，而不是它们征收某部分税费的能力。国企商业环境指的是国企面临的来自非国企的竞争以及这些企业的总体盈利前景。劳动阶层社会状况包括三层意思，即阶级认同（也就是劳动者是怎样看待自己作为劳动阶层中一员的）、劳动者社会联系结构和民众对过去毛泽东时代的看法。在劳动阶层形成的独特过程中，这三者都占据着非常重要的地位。工业化的物质遗产，尤其是居住类型，也关系到劳动者的

---

① Hurst，2009.

② Hurst，2009，ch. 1.

③ 对六位国务院部委官员的访谈，北京，2000—2002 年。

④ DRC，2001.

⑤ 对国务院某部委官员的访谈，北京，2002 年。

⑥ 我认为山东沿海应指威海、烟台和青岛，该省的其他部分为山东内陆。更详细和充分的论据请见赫斯特（Hurst，2009：hepter2），它们也是目前讨论的依据。

社会联系，它们要么会超出企业范围，要么就只集中在企业内部。市场机遇是指企业和其他非国有部门的就业机会。中央和地方关系是指中央对地方政府的监督、帮助、联系和管理的程度。

这种差异来源于历史上的工业化过程和地区在发展上的差距。虽然地区早期的发展遗留下来的状况仍发挥着一定的影响力，但这些地域的工业化基本上都发生在1880年至1980年这100年之间。每个区域都拥有不同的国企部门分布形式、工业化形成时间和方式、国企在特定城市的位置、市场活动和商业中心的规模、交通基础设施、历史上与中央政府的关系。因为改革进一步促进了各个区域不同的发展模式，因此现在每个区域都形成了自己独特的政治经济，都面临着特定的就业形势。

作为一个题外话，值得指出的是，按照这种方法划分的区域并不适用于解析所有研究议题。例如，对那些与执行政策有很大关系的问题来说，城乡差别和政府管理水平都是造成地区差别的重要因素。虽然要考虑到地区这种形式，但是事实一定会证明，在非省会的地级城市管辖下的农村地区，它们以同全国所有地方大体类似的方式执行这种或那种政策。反过来，如果某位学者想要揭示遍及国家的特殊类型的生产网络的细微动态和复杂性，那么找出在一个或几个不同城市（如昆山、东莞或温州）的乡镇或县之间的差异，就显得比找出地区之间在政治经济或发展模式上的差别更为重要。不过，对于我研究的下岗工人政治的问题，地区仍然是我解析问题的最关键的轴线，那么存在重大下岗问题的区域可以分为四个主要地区。

在每一个地区，我挑选了一到两个有代表性的城市进行个案研究分析。但是，我们应当如何确定一座城市在一个地区的政治经济中的“代表性”呢？我们首先必须考察这些城市的早期工业化和发展遗留下来的状况，比如国企产业布局模式、工业化形成的时间和方式、国企的地址、市场活动和商业中心的相关状况、交通基础设施、历史上与中央政府的关系等，这些因素都造成该地区当前的政治经济上的差别。我们按照上述几方面挑选出来的城市，它们的情况必须符合该地区的总体情况。而且这些城市当前的政治经济状况，无论从中央和地方关系，还是到国企商业环境方面，都必须与该地区的总体状况相吻合。

在选择城市的过程中，我努力争取把个案研究集中在那些我认为更能广泛代表地区政治经济状况的一些区域里。例如，我放弃了数次在广州进行大规模实地调查的机会，因为它并不在我感兴趣的范围之内，虽然在广州进行调查比在我后来选择的其他几座城市更方便。我还放弃了在大连做研究的机会，因为这座城市显然无法代表东北地区（我选择在本溪多花些时间，其次才是沈阳，在经过深入思考后，我最后将大连归为核心沿海城市）。最后，我尝试在资阳、株洲、吉林、南宁和武汉等一些适合我的研究方案的城市进行实地调查，但均未成功。不过，这些城市可以留待以后去做研究，或者让其他研究人员去做。

正如前文所言，没有谁能靠着一份完美的调查地点清单，仅按照现成的计划，就顺理成章地完成实地调查工作。就研究路径来说，联络人、与某些机关的关系以及机会等因素要比完善的计划具有更大的影响力。因此那些运用我提出的次国家层面比较分析方法的学者应当做好准备迎接行进路上的坎坷，为了更好地完成研究计划，而临时性地选择一些研究地点，这种方法就好比一个爵士乐手，当他的合奏者在合奏过程中出现意外时，要通过自己的即兴演奏重新回到主题音乐。这便是我在研究中选择和修改个案研究城市的方法。

作为我的主要研究地点，我所挑选的城市既可以代表它们所在的地区，同时也具备研究路径。在东北，我挑选的是辽宁省的本溪市。在中部沿海区和长江上游地区，我分别挑选的是上海和重庆进行研究。在北部核心区，选择了大同和洛阳两个城市，它们都可以代表所在的地区，同时也让我能够大致测试一下我所界定的地区的内在一致性[①]。

二　下岗原因

不断恶化的国企商业环境和形形色色的中央—地方关系导致这些地区发生了各种各样的下岗。下降的利润和螺旋式攀升的成本使东北地区的企业从 80 年代开始解雇工人。华中北部和长江上游地区的部分国企由于特殊的行业问题，从 90 年代初期和中期开始解雇工人，虽然这些地区其他行业的企业增加了新工人。中部沿海和一些省会城市虽然没有发生大规模解雇，但是 1997 年党的十五大召开后，中央政府为了迫使国有企业适应新的国内外竞争，实施了一项新的降低国企成本的政策，因此而造成了下岗现象。

尽管中国的其他地区在去集体化之后实现了农业的显著增长，但东北地区在大宗粮食生产方面所具有的效率优势受到侵害。虽然人民共和国的

---

① Hurst, 2009, pp. 32 – 36.

农业生产相对于城市工业来说，居于次要地位，但国企的命运却是与农村地区息息相关的，因为农业盈余可以为工业提供投资资本。到了80年代，去集体化给东北地区带来的相对（有时是绝对的）损失阻碍了地方上对新的工业发展提供资金的能力和困难重重的国企改革[①]。东北地区的很多国企在预算方面每况愈下，难以做到收支平衡，拖欠职工的工资和退休金，继而不得不开始解雇人员。

东北地区的下岗问题在90年代达到了一个相当严重的程度。尽管几乎所有的下岗都是非正式的，但像休"长假"这种安排已经成为一种常态被大家接受了[②]。本溪一个煤矿的前领班说，"我在2000年正式下岗，但是从1991年我就一直在休长假。实际上，休长假和下岗是一回事"。一名退休的本溪矿工愤怒地表示，"领导1988年就让我休长假。之后，我就一直等着退休。单位啥也不给。1995年，他们终于让我退休了，比规定的晚了两年，而我才领到了四分之一的法定退休金。"[③] 90年代的下岗情况与80年代基本相似，但其趋势加快和加剧了。

在长江上游地区的那些城市，下岗问题还是首次出现。特别是军工企业和纺织企业，它们遇到了来自非国有企业和外国公司日益强大的竞争。在不断强化的税收监管下发生的管理不善也是造成这种情况的一个因素。此外，地方政府和上级单位越来越难以给这些备受煎熬的企业提供补贴。在这一时期，因为长江上游地区的纺织和军工产业曾雇用特别多的工人，所以那里的下岗现象比华中北部地区还要严重。特别是在长江上游地区还集中了大量小型国企和城市集体企业，1987—1997年间，这类企业的商业环境极度恶化，主要是因为出现了来自非国有企业（通常是农村的乡镇和村社企业）的竞争。官方统计数据表明，1993—1997年间，长江上游地区集体企业雇用的工人数量下降了15%。[④]

在90年代的上半期，华中北部地区企业雇用工人数量出现了净增加。即便如此，该地区的一些企业也没有停止解雇工人。在煤炭和纺织品生产行业，很多国企都遇到了来自乡镇企业的竞争，同时，对该地区生产的农业机械的市场需求也在不断下降。虽然对某些企业和产业来说情况日益恶

---

① Luo，1994，p. 118.

② DRC，1999a.

③ 对一位47岁男性下岗工人领班和一位58岁女性退休矿工的访谈，本溪，2001年11月。

④ 《中国劳动统计年鉴》，不同年度。

化，但就整个地区来说，其他企业和行业的盈利超过了负面的发展趋势。

90年代的上半期，在中部沿海地区的国企中，几乎没有什么工人是被迫放弃工作的。这一地域的大多数企业并没有遇到财政上的紧迫问题，在面对密切注视它们的中央政府的重大政治压力面前，它们都把工人数量维持在正常的水平上。那些流失了工人的企业，一般都是主动批准他们去非国有企业找更好的差事。正如一位上海的官员所言，“在1997年之前，一些工人离开了他们的单位，去那些工资更高的私人企业里工作，或者自己去做生意。至少在上海，这些工人没有人是被迫离开的。”[①]

在这一时期，有关上海下岗问题的书面材料也反映了类似的情况。对上海几个重要国企的个案研究表明，1997年之前许多工人的确是自愿离职的[②]。上海在1997年以前率先尝试国家的政策，接受失业问题并建立失业工人正式救助机制[③]，由于国企的商业环境相对较好，再加上中央政府的慷慨补贴，使下岗问题得到很好控制。

1997年9月，中共十五大在北京召开，在有关国企改革的很多问题上作出了重要决定。中共决定，国企要转化为可以盈利的企业，实现这一目标的重要途径就是通过减少工人以降低成本。按照这种设想，这些企业不仅要成为市场化的公司，而且还要具有全球竞争力[④]，在这一过程中，需要消除的一大障碍是过高的人力成本。在开启这一进程的讲话中，江泽民总书记给这些国企提出了这项挑战，告诉这些国企必须成为能够盈利的市场行为体，并且给它们开了绿灯，让它们采取一切必要手段（赞同通过裁员来削减成本）实现这个目标。[⑤]

在党代会召开的几周内，国企感觉到需要削减突然间被视为冗员的工人的压力。中部沿海地区的国企负责人和劳动官员密切关注着来自北京的信号。在1997年至1998年的12个月里，上海地区就有超过26%的国有和城市集体企业的职工下岗。次年又有大约10%的职工离职。[⑥] 虽然中部沿海地区国企的商业环境并未明显恶化，但是那些国企在中央政府的密切

① 对上海市政府某官员的访谈，2000年7月。

② DRC，1999b，1999c.

③ 有关此问题，参见D. Tang，2003。

④ Nolan，2001.

⑤ 人民出版社1997年版，第23页。

⑥ Yin，2001，p.101.

关注下，感觉到必须裁员的压力。一位负责劳工的上海干部说，他感到党代会好像是在告诉人们，“在市场中，哭闹和抱怨是没有出路的（也就是说，不要指望什么补贴），唯一的出路就是被迫出局（解雇或者是公司关张）”。另外一个上海干部用浓重的上海口音讲了一个顺口溜，用来揶揄党代会的指示，表达对官僚式的微观管理的不满，嘲讽缺乏真正的市场化过程，他说，“以前什么都靠司长，后来谁都要看市场”（“司长”和“市场”在上海话里的发音基本相同）。[①]

1997 年之后，中共在政策上并没有像重组国企那样进一步加强对国企预算的限制。政府补贴一改以往那种和垂直领导关系、政治表现[②]、生产目标完成情况或是否做到充分就业等因素挂钩，而是与裁员以及是否实现其他“改革目标”相联系。这种新的激励机制所产生的影响从中部沿海地区扩展到了其他一些过去受下岗问题困扰的地区。在 1998 年夏末之前，东北地区的企业接到指示，要它们“公开”之前隐瞒的失业，并进一步推进减员的工作。1999 年 8 月，江泽民总书记在一次有关东北和华北地区国企改革的会议上发表讲话，详细阐述了这些地区出现问题的原因，并赞同将解雇作为降低“过高成本”的有利办法。[③] 这使企业负责人获得了一个直截了当的机会，让他们能够通过裁员降低人力成本来赢得上级的青睐，即使这么做并没有让企业恢复盈利能力。

华中北部地区和长江上游地区的国企遇到了来自中央的新压力，要求它们裁员，禁止扩招和隐瞒裁员情况。在 90 年代晚期，有很多华中北部地区和长江上游地区的国企遇到了利润下降和补贴减少的问题，这同样也是东北地区的企业在 80 年代时遇到的问题。不同之处在于，前者被鼓励通过下岗来应对这些问题，而后者却在下岗方面受到了政治上的限制。

总之，通过研究四个不同地区的下岗问题，我们可以发现三种不同的失业模式。每一种模式反过来又都是特定的因果过程的产物，它们来自于该地区的政治经济环境。东北地区面临着不断恶化的商业环境和紧张的中央—地方关系，这导致该地区的国企在 80 年代奋力抗争，而当时其他地区的企业表现尚好。在华中北部地区和长江上游地区，某些行业的企业从

① 对上海市党委某位干部和工会某位干部的访谈，2000 年 10 月和 2000 年 7 月。

② 关于企业内部以及企业间关系中的“表现”的重要性，参见 Walder，1986，pp. 132—147，160—162。

③ Jiang，1999.

90年代初期就开始应对竞争性不断增强的商业环境和不断减少的政府补贴，与此同时，东北地区的企业继续艰难挣扎，而中部沿海地区的企业则蓬勃发展。

最后，1997年党的十五大召开之后，所有国企面临的政治环境都改变了。下岗问题已经不再是要不惜一切代价回避的问题。实际上，对于很多国企来说，下岗成了一种政治上的需要。中部沿海地区的一些企业甚至“大张旗鼓”地推行新制定的分流职工的目标，尽管有些负责人觉得生产过程离不开这些被分流的职工。总的来说，中国的国企并没有因为市场化的无情进逼或实实在在的社会主义预算紧缩而裁员。各个地区不同的失业和紧缩是由跨越时空的多种因素造成的。

第五节 解释下岗原因：次国家层面比较研究方法与单一城市个案研究方法之比较

尽管单一城市个案研究在揭示复杂因果机理方面非常出色，但是在解释上文述及的地域动态方面，它却作用有限。如果我只是研究重庆，就只能做一个仅可以代表长江上游地区模式的报告，更糟糕的是，它也许只能代表一两个方面的情况，比如汽车、军工或纺织行业。如果我仅研究上海，就会发现一些证据，说明上海地方政府在指挥国企下岗问题中发挥的作用有些言过其实。

实际上，如果只依靠单一城市或单一单元个案研究，就会助长在那些只关注苹果和橘子的学者之间的无谓的争论。在资阳或开封进行研究的学者对于下岗现象的看法和在佳木斯或抚顺进行研究的学者对某一特定行业的看法，可以说都没有错，他们都认为这些城市自改革之初便陷入经营困境并裁减工人。我们的意思并不是说，他们的研究都不能对特定的因果机理进行细致入微的说明。我们的观点是，如果使用一个单一的个案来研究所有的议题，我们就没有办法知道谁是对的，或者就像这个例子所说明的，就没办法知道他们双方的看法对于与该地区相关的一系列问题是否有用。

第六节 在中国做系统性次国家层面比较研究与单一个案深入研究及多个案的大量（Large-N）研究比较后产生的一般性问题

也许我提出的次国家层面比较将宝贵的实地研究资源和时间搞得太分散了。也许如果我将所有的时间都花在上海，就可以在那里进行更多的访谈，做大量的档案研究，去分析当地专门的定量数据。但是，对于从事比较研究的学者来说，在到达某一点之后就必须来一个“海龟大翻身”①。为了了解上海而去了解上海所有的事情，这看起来有价值，但是它本身并不能提高比较政治的研究水平。

无论我们从某个个案中得到多少细节，它都不能帮助我们从这一个案中总结出概括性规律。如果我们的目标就是要得出概括性，那么，运用海默尔（Heimer）所提倡的单个案多地点研究方法并不能对我们有太多帮助。即使我们对多个地点做了研究，并且把这些地点当作一个统一的整体来看待，我们也决不能贸然地猜测我们的调查结果能够有多大的概括性，这一点在中国也不例外（除非我们能够对这个国家里所有可进行实地调查的地点中的很大一部分都进行了研究）。通过分析单一单元或个案，我们至多能够指望得到的就是提出一些可验证的、看似有道理的假设，之后再通过更加严谨的比较研究对这些假设作出评价。

公平地讲，从提出假设到验证假设的这条漫长的道路上，我所提出的这种比较分析仅仅是其中的一小段路程。鉴于数量有限的样本，缺乏对研究地区人口的真实了解，甚至无法估计所得出结论的正确性概率有多大，在这种情况下，我所提倡的次国家层面比较研究在验证假设方面远不及大量样本定量研究方法。然而，次国家层面比较可以让我们清楚地知道某些分析在何地与何时是有效的。换言之，它可以让我们就有关背景变量和前提条件提出一些假设，并对它们进行评估。这种方法还可以帮助我们清理和调整人们围绕个案中不同地区人口提出的不同看法，从而提出更微妙的、因果关系更严谨的、更具内在相关性的假设。最后，通过研究中国国内的若干个案，能够避免让我们从单一个案的现象解释出发，做出无效的

① Geertz，1973，p. 29.

以偏概全的概括分析。

这并不是说，在任何情况下我们都反对采用单一个案研究。对一个单一个案进行深入研究，可以比大多数次国家层面比较研究方法获得更多的细节，比任何其他研究方法都更有助于阐明因果机理的细微特征，使人们能进一步完善和澄清一些概念。这样做的好处是有利于概念形成和说明因果变化机理，而不利之处在于说明和概括问题的能力方面会有些差强人意。

在这个研究范畴的另一端即是对中国地方进行大量的定量研究。这项工作可以通过利用统计数据信息（公开发表的或者是研究成果）、各种类型的调查所获得的数据，或兼取二者来完成。这种研究方法可以更严格地验证假设，涉猎比次国家层面比较研究更广的调查范围，而且还可以用数字来说明分析结果的真实程度和研究成果具备的概括性。

虽然这些方法在研究中国政治方面具有许多明显的优点，但还是有一些因素削弱了它们的吸引力。首先就是可操作性问题。在中国很不容易获得优质的定量数据，恰如获得优质的定性或访谈数据一样困难。但是，获得定量数据在资金方面的成本要更高（这一点对该领域的在读研究生尤其重要），对于外国研究者来说，与收集定性数据相比，他们收集定量数据的过程会受到更加严格的限制。为了能得到优质的定量数据，外国研究者需要得到相对雄厚的资助，还必须与那些特别有能力和有毅力的中国合作者一起工作（值得庆幸的是，这类人的数量近年来越来越多）。

其次，在中国还有其他一些影响因素，比如要想获得或收集准确的定量数据是有相当难度的。我自己对下岗工人数量的研究就是一个例子。不同行业和地区在登记下岗工人的数量上各行其是，常常背着国家的指导方针另搞一套。另一方面，在20世纪90年代和2000年后的前期，国家的指导方针每隔几年也会改变，这就使情况更加复杂。最后，他们提出的失业报告中充满了谎言，还受到腐败和政治的影响，一些企业负责人和地方官员故意夸大失业情况，而另有一些负责人和官员则故意轻描淡写；更高级别的官员在把下级部门报上来的数字转交上级之前，常常会按照自己的意思“修改”这些数字，不一而足。考虑到下岗问题的政治敏感性，要想就失业问题进行第一手的调查，是很不容易的。即便可以进行这种调查，在选择调查对象上也会遇到很大麻烦，此外要想搞清楚被调查对象的回答也具有一定难度，因为很多人对问题的理解是不同的。

第三，尽管大量研究方法对有些问题很有效，但它并不是万灵药方。就像次国家层面比较存在局限性一样，大量研究方法在分析因果机理、提出概念和在最微观层面探索错综复杂的政治和社会互动影响方面也存在局限性。虽然我支持在有关中国政治的研究议题上采取定量方法，但是这种方法并不是对所有议题都是最好的。更有趣的是，中国政治研究领域也可能存在一种规律，对它来说，有时用这种研究方法最有利，而有时用另外的研究方法最有利。

我的建议是，对于相对较新的研究议题，次国家层面比较分析有可能是最好的研究方法。之所以这样说，是因为它既考虑到用提出假设的方法来深入研究机理和概念，同时又能对分析说明的普遍规律进行评估。一旦我们获得了可以对某些普遍规律进行验证的假设和对因果机理的新观念新认识，我们就可以用定量研究方法来验证各种不同观点的有效性和概括性，并通过单一个案深入研究或民族志研究方法来进一步完善我们对于概念和因果机理的理解。

第七节　结论：一项在中国工人研究领域之外进行系统性次国家层面比较研究的计划

如果一种方法或研究方式只能被用来解决一些专门的问题，而不能用于其他问题，那么这种方法就算不上是一种全面的方法。那么，除了研究中国问题以外，人们怎样才能将上述系统性次国家层面比较方法应用到其他问题的研究上呢？最基本的回答是，研究者可将国家层面的个案分解为次国家层面的、次人口层面的更小个案，从这些次人口层面个案中选取有代表性的个案，阐明他们挑选个案的规矩，仔细认真地找出其普遍规律，避免对研究成果做出过于宽泛的概括或者是狭隘的概括。当然，我们这样泛泛地谈论方法并不能完全使人满意。

如果一个研究人员决定要进行次国家层面比较分析，我建议采取四个具体的步骤，让他的分析更具系统性，研究结果更为清晰。首先，研究人员应考虑采取各种方式将国家层面个案分解为更小的、次人口层面个案。按照次国家层面政治单元进行划分，并不总能保证得到最好的次国家层面个案或次人口层面个案。同样，政治、经济、地形或语言/民族地域也不一定就是自然的、合适的划分标准。次人口层面个案的确定和其分解的程度，都必须根据研究问题的实际情况来决定，而且其合理性要得到学者的论证。为完成好系统性次国家层面比较研究，研究人员并不需要去研究每一个可能相关的次人口层面个案，但他必须明确地论证他为何选择某些个案，为何放弃某些个案。

其次，在出发进行实地调查之前，研究人员最好对与研究个案相关的次人口层面地区，以及这些研究个案在该地区的代表性有一个清楚的了解。虽然在出发时带着一份事先准备好的研究个案清单是不现实的，而且从笔者的经验看也通常是不明智的，但当一个好的个案显现出来时，研究人员必须能够看清它，并明智而又准确地分配自己宝贵的实地调查时间和资源，避免把它们花在不相关的事情上，使自己始终不偏离那些能够说明次人口层面地区情况的个案。在开展研究之前，就针对需要研究的每个次人口层面地区，列出有代表性的个案的特征，甚至是列举具有代表性的个案，是非常有用的步骤。

再次，研究人员需要更加关注自己所提出的理论的界限，避免做那种无效的以偏概全的概括分析，也要注意不要低估了自己研究成果的概括性。他们可以通过强调和确定自己用于界定相关次人口层面地区的前提条件和标准，来达到上述两个目标。我们的目的始终应是提出可验证的观点，而不是一些无法辩驳的、似是而非的说法。通过告诉未来的其他研究人员，在何种情况下哪些数据可被用来准确地验证何种理论，学者们应帮助人们提高有关的知识，促进在这个领域中有益的争论。如果不这么做，就会阻碍该研究领域的进步，也会让自己的研究成果发挥不了其真正的价值。

最后，重要的是，不要对中国这个更大的研究单元视而不见。对于从事次国家层面比较研究的人来说，多想一想一些特定的前提条件是如何和为什么会出现在某些国家里是非常有用的，同时也可以想一想在其他国家里挑选次人口层面研究个案时，与此类似的前提条件是否会很重要，它们为什么会变得重要。通过这种做法，研究人员可以提出一些至少能做调整的“中间假设”，以及一些从他们实地调查中获得的更扎实的，但有局限性的“真实”假设。假如用来确定次人口层面地区的模式和为中国研究挑选优质个案的模式对于研究俄罗斯或者巴西确实有效或者无效，那么这个结论至少对中国学者，对俄罗斯和巴西专家来说都是很有意思的，就像我们的研究得到的特殊成果一样有意思。

通过采取这四个步骤并坚持公开探讨个案选择和其他问题，研究人员不仅可以在有关中国政治的研究中发现一种更成熟的系统性次国家层面比较研究方法，而且还可以推进中国研究领域与比较政治这个领域中更广泛的学术争论和对话相互融合。通过使我们的研究更容易被非中国研究领域的学者所理解，强调我们的更具概括性的假设和研究成果，提醒人们注意为什么我们认为自己的研究成果具有概括性，以及在中国和其他地方用哪些数据可以验证我们的观点等办法，我们就可以在比较研究这个大的框架下，进一步使我们研究工作变成一种“规范性的次领域”，也许，我们甚至还能让更多的非中国研究学者关注我们在中国研究领域取得的重要成果和论据。

（赵明昊译　段若石校）

第三部分　调查方法

第九章

对中国政治调查研究的调查：我们了解到什么？[*]

墨　宁（Melanie Manion）

尽管官方（除此之外别无他人）仍对抽样调查这项工作持怀疑态度，可是在这种政治环境之下，有关中国政治的代表性抽样调查（representative sample survey）的数量在过去20多年中还是大幅度增加了。80年代，在中国大陆境外培养和居住的政治学者仅仅完成了两项此类调查，而在90年代，这类调查的数量增加了十多倍，而且至今仍在稳定增长。到2008年年中，已发表了大约60余篇论文、书和书的章节，它们均取材于对中国政治的代表性抽样调查结果的原始材料，其中有很多论文曾刊登在政治学和该研究领域的一流学术刊物上。本章将对这些调查及其学术成果作一番综述，简要说明概率抽样调查（probability sample survey）的侧重点，并介绍研究者进行调查时所遇到的变幻莫测的政府管制。最重要的是，本章将评价这些调查所取得的成就，关注它们的累积性（cumulativeness）、对知识的贡献以及它们在中国研究领域中的适用度。本章并不是关于如何在中国大陆进行中国政治调查研究的入门读本。①它是一份情况报告，提出了一些对这类研究的想法，其目的除了满足研究者之外，还要尽量满足一般用户（和非用户）的需要。

---

* 感谢肯特·詹宁斯（Kent Jennings）和李侃如（Kenneth Lieberthal）对我前一草稿提出的建设性意见。

① 要想得到全面的了解，请见史（Shi：1996）和唐文芳（Wenfang Tang，2003，2005）的书。有关少数民族参加的调查情况，请见霍迪（Hoddie：2008）的书。关于调查中的不回应情况，请见朱（Zhu，1996）。关于政治敏感性，见本书第14章蔡（Tsai）的文章。在利用调查数据撰写的新专著中，在迪克森（Dickson：2008）的书中可以找到人们对方法的深入讨论。

截止到2008年年中，由在大陆境外的政治学者撰写和发表的英文专著和同行学术刊物举不胜举，我从中挑选出一些利用原始概率抽样调查数据完成的研究成果。对于那些合写的著作，我按照这些条件挑选时要求作者中至少要有一位是政治学者。即使这样，我敢肯定，在这一过程中，还是会遗漏某些相关的研究成果，但是我认为不会漏掉那些在政治学或中国研究领域的主要期刊发表的代表性研究，以及任何由大约六位主要学者参与的对中国政治进行的调查研究所取得的成果。在本章，笔者将重点集中在原始调查研究成果上，而不是那些靠其他人提供的数据进行分析的政治学者们撰写的一般性文章。也可以这样说，靠分析少量的现成数据资料进行的研究工作也是中国政治调查研究相对不成熟的表现，这是一个值得探讨的话题，我将在下文有所论及。

第一节 概率抽样调查

中国大陆地域辽阔而多元，因此，我们的实地调查只能做到管中窥豹，所观察到的无疑只能是一小部分不同的行为体、观念和活动。此外，中国正经历着飞速发展，我们所看到的只是在瞬间发生的事情，它也许恰好与我们关心的事情相关，也许不相关。在更多空间点和更多时间点做的观察使我们更加相信我们所看到的情况是正常的，问题是客观存在的，而且无法从根本上得到解决。如果我们的目的是对所观察的结果进行概括的话，那么，把概率抽样调查作为一种研究方法就更具有说服力，那就是：如果不能从足够多的观察中进行概率抽样并运用推理性统计分析，我们就不能说我们的实地调查结果具有概括性。

概率抽样调查指的是，进行调查的研究者随意地将一些地点和个体调查对象选入研究样本。这使研究者可以回答有关抽样人口的一些基本问题。更确切地说，虽然这样做对人口的特定估计值不同于全面且精确的人口普查所提供的统计数据（这是根本做不到的），但是概率抽样方法能够让研究者将他们的估计值与一定的确切度（通常是95%或99%，也就是在某种氛围内的确切的人口数值）进行比较。相反，运用非概率抽样方法做的人口估值会莫名其妙地与使用这种方法做出的人口估值产生差异。

在中国大陆，对地点进行概率抽样并不是特别困难的事（实际上它比在选定的地点进行调查研究容易许多，因为后者需要地方当局的配合）。实际上，日益增加的人口流动性以及过时的户籍登记资料，才是使人们在中国大陆的某个选定地点对个体调查对象进行代表性概率抽样变得更加困难的原因。[①] 所以我们对调查研究做的调查显示，对中国政治的调查研究几乎都没有选择那些具有全国代表性的抽样地点。大多数调查都是在地方上进行的概率抽样调查，也就是说为了方便起见，在一个或者若干地点对个体调查对象进行概率抽样。当然，从某一单方面对一地进行的概率抽样调查，也能够得出当地人口的概括性统计数据。这些描述性统计数据（不同于运用非概率抽样方法选择当地受访者得到的数据）是对当地人口的不带偏见的估值，它们仅适用于在这个地点。尽管如此，地方性概率抽样方法还是能够使研究者去概括超出该地区以外的一些问题，而这些问题是社会科学家们最感兴趣的，它们就是那些关于不同变量间关系的问题。[②] 实际上，考虑到中国的多样性以及变化速度之快，这些问题的确有可能在未来增加我们在这方面的知识。正因为如此，本章要谈的完全是概率抽样调查问题。

第二节　调查研究的管理制度

中国的高级官员最初对中国政治合作调查研究做出的官方反应从一开始就不祥地预示了这项研究工作的脆弱性：1990 年，中央要求北京大学的政治学者终止与密歇根大学合作进行的一个调查项目；国家教委没收了已收集的数据，并将其正式定为“国家秘密”。[③] 在这起事件发生后不久，中央就要求国家教委和社科院制定一套正当程序，以规范与境外学者合作开展的调查研究，但后来不了了之。1996 年中央再次发文，规定社科院和大学开展的调查项目中如果有境外学者参与，都需要报批，但这份文件并没有公布获得批准的具体程序。[④]

---

① 参见本书第十二章和第十三章的相关讨论。

② 这取决于在理论化的不同关系中，所作的分析不受地域特性的损害，见 Manion，1994。

③ 当调查者要把填好的问卷送至密歇根大学社会研究所进行编码和数据输入时，他们的要求引起了中国政府部门的关注。这个项目的资助方美国国家科学基金会（NSF）对于数据被没收一事，表示将停止资助任何与中国内地的合作研究项目。直到 1993 年年中，当官方把扣押的调查数据归还给北京大学以后，基金会才取消了这项禁令。对外输出的电子版数据组与填写完毕的问卷等“文件”看上去有明显的不同，见 Marshall，1993。

④ 我并未亲眼见过此份文件。我的陈述是根据与中国内地调查研究学者的讨论做出的。

从1999年开始，国家统计局负责制定、修订和解释一整套的管理制度，目的是统一管理所有在中国内地开展的、有境外研究者参与的调查研究，并把它定名为“涉外调查”。它指的是受境外组织或个人的委托或资助，由中国机构开展的调查。国家统计局的规定严格界定了市场调查与社会调查的区别，有关中国政治的调查属于后者，它受到更严格的管理，必须依照《涉外调查管理办法》（国家统计局2004年公布施行）执行，这一法规在很大程度上取代了1999年公布的更严格的临时举措。社会调查管理制度的关键之处就是调查许可和项目审批制度。

涉外调查只能通过大陆数百家获得涉外调查许可证的机构开展。[①] 只有国家统计局和省级统计部门有权颁发这种许可证。[②] 如果没有获得许可证的中国大陆机构参与，任何境外组织和个人都不准在大陆进行调查。

任何涉外社会调查在实施之前都必须获得批准。在申请时，除了要提交中国机构与境外组织之间签订的合同复印件之外，在申请中还需要说明调查目的、内容、范围、调查样本、方式、时间安排等内容，以及调查问卷的复印件。如果在调查之前计划出现变更，包括问卷发生变更，调查机构应当得到当局的进一步批准。国家统计局或省级统计部门应当自受理之日起十四日内，作出批准或者不批准的决定。在特定情况下，此期限可以延长十日。如果项目未获批准，必须提供书面说明。

与早先实施的临时办法相比，目前的项目审批制度已经是非常宽松了。[③] 2004年之前，中国的政治学者无法确切保证他们的境外合作者能够与他们分享调查数据。早先的临时办法不仅要求项目需事先审批，而且在调查结束后与境外人员共享数据时需要再次报批。中国当局可以根据新的政治形势来重新考虑这些调查数据是否属于保密。这就意味着批准进行调查并不等于承诺会允许调查者公开获得调查数据。

---

① 2000年，《中国日报》称已批准了29家机构可以从事涉外调查研究。国家统计局网站登记了近年来获得许可证的那些机构。我计算了一下，2004年是204家，2005年83家，2006年58家，2007年是186家。许可证有效期为三年。见 http：//www. stats. gov. cn/。

② 跨省进行的调查研究须得到国家统计局的许可。

③ 商业调查享有更为宽松的管理环境，只要调查是由获得许可的中国机构进行，这些项目都不需要报批。新办法为商业调查和社会调查创造的宽松环境，是因为大约半年前国务院颁布的一项决定的结果，而2003年通过的《行政许可法》进一步促进了这项决定的推出。见国家统计局文件资料（2004b）。

外国机构的评审委员会可能会对新管理规定中有关知情同意（informed consent）的要求表示赞赏。新规定要求，调查问卷表的说明中必须开宗明义地说明："受访者已经自愿同意参与调查"。国家统计局还明令禁止使用涉外调查来伤害任何个人利益，并要求调查要对调查对象的回应保守秘密。

然而，新出台的管理制度也给涉外调查带来了新的困难。国家统计局公布的一项说明（2004c）严格规定了需在调查问卷说明中标明的内容，在短短四行文字中"涉外"这个词出现了五次。几乎可以肯定的是，这些办法让调查对象和协助开展调查的地方当局都意识到这一项目有一定的境外联系。这种明显的提示有可能损害与政府部门的合作，也有可能影响调查对象的回应（评级和质量），或两者兼有。如果调查对象属于中国的精英阶层，那么这种情况就更容易发生了。

总之，与过去相比，如今境外政治学者所做的调查研究不再是那么容易受到干扰了。从90年代初期开始，管理制度上就取得了一些进步，而在过去几年中，这种进步非常之大。同时，有关中国政治的调查研究仍受到变幻莫测的中国政治的影响，特别是要看官方怎样看待政治敏感问题。[①] 调查研究者们，无论是否受到这些管理制度的管辖，大概都应当在开展研究时将政治形势纳入考虑范围。无疑，最后得出的结果就是某种折中办法的产物，这种折中通常会反映在问卷设计过程中。然而我可以说，在下面要论及的调查中，作为社会科学调查工作的诚实性至少没有受折中影响而打折扣。

第三节　对调查研究的调查

表9－1所显示的是一些对中国政治进行的原始概率抽样调查，它们是选自一些由政治学者撰写，截止到2008年7月发表在中国境外的英文专著和期刊论文。[②] 调查研究数量的增长是显而易见的，21世纪的第一个十年中的增长速度与90年代的速度持平，也反映了有更广泛代表性的学

① 唐文芳（Wenfang Tang，2003）认为，经济利益也可以部分地解释国家统计局为何不愿意进一步放宽审批标准。如果所有组织都可以开展涉外调查，那么，国家统计局定价昂贵的调查数据的市场就会萎缩。

② 虽然编了号的调查有32项，但其中调查15包含了六次年度调查，下文及本书第十三章将对此详述。表9－1见本书第122页。

者参加了这项工作。

在列出的调查中，只有三项具有全国的代表性，但正如下文将要谈及的，还有两项最近做的全国性调查并没有包括在表 9－1 中。其中大量的调查仅仅是在北京进行的，这样做虽然很方便，但是它并不是代表中国城市人口的典型样本。同时，也有一些调查很好地代表了具有地域多样性的中国农村地区情况，它们主要反映了学者对农村选举的兴趣。大部分调查都采取了面对面的访谈形式，但是有十项调查采取了自填式问卷（self-administered questionnaire）调查方式，通常有一位调查组成员在场回答受访者填表时的疑问。①

其中六项调查是按照纵向组合的，这对我们了解中国政治具有非常大的价值。有一项调查是一种准实验性设计，即调查 17 实际上是对同一个村子的村民进行选举前和选举后的调查。很大程度上，这种纵向研究设计方案很明显是想要考察快速变化的社会、政治和经济环境所带来的影响。调查 3 和调查 10 正如后面要讨论的，是一项小组研究（panel study）中相互关联的一对，这也是为了跟踪个人分析结果产生的变化，再度访问调查对象所进行的工作。剩下的四项调查采取了纵向跨行业方式：即研究者带着基本相同的问卷回到同一个地点，调查新的具有代表性的人口抽样。下文及第十三章所要论及的“北京地区研究”是这些调查中最重要的，因为它跟踪的是每年的变化。在调查 11 中，研究者再次用基本一样的问题，对 1996 年北京普通民众进行调查，它们与调查 2 提出的问题一样，都是关于民众政治参与。在调查 32 中，研究者在六年之后再次回到了那 8 个县，就同样的问题对地方官员和私营业主进行了调查。调查 8、调查 12 和调查 18 是针对北京普通民众进行的调查，它们共同的核心问题都是有关民众对政权、当政者和政策的政治支持。

此外，有几项研究系统地调查和比较了两类不同的人口群体：在北京的地方政府在职人员和北京普通民众②，村民和农村的各级政府

① 对三种精英阶层的抽样采用了自行填写的调查方式：退休官员在调查 1，地方官员和私营业主分别在调查 13 和调查 32，地方官僚和企业负责人在调查 14。这种自行填写的问卷调查方式也被用于对地方民众的调查，北京地区的在第 8、第 12、第 18 和第 31 号调查中，江苏农村地区在调查 23，安徽农村地区在调查 28。考虑到在中国大陆被调查者普遍较低的文化水平和对调查手段的不熟悉，这种自行填写的问卷调查方式也许更适于文化程度更高的抽样群体。

② 见陈 Chen，1999。

官员[①]，私营业主和地方官员[②]，村民和村委会成员[③]，村民和村干部[④]，城市工业企业经理和地方环保部门官员[⑤]。

在表 9－1 所包括的所有调查中，有五项调查代表了令人瞩目的成就，它们是有关中国政治调查研究的里程碑，其中包括由史天健主持下进行的调查 2、调查 4 和调查 6，每一项都以独树一帜的方式取得开拓性的成果。

在北京进行的调查 2 最初是被当作对一项全国范围内有代表性调查的前期测试，它是对中国普通民众首次展开的大规模概率抽样调查。[⑥] 它的设计理念在当时来说是独特的和具有争议性的。这是一个“正规科学”的大胆想法，作为一种实证的、可验证的问题，它提出了对于那些身处中国专制体制下的被动公民的看法。该项调查所使用的问卷很大程度上借鉴了比较政治领域中有关政治参与的一项经典研究[⑦]，目的是调查那些在当时容易被人忽略的活动，因为人们往往认为它们是不相干的（投票）、无政治意义的（工厂的任人唯亲问题），或是太过敏感以至于不能和陌生人讨论的问题（罢工、游行、抵制）。

调查 4 得到了美国国家科学基金会的支持，是有关中国政治的首次全国范围内代表性调查。实际上，正如内森（Nathan）和史（Shi）所言，这项调查不仅是在大陆地区针对政治行为和态度所作的“首次具有科学效力的全国性抽样调查”，也是首次在共产党国家进行的此类调查。这项调查的设计同样受到了比较政治学领域另一项经典调查研究[⑧]的启发，调查的重点是政治文化。它所要探讨的根本问题是中国文化与民主之间的关系。比如中国文化在何种意义上成为民主化的障碍？如果中国实行多党制，如何让在中国流行的各种价值观更受民众的欢迎，为政党上台创造机会？

---

① 见 Eldersveld and Shen，2001；Jennings，2003；Manion，1996。

② 见 Dickson，2003，2007，2008。

③ 见 Chen，2005b。

④ 见 Tan and Xin，2007；Zweig and Chung，2007。

⑤ 见 Tong，2007。

⑥ 这次全国性调查由于 1989 年 6 月的政治风波而中断。

⑦ 见 Verba，Nie，and Kim，1971。

⑧ 见 Almond and Verba，1963。

调查6借鉴了跨国比较调查的理念，并用它来研究三种中国政体的政治文化，对中国大陆、台湾和香港的中国人提出了基本上相同的问题。这是一项复杂的合作研究项目，9位来自美国、中国台湾和中国香港的主要调查者参与其中。这项调查与第2项和第4项的不同之处在于它在调查问卷中更加关注中国例外的情况。特别是，在这项调查中所考察的政治文化观念包含了儒家思想的特征，尤其是那种在道德境界方面的等级化价值取向。这个在大陆进行的调查涉及大量的二次抽样城市人口，以使其在统计学的意义上可与台湾和香港的样本进行有效比较。

第四项带有开拓性的工作是调查3，它是首次对中国农村地区的政治问题进行的概率抽样调查。[①] 这项研究还具有其他一些新特征，比如它使用了一些相同的调查内容对地方精英和普通民众进行调查，以便进行比较；派出一个小组于1996年重返该地区，对上次的受访者进行二次采访；以及派遣一个调查小组，其成员包括几位初次涉足中国政治研究领域的美国政治学者。[②] 这的确是一个极具综合性的多项调查，是经过10位拥有不同研究议题的中国和美国学者进行协商后得到的产物。

最后，调查7和调查15都属于“北京地区研究”，在本书第十三章中会专门论及。从1995年开始，“北京地区研究”每年都会对北京的普通民众进行一次调查。它以“底特律地区研究”和“芝加哥综合社会调查”为样板，具有相似的目的，那就是：从社会、经济和政治角度考察一段时期内发生的变化及稳定性，并了解它们之间的相关性。除了基本的问卷调查方式之外，“北京地区研究”还别出心裁地增加了由境外学者提供的问题组单元（modules of question batteries）。例如，约翰斯顿[③]探讨过

---

① 坦白讲，我参与了这个调查项目。1989年后的政治局势硬是让这个调查项目遭遇了不同寻常的挫折。

② 例如，詹宁斯（Jennings）著作的（1997，1998a，2003）以及和他的研究生合著的（Jennings and Zhang，2005；Jennings and Chen，2008）的几篇文章都是取材于这些调查数据，并且都发表在政治学和中国研究领域的一流期刊上。埃尔德斯威尔德（Eldersveld）与沈明明（Shen Mingming）合著（Eldersveld and Shen，2001）了一篇论文，沈是中国大陆参与这项调查的主要人物。

③ Johnston，2004，2006.

的，由约翰斯顿（Johnston）和斯托克曼（Stockmann）[①] 从问题组单元中提出来的外交政策问题。

除了上述五大具有里程碑意义的研究之外，还有两项最近完成的调查没有被列入表 9－1 中，尽管它们利用了“全球定位系统”（GPS）技术，在全国范围内进行地理空间抽样，并具有开拓性意义。这两项调查通过空间抽样得到了有代表性的抽样，包括居住在中国城市中超过 1 亿的外地人口的代表性抽样，这些人如果按照户籍记录的常规方式进行抽样，都会被忽略掉。[②] 2004 年进行的一项有关法制改革制度化的调查首次在全国范围内（包括西藏）运用了这种空间抽样技术，本书第 12 章对此要进行更加详细的介绍。2008 年，由得克萨斯 A&M 大学开展的一项综合性、多学科、连续多年进行的调查再次运用了这一技术。除了使用空间抽样技术之外，这项研究还有一点是值得关注的，即它在准备核心调查问卷时广泛地邀请了学术界人士提出问题。这一特点仿效了“美国国家选举研究”，它有可能是扩大调查研究领域的重要一步。[③] 因为截至 2008 年年中，这两项调查都没有发表成果，所以我未将其纳入表 9－1。不过很明显的是，空间抽样开创了在中国大陆进行新一代的调查研究，使调查研究工作本身很好地适应了不断的人口变化。[④]

表 9－1 所列出的所有调查都是境外学者与中国大陆合作伙伴进行合作的成果，他们的关系从全面合作伙伴关系到合同转包关系等不一而足。如表 9－2 所示，有几家机构是主要的中国大陆合作伙伴。首先是北京大学，特别是它的中国国情研究中心（RCCC），该中心和境外政治学者合作开展的调查次数最多。[⑤] 这反映（并树立了）出它作为中国大陆最强的学术调查研究机构的声誉。同时也说明了，北京大学的同学和密歇根大学

---

① Johnston and Stockmann，2007.

② 关于在中国大陆运用 GPS 技术进行空间抽样以及这种方式相对于常规抽样的长处，请参见本书第十二章以及 Landry and Shen，2005。

③ 在调查内容中还加入了调查核心小组之外的 11 名学者提出的问题，坦白讲，我本人就是得克萨斯 A&M 大学中国调查委员会的成员。

④ 对法制改革调查数据的分析文章，见《中国评论》（*China Review*）特刊，第 9 卷第 1 期（2009 年春）。

⑤ 2000 年，北京大学中国国情研究中心承担了“世界价值观调查”在中国大陆的调查工作。

的校友有着密切的联系，它成为联系中国大陆和美国研究者的纽带。① 另外中国人民大学也与境外学者有频繁的合作关系。

虽然我们可以看到许多非学术性市场调查公司，而且其中有些还做过著名的美国市场调查（如零点调查公司承担了皮尤的调查项目），但是研究者却很少与它们进行合作。这是因为尽管商业公司受到的政府管制会少一些②，但是它们并不乐意用自己的生计去冒险做明显带有政治色彩的议题。学术调查工作更多地依赖学术上的合作者也反映他们之间已形成的紧密联系和共同的学术兴趣。此外，商业公司在与客户分享有关抽样设计和调查实施的细节方面不是那么开放（透明度低），这使调查研究者很难评估它们提供的数据的质量。

值得指出的是，表9－1所列出的逾1/3的合作调查项目都没有特别指明中国大陆合作伙伴的名字。这也许说明，他们的合作关系不符合中国政府对调查研究提出的所有官方标准。每当中国大陆的合作者的名字被隐去时，在有关研究方法的附录中都会含糊其辞地说明这是“经双方同意”或由于“政治敏感性”。无论是什么原因，缺乏透明度是令人遗憾的一件事。表9－1列出的很多学术期刊文章都没有提供足够信息，因此很难判定这些调查研究的质量。③ 匿名可以提供一种保护，而表明身份则能够促进作者责任感。中国政治调查研究是一个相对较新的领域，为了使它更加成熟，作者责任感对于成果的质量是特别重要的。此外，虽然隐匿作者姓名在难以捉摸的政治环境下能够保护大陆合作者，但这种做法也剥夺了学者们树立自己声誉的机会。

采取这种方法与中国大陆合作伙伴进行合作，也造成了我们很难从表9－1列出的调查中获得公开可用的数据资料。只有调查2、调查3和调

① 沈明明（Shen Mingming）是北京大学中国国情研究中心的创始人和主任，他毕业于北京大学，后在密歇根大学获得政治学博士学位。史天健（Tianjian Shi）、唐文芳（Wenfang Tang）和童燕齐（Yanqi Tong）是他在北京大学的同学。迪克森（Dickson）、约翰斯通（Johnston）和马尼恩（Manion）是他在密歇根大学的同学。

② 见本章第106页注释④。

③ 一般来说，专著对研究方法的介绍会好得多。正常篇幅的期刊论文提出的写作要求，肯定会迫使作者放弃对方法方面的详细描述，以保证对实质性内容的阐述。

查6的数据是存入公共档案的。[①] 调查25的数据资料可从作者的网页上获得。调查16、调查17和调查21的数据资料可以向作者提出要求索取。[②] 在这种大环境下，难怪人们对现成数据资料的分析如此稀少。在对这方面情况进行调查时，我发现仅有几篇论文在分析数据时，使用的要么是上述数据资料中的数据，要么是存档在“世界价值观调查”和“亚洲晴雨表”（Asia Barometer）中的数据。[③] 总之，对于研究者来说，有关中国政治的调查研究过程的每一步，从调查设计到分析再到撰写文章，都有其特有的规矩。要说有什么分工的话，那就是大陆合作伙伴在实施调查过程中的分工。那些向政治学者提供越来越多资助的机构，都期待在过一段时间后就能够获得公开的数据，这也许能成为一种压力，使目前的这种状况得到改变。定期开放存档的调查数据将标志着中国政治的调查研究开始成熟。

第四节　内容和知识积累

在中国政治的各种调查研究成果中有哪些重大研究议题占主导地位呢？调查研究对于中国政治领域贡献了什么有价值的知识呢？当调查研究者涉及的是相同或相似的议题，他们是否会相互争论呢？他们为此而积累的知识能达到什么程度呢？

在表9-1所列出的所有研究中，据保守估计，要有超过一半的研究

① 调查3的数据可以在密歇根大学政治与社会研究校际联合会的档案中找到。调查2和调查6的数据被保存在得克萨斯A&M大学“中国档案”中。用于补充调查6的台湾和香港方面的数据被保存在台湾大学。

② 当然，即使有些学者并未公开他们的数据，但他们可以根据个人的请求，公开这些数据。例如，肯特·詹宁斯（Kent Jennings）和我就公开了1990年对地方官员所作调查的数据，该调查是对调查3中对农村地区普通民众的调查的补充。唐文芳（Wenfang Tang）公开了调查5和调查19中的数据，还公开了1987—1989年间和1991年中国经济体制改革研究所在33—44个城市进行调查的数据，他们在自己的书（Tang and Parish，1996，2000；Tang，2001a，2005）中对这些数据进行过分析，以及中华全国总工会在1997年进行的一项调查的数据，唐在其书（Tang，2005）中分析过这些数据。（个人交流，2008年6月12日）

③ 郭（Guo，2007）和霍迪（Hoddie，2008）的书中都分析了调查6的数据。唐（Tang，2005）和王（Wang，2007）的书中分析了“世界价值观调查”的数据。张（Chang）、朱（Chu）和蔡（Tsai，2005）合著的书以及王正旭（Zhengxu Wang，2006，2007）的书中分析了“亚洲晴雨表”的调查数据。

可以归为民主化的研究。在关于中国政治的调查中，最流行的一个议题就是乡村选举，在定性研究中，这也是个流行的议题。在早期进行的一些调查研究就是以它为议题，这种情况至今越发盛行。这一议题吸引了更多调查研究者的关注。因此，在这里对有关乡村选举的调查研究问题和成果做一简要总结是一个很有意义的起步。

有若干研究①想说明在全国范围内实施1987年通过的《村民委员会组织法》的过程中在农村地区出现的巨大变化。这些研究将基层民主化当作依据的变量，把乡村选举民主看做是一种选举竞争。有更多的研究探索的是乡村选举民主化产生的影响。这些研究还为选举质量制订了更加精细的考量标准，把它们看做是一系列参考变数，其中包括选举竞争和其他情况。尽管他们将关注点集中在这类关系的不同部分，但总的来说，他们的成果都符合一个前提，那就是：选举机制加强了精英与大众之间的联系。特别是，具有较高民主质量的乡村选举产生了以下一些积极成果，它们包括村民和村干部之间在许多问题上的观点更加一致②；村民有更多机会通过村干部来表达诉求③；村民对选举过程感到满意④；更好的外部影响⑤；认为村干部是公正的⑥和值得信任的⑦；村民对政治更加关心，了解和乐观⑧。实际上，这种通过在不同时间、不同地点，由许多学者使用不同考量标准所作的调查，积累了大量的证据，他们最后做出的总体结论并不是令人特别吃惊。

其他研究表明调查研究者在积累有关中国政治的知识方面积极地相互争论，而且还表明所有涉及中国政治的调查都不仅仅是做理论证明，它还带给我们新奇的发现，从而为知识宝库作出重要的贡献。有三个例子可以很好地证明这一点。

政权支持度方面的有力证据就是第一个例子。90年代在三个不同时

① Oi and Rozelle, 2000; Shi, 1999a.

② Jennings, 2003; Manion, 1996.

③ 见Li, 2002。

④ 见Kennedy, Rozelle, and Shi, 2004。

⑤ 见Li, 2003。

⑥ 见Kennedy, Rozelle, and Shi, 2004。

⑦ 见Manion, 2006。

⑧ 见Tan and Xin, 2007。

间点对北京普通民众所作的调查都得到了相似的、出人意料的结论：虽然政府的施政表现只得到有限的支持，但是出于普通中国人崇尚精英统治和权威的习性，中共政权仍享有广泛而有力的合法性[①]。同样，在对中国政治的首次全国性的代表性调查数据进行分析时，内森（Nathan，1996）和史（Shi，1996）发现，只有很少的一部分人支持结束共产党的领导，即便是在那些支持民主的中国人中间也是这种情况，这种观念倒是更加符合中国传统的领导观念，而不是多元主义。后来，史（2001）在分析另一个对在大陆和台湾地区的中国人所作调查数据时，又在其有关政治信任的比较研究中得出相似的结论：在中国大陆，建立在传统价值观基础上的政治信任是强有力的；而在处于民主化过程中的中国台湾，这种政治信任更要看当局表现如何才能决定。[②]

第二个例子取自于中国的企业界和政府关系的一项调查。迪克森认为，中国的资本家既不相信，也不参与那些对中共政权构成挑战的活动。[③] 那种认为他们在反对执政的共产党方面可能成为积极分子的说法并不成立。此外，"红色资本家"并没有在现行政治体制中被过度忽略。[④] 根据对全国进行的一项有代表性调查数据的分析，凯利·蔡得出了相同的结论：中国的民营企业家并没有成为一个可对政府构成挑战的有政治话语权的阶层（或许能拥有一种普通的阶级身份），而且在近期内也不会成为一股竞争势力。[⑤]

最后一个例子来自于政治参与的一项调查研究。正如史在他的早期研究中所指出的，普通中国人的政治参与是广泛而深入的，并不仅仅是一种形式主义。[⑥] 而且，这种政治参与的深度和范围在增加。[⑦] 詹宁斯则证实，这种频繁的、多样的和自主性的政治参与行为正在向中国的农村地区扩展。[⑧]

---

① 见 J. Chen，2004；Chen，Zhong，and Hillard，1997；Zhong，Chen，and Scheb，1998.

② 与此有关但不完全相同的是 Lianjiang Li 在其（2004）出版的书中，比较了人们对各级政权的政治信任度，结论是：对中央政府的政治信任大大高于对较低级别政府的政治信任。

③ Dickson，2002，2003.

④ 见 Dickson，2007，2008。

⑤ Kellee Tsai，2007.

⑥ Shi，1997.

⑦ 见 Shi，1999b。

⑧ Jennings，1997.

第五节　不同看法方面的例子

以上提及的几个例子表明，调查研究者在积累知识过程中会产生不同意见。另外一个更加生动地说明这种相互争论的例子是《政治学刊》（*Journal of Politics*）上发表的两篇文章，它们就同一个问题提出了看法迥异的理论框架、假说、实证检验和研究结果，这个问题就是“为什么中国人会在地方人民代表大会选举时投票？”① 陈、钟和史②提出的报告都特别耐人寻味，这是因为双方之间的这场辩论是根本性的、清晰的且毫不掩饰的。有鉴于此，我们在这里专门讨论一下他们的争论是值得的。

两篇文章对不完全（partial）选举改革的观察和定性大致是相同的，那就是：地方人民代会选举虽然是半竞争性的（semicompetitive），但它仍处于政治大环境之下。两篇文章都认为，中国选民是理性的，能在现实条件下最大程度地追求自身利益。两个研究都对出席地方人代会选举的选民进行了多元分析，也考虑到绝大多数同样的社会经济变量。史（Shi）运用了1990—1991年间在全国进行的代表性调查数据来检验自己的假设，陈（Chen）和钟（Zhong）则运用的是1995年12月对北京市居民的调查数据。

最有趣的是，两篇文章在一开始就提出对于当代中国政治根本不同的看法，这反映在它们对于在不完全改革前提下发生的投票行为所给出的完全不同的假设中。不同看法的关键之处在于，需要有多大程度的制度变革才能带来选举行为上的改变。史认为，制度上的少许变革都会经历一个相当长的过程，与过去那种根本没有竞争性的选举相比，中国选民已发生了相应的变化。在选举中虽然候选人的数量很有限，但这毕竟是在制度上发生的相应变化。而陈和钟认为，关键是要和在中国并不存在的自由民主体制下的选举对比才能看出变化。虽然选民可以在候选人之间作选择，但当前的管理制度并没有动摇共产党对选举的管控以及在意识形态上的主导地位。在这种大环境之下，中国选民获得的唯一重要的新选择就是放弃投票。概括讲，史的假说认为，虽然仍处在集权领导的大环境之下，但能在

① Chen and Zhong，2002.

② Shi，1999c.

投票中作出选择就意味着选民与选举具有相关性。与之相对，陈和钟的假说则称，在集权领导大环境下，能在投票中作选择与选举本身并没有多大的相关性。

或许，他们提出的假设和最有意思的结果都与民主倾向和政治效能对选举的影响有关，在这一点上，两篇文章的观点也是不同的。陈和钟假设并发现，具有更强烈民主价值观和内部政治效率感的中国人更不愿意参加地方人代会的选举（处在专制环境下），这与那些民主思想较弱和不太注重内部政治效能的人形成对比。史（Shi）的假设和发现则与之相反。在反腐情绪和年龄、教育程度等社会经济变量对投票行为的影响方面，双方的分析也得出了不同的结论（不过都符合他们各自的假设）。

这些区别反映在三个与中国政治调查研究有关的问题上。首先，也是最明显的区别是，不同的学者可以从同一点出发，但对于他们所观察到的情况的含义提出极为不同的假设，而不同的假设看上去似乎都是有道理的，甚至在道理上难分伯仲。实际上，陈和钟文章的最有趣之处是他们重新构架了不完全政治改革，也就是说，他们提出了一种不同的方法来看待这种半竞争性的人代会选举，它与史提出的构架、假说和成果截然不同。关于第二个问题，如果不仔细阅读两篇文章，就不太容易看出来，有趣的是，这两种构架在调查研究中得出的相对立的假设都可以得到验证，不过前提是这些假设是在一种真实竞争的环境下提出的。虽然在他们的社会经济考量方面，两者的模型几乎是相同的（虽然陈和钟并未考虑党员资格问题），但其他方面的变量在考量标准甚至是概念定义方面都是完全不同的。[①] 此外，史未将民主倾向因素（或对政权的支持度）纳入多变量模型的考量，也就是说，他仅在双变量分析中考虑了这一因素，这样的话，在进行对比时，它就不能成为一个有力的验证成果。当然，陈和钟并不想贸然模仿史的模型，但与此同时，鉴于考量标准的区别，他们并没有提出一种和史的模型尽量相似模型，从而错失了做出一个有说服力的对比并进一步增进该领域知识的机会。[②]

---

① 在内部效能和反腐支持方面的确是这种情况。例如，陈和钟在考量内部效能时，只把问题集中于工作场所（而不是国家）的政治；史在标明内部效能方面采用了两种考量指标。陈和钟评估的是反腐措施；史考量的则是地方官员滥用职权。

② 要完成这项工作并不难，只需使模型中包含党员资格这个考量指标，排除民主倾向和政权支持等指标。当然，内部效能和反腐支持这两种考量指标仍然有细微差别。

第三个问题可能是最重要的。如果在1995年在北京进行的数据调查中完全照搬史的模型，也许会产生与史的论文非常不同的结果。因为调查的对象是两个极为不同的群体，也就是说，史的全国性抽样涵盖的是70%的农村地区，这与受教育程度更高，政治见识更多的北京居民相比，可谓天壤之别。调查的时间也是非常重要的。对于史的调查对象来说，他们所经历的最近的人民代表大会选举是在一个更为自由的环境（1986—1987年，或1988—1989年）中进行的，这与北京居民所能回想起来的1995年举行选举时的环境完全不同。更普遍的值得注意的一点是，在思考不同变量之间关系以及解释统计结果时，不能脱离相关的大环境。中国变革的节奏和不均衡要求我们多注意地理和时间上的多样性。我们在过去就已经强调过这种多样性的含义，比如纵向研究的价值。对于那种要在不同类型地区进行的大规模调查来说，它意味着我们在统计模型中要考虑到地理多样性因素。最后，这也是对我们的一种提醒，那就是在不同环境下仍需要用事实去检验已做出的研究成果。

第六节　调查研究与地区研究

如果说调查研究者这个小群体的确是在从事于构建有关中国政治的，珍贵的而又在不断积累的知识，那么，使用这些调查研究成果的群体会有多大呢？无疑，以调查为基础的研究在政治学这个领域已经占据了重要地位，表9-1所列出的十多篇文章都是在政治学的顶级刊物上发表的。那么，虽然以调查为基础的研究和以档案文献及定性研究为基础的研究在中国研究领域都有长久的传统，但是它们之间的区别到底有多大呢？表9-1所列出的46篇论文中，有26篇发表在中国、东亚或亚洲的专刊上。[①] 虽然这种情况没有明确回答上述问题，但它也并没有表明两种研究之间存在着深刻的区别。即使我们认真阅读表9-1所列出的文章，也不会发现它们之间有什么太大区别。

以调查为基础的研究具备的绝对优势是，不管它们发表在什么地方，它们的研究议题（和研究成果）在政治学领域和中国研究领域都占有重

① 发表在《当代中国》（*Journal of Contemporary China*）上的文章最多，有10篇；其次是《中国季刊》（*China Quarterly*），有6篇。

要地位。虽然有少数研究在工作中不重视以调查为基础的研究方法，没有包含更宽泛的实证性和理论性内容，只是在中国研究中才运用传统的定性研究方法，但是从整体的研究内容来考虑的话，没有人能够忽视定性研究的重要性。所以在提出研究议题、证明其重要性、解释统计成果时，研究者一般都会在一定程度上采用定性研究方法。

从事定性研究工作并不能保证用同样方法研究中国政治的研究者成为自己的读者。人们总是希望，发表在地区研究刊物上的研究成果应当更加浅显易懂，而不应仅为那些接受过研究方法质量评估训练的学者所理解。虽然大多数文章都不能像内森（Nathan）和史（Shi，1993）那样长篇大论地教给读者这样去分辨调查研究的优点，但它们的确在努力向读者说明（也许出于编辑上的考虑）自己的实质性成果。

在我看来，另外一个更加严重的问题是过度使用说明性的统计数据，因为这种数据相对浅显易懂，它们会促使人们去随意使用。在表9－1所列出的研究报告中，将近1/4的研究成果都完全是或主要是说明性的，它们都缺少多变量模型评估或推理性统计分析。① 虽然扼要的说明性统计数据对于分析是有用处的，而且当调查数据具有全国范围的代表性或当它有助于进行跨时段、跨群体的有效比较时，它们都具有其内在价值，但很多说明性统计报告都缺少多变量模型评估或推理性统计分析的特征。即便考虑到地区研究领域的读者有限的水平，也并不意味着就应该放弃这些特征（或自觉放弃）。虽然在地区研究领域专刊中可以找到很多有这种特征的研究报告，但这并不能为一些刊物回避更加复杂的研究成果进行辩解。我们看到在地区研究领域专刊上共发表了26篇以调查为基础的中国政治研究文章，其中有19篇运用了多变量模型并进行了推理性统计分析。

最后，虽然以调查为基础的研究也涉及到定性研究，但几乎还未有什么研究项目把定性研究和调查研究结合在一起使用。也就是说，如果这不算是理论上的分歧的话，也许应该算是一种人力分工。最近有两个受大家

① 这些发表的文章中，有一部分探讨了双变量关系，但大部分都仅是提出了在单一层面的描述性数据。其中一半以上的文章都是近年发表的（2005—2007年），所以这些学术研究并不是仅仅醉心于复杂的研究方法。值得指出的是，我在这里使用的标准（多变量模型或推理性统计）绝不是一个太高的标准。

欢迎的例子，它们就是凯利·蔡（Kellee Tsai）[①] 和莉莉·蔡（Lily Tsai）[②]所做的两项研究。凯利·蔡在一项大规模的、全国范围进行的代表性调查中，对地方官员、私营业主和大陆学者进行了300多次深入的定性访谈，目的是要描述并说明中国“资本家”和政府关系中的“非正式适应制度”(informal adaptive institutions)。莉莉·蔡的研究主要是在中国农村地区展开，规模也比较小，她通过对某一省的几个村庄进行的个案研究，写了一篇论文，论述“团结群体”（solidary groups）在公共商品供应上的作用，然后又通过在四个省的300多个村庄做的知情人调查（informant survey)，收集到政府管理方面的数据，并用这些数据检验她所提出的假设。这两项研究都是令人印象深刻的例子，它们成功地运用了多种研究方法，使其研究成果内容丰富。考虑到篇幅上的限制，要想在一篇期刊论文中将定性和定量研究成果放在一起来谈是很难做到的，但是墨宁（Manion)、肯尼迪(Kennedy)，特别是李（Lianjiang Li）却做到了这点。[③]

第七节 结论

目前有关中国政治的调查研究的情况到底怎么样？本章的结论是，我们有理由对这一事业持乐观态度。最重要的是，调查研究所取得的成果表明，这个领域的研究者正积极努力，创造出宝贵的、数量不断增加的有关中国政治的知识。与此同时，这个学术群体也并没有忽视通过定性的实地调查或非调查性质的定量工作方法，来提高这些知识的质量。

然而，有关中国政治的调查研究仍然是一项相当年轻的事业。一些有待改进的重要领域仍没有参考美国学者的意见。中国的管理制度反映了摇摆不定的政策，只要这项事业不能摆脱它的干预，就很难在调查研究方面与更多中国机构的同行建立公开而稳固的工作关系。这是一种十分不利的情况。它会妨碍人们对自己的调查研究担负责任，使那些业绩斐然的人无法在更多的中国研究机构中出名。对中国大陆合作伙伴安全的关切也会产生消极的影响，阻碍调查数据的传播和系统地共享（即使它不是绝对的障碍)。反过来，公开

① Kellee Tsai, 200.

② Lily Tsai, 2007a, 2007b.

③ Manion, 1991; Kennedy, 2002; Lianjiang Li, 2002, 2004.

的可用的数据资料的稀缺，也限制人们在中国政治研究工作中更广泛地使用调查数据，使只有很少一部分人才能做这种研究工作。

附录

在本章，我浏览了一些英文专著和学术同行审查过的期刊文章，它们都由政治学者撰写、截止到2008年年中发表在中国境外的出版物。我的目的是从中找出那些利用原始的、概率抽样调查数据完成的研究成果。本文没有考虑那些由社会学家和经济学家利用概率抽样调查数据完成的研究成果，其中包括那些在不同程度上涉及中国政治的作品。我也没有浏览那些在中国大陆完成并发表的以调查为基础的研究报告。从20世纪80年代开始，中国大陆的政治学者就已经进行了大量的调查。内森和史①发现，他们从中获取信息的大多数调查在方法上都存在缺陷。虽然在大陆发表的调查研究在质量上已有所改进，但因它们很少介绍调查中使用的方法，使得读者无法给予评估。当然，有些在境外发表的以调查为基础的研究成果也存在这一问题。

本章的重点是原始调查。虽然中国大陆境外的研究者始终与大陆的同行合作，但是我说的“原始调查”，是指境外研究者参与决策过程的调查，这对于最后的成果十分关键。这一过程包括决定预备测试、访谈人、训练、抽样和数据输入。可是人们在这个决策的过程中并没有严格遵守这套规矩。特别是唐文芳（Wenfang Tang），他在自己的文章中比较了从原始调查得来的证据和现成的数据资料。比如，表9－1中包括一项1992年在44个城市进行的调查以及一项1999年在6个城市进行的调查，这两项调查要么是他自己设计的，要么就是在设计过程中主要由他自行决定。表9－1并没有包括他未参与决策过程（如前文所述）的另外三项调查。他能够得到这些数据资料，在有关中国政治的调查研究的历史上也是引人注意的一件事。中国经济体制改革研究所所作的调查就是这种情况，该所1989年之后被解散。美国国家科学基金会的资助使唐和帕里什（Parish）得以重新恢复这些数据，并根据原始的调查问卷对这些数据进行核实。要想了解唐根据所获得的现成数据资料完成的研究成果，请见唐②以及唐和

① Nathan and Shi, 1993.

② Tang, 1993, 2001a, 2005.

帕里什①的书。

我希望读者能提醒我注意那些虽然没有列入表 9－1，但却符合以上选择标准的研究成果。表 9－1 及相关参考文献会定期在我个人网站上得到更新，请见 http：//www. lafollette. wisc. edu/facultystaff/manion/。

虽然被列入公开的档案的数据资料屈指可数，但根据我的经验，直接向研究者本人提出个人请求以获得他们的调查数据是非常值得一试的方法。对于在读的研究生来说，这是补充定性实地调查和文献档案资源的特别有效的方法。

表 9－1 是在对中国政治进行的概率抽样调查后发表的出版物，它们对原始数据进行了分析，均选自由政治学者撰写，并截止到 2008 年年中发表在境外的英文专著和同行评议的刊物。

表 9－1　　关于中国调查的出版物

	年份	调查地点	规模	与调查相关的出版物
1	1986—1987	吉林	250	Manion，1991，1993
2	1988—1989	北京	757	Shi，1997，1999b
3	1990	安徽、河北、湖南、天津的 4 个县	1270	Manion，1996，2006；Jennings，1997，1998，2003；Eldersveld and Shen，2001
4	1990—1991	全国性概率抽样	2896	Nathan and Shi，1993，1996；Shi，1999c
5	1992	44 个城市	2370	Tang and Parish，2000）；Tang，2001a，2001b，2005
6	1993—1994	全国性概率抽样；也包括台湾和香港	3287	Shi，1999a，2000，2001；Chen and Shi，2001；Chu and Chang，2001；Kuan and Lau，2002
7	1995	北京	916	Dowd，Carlson，and Shen，1999
8	1995	北京	658	Chen，Zhong，and Hillard，1997；Chen et al.，1997；Zhong，Chen，and Scheb，1998；Chen and Zhong，1999，2000，2002；Chen，2004
9	1996	湖北、陕西、山东、四川、浙江	160*	Oi and Rozelle，2000
10	1996	安徽、河北、湖南、天津的 4 个县	1414	Eldersveld and Shen，2001；Jennings and Zhang，2005；Manion，2006；Jennings and Chen，2008
11	1996	北京	895	Shi，1999b

① Tang and Parish，1996，2000.

续表

	年份	调查地点	规模	与调查相关的出版物
12	1997	北京	694	Zhong, Chen, and Scheb, 1998); Chen, 1999, 2000, 2004; Chen and Zhong, 2000
13	1997, 1999	河北、湖南、山东、浙江的8个县	754	Dickson, 2002, 2003
14	1998—1999	北京、成都、广州、兰州、上海、沈阳	1543	Tong, 2007
15	1998—2004	北京	551—757	Johnston, 2004, 2006); Johnston and Stockmann, 2007
16	1999	25个省的87个农村小组	1356	Li, 2002
17	1999	江西的1个县	400	Li, 2003
18	1999	北京	670	Chen, 2001, 2004
19	1999	重庆、广州、上海、沈阳、武汉、西安	1820	Tang, 2001a, 2005
20	1999	安徽、黑龙江的4个县	2400	Zweig and Chung, 2007
21	1999—2001	福建、江苏、江西的4个县	1600	Li, 2004
22	2000—2001	陕西农村地区	306	Kennedy, 2002); Kennedy, Rozelle and Shi, 2004
23	2000	江苏农村地区	1162	Zhong and Chen, 2002; Chen, 2005a, 2005b
24	2000	江苏、上海、浙江	1625	Wang, Rees, and Andreosso-O'Callaghan, 2004
25	2001	福建、河北、江西、山西的8个县	316*	Lily Tsai, 2007a, 2007b
26	2001	福建的2个县	913	Rong, 2005
27	2002—2003	全国性的概率抽样	1525	Kellee Tsai, 2007
28	2002—2003	安徽的12个村庄	1503	Tan and Xin, 2007
29	2003—2005	福建、浙江的2个县	800	Li, 2008
30	2004	云南的1个县	700	Davis et al., 2007
31	2004	北京	592	Chen, Lu and Yang, 2007
32	2005	河北、湖南、山东、浙江的8个县	1337	Dickson, 2007

*这是用概率法选择的村庄数量，在每个村庄里，调查人员对一些有针对性地挑选的知情者进行了访谈。

说明：全国性概率抽样调查不包括西藏。除了全国性概率抽样之外，“调查地点”指的是用非概率法选择的地点，而在这些地点进行调查时，调查人员对调查对象采取了概率抽样的方法。除了知情者调查之外，“规模”指的是受访者完成的问卷数量。

表 9－2　参加中国政治概率抽样调查的大陆合作机构

大陆合作机构	调查
北京大学政治学系	1，11
北京大学中国国情研究中心	3，7，10，13，14，15，19，32
中国人民大学社会调查中心	4，6
中国人民大学公共舆论研究所	8，12，18
北京社会经济科学研究所民意研究中心	2
中国经济体制改革研究所	5
西北大学（西安）	22
华东政法大学（上海）	24
中国社会科学院民营经济研究中心	27
中国社会科学院居民委员会大众参与研究小组	31
未指明的	9，16，17，20，21，23，25，26，27，28，29，30

说明：本表中的调查数字是表 9－1 所列项目的编号。“未指明的”意思是指表 9－1 所列出版物里未提及中国大陆合作机构，或者是合作机构不明。

（赵明昊译　段若石校）

第十章

政治改革前景的考察

——捕捉中国实证研究中的政治与经济变量

狄忠浦（Bruce J. Dickson）

中国私人企业主潜在的政治角色一直是近年来学术界研究中国的一个重要问题。一些学者视私人企业主为政治改革的潜在动力；另一些人则把他们看做对政治不感兴趣的人甚或是现今政治体制的支持者。尽管中国的高速经济发展对政治的影响尚未充分显现，但很多学者、政客和记者不仅预期经济发展正导致中国的民主化，而且预期私人企业家可能成为这一进程的关键角色。他们指出，中国数量不断增长的企业主和“中产阶级”是民主化的潜在支持者甚或倡导者①。另一些人则把私人企业主视作一个正在崛起的公民社会的前锋，认为它最终将改变中国的政治制度②。这些观点在1990年代甚嚣尘上，当时经济私有化正认真地展开。与此相反，对中国私营企业主们的行为方式和政治利益的实证研究则显示，他们中的大多数人在政治上与这个国家紧密相连，或对政治不感兴趣：极少有人显示出强烈的民主信念，也没有什么人参与旨在促进政治改革的政治活动③。这些研究没有把中国的私营企业主们视作民主化的动力，而把他们看成是现存体制的主要受益者和支持者。

尽管对私有化总体特别是私营企业主在促进中国民主化方面的潜在作用的大部分推断都是以现代化理论为基础，但关于私营企业主角色的比较研究显示，他们对政治改革的态度极其矛盾。他们很少成为反对威权政体的前锋，但他们的支持对于这个国家能否承受民主派的挑战或它是否会屈

---

① Parris，1993；White，Howell，and Shang，1996；Zheng，2004.

② Gold，1998；He，1997；Pei，1998.

③ Chen，2004；Chen and Dickson，2010；Dickson，2008；K. Tsai，2007.

服于政治制度改革的压力能起到至关重要的作用①。用伊娃·贝林的描述恰如其分，他们是“有条件的民主人士”：在他们的经济利益依赖于这个政权存活的情况下，他们保持着对现存体制的支持②。

这些比较研究的结论在中国进行的最新的实证研究中得以证实。一方面，中国的民主运动力量薄弱，缺乏领导：某些毫无经验的组织在做无畏的努力，但他们面对的是政府无情的压制，得到的公众支持也微乎其微。私营企业主们在民主化进程中很少成为率先行动者；但在中国，即使他们愿意率先行动，他们也根本没有可拥戴的领袖。另一方面，中国的私营企业主们一直是中共经济改革议程的主要受益者，他们没有什么实际理由去敦促进行政治改革。正如凯丽·蔡所言，中国私营企业主们的利益一直在由中共所推进，无须他们自己采取持续的集体行动。③此外，他们日益被整合进这个政治体制，使他们很容易接触到决策者。在这种复杂的环境下，我们不应指望中国私营企业主们成为改革的动力，他们确实不是。

本章将描述比较政治研究的结果如何在中国背景下得到应用和检验。从描述我的调研计划的设计开始，这个计划试图捕捉到当代中国某些最突出的方面：政治精英和经济精英之间，以及各自内部不同类别成员之间的关系；地区的多样性；以及经济、社会和政治制度急速变化的特性。然后，提供一些简明的图表来说明这些变化如何与所涉及的研究问题相互关联。以这种方式设定的调查会比集中于一个地区或一个时间点上的其他研究得出更可靠的结果。

第一节 调研设计

学术界、新闻界和决策圈内的中国观察家们常常期盼中国的私营企业主会成为政治改革的动力。这类预测基于两个假定：第一，中国共产党在面对社会和经济变化时是被动的；第二，中国的私营企业主有着与党和政府官员不同的政策偏好，会从国家体制内部和外部要求进行更深入的改革。

① Rueschemeyer, Stephens, and Stephens, 1992.

② Bellin, 2000, pp. 172 - 205.

③ Kellee Tsai, 2007.

如果私营企业主想要成为中国政治改革的动力，那么他们应该展示出在政治、经济和社会问题上与党和政府官员明显不同的观点。否则，他们不断增长的数量和更广泛地整合进这个政治体制的状况将更可能使他们支持现状而不是挑战它。他们更多地进入中国的政治机构使他们获得了促进改革所需的通道，但他们希望改革吗？如果希望，他们将选择哪一类改革？

这些都是需要可靠的实证数据来确认或质疑的实际问题。根据在中国就这些问题所做的大部分研究来看，这些假定在实证证据面前是站不住脚的。中共并非经济和社会变化的被动牺牲品，而是主动地将自己与私营部门整合，以促进经济的快速增长，以此加强公众支持及其正当性，并对潜在威胁防患于未然。中国的私营企业主们并非民主化的天生支持者，他们所表达的观点并不总是和地方官员特别是那些与他们互动最频繁的官员有什么实质的不同。他们通常并不支持民主积极分子发起政治改革，也不明显地坚持民主价值观[①]。但是，这些研究并不是定论。其中大多数是基于单个城市或单个工业部门。[②] 尽管他们的结论见解深刻、数据翔实，但从单个地点或单个部门研究中所得出的结论无法可靠地应用到这个国家的其他地方和部门。不能完全排除对他们的结论因案例的特殊性质而不具普遍性的担忧，即使这些结论看似令人信服。此外，由于前面提到的所有研究都是基于单个时点，因此无法对正在进行的经济、政治和社会变化如何影响了中共与私营部门的关系及政治改革前景进行更具普遍性的评估。

一项设计合理的调研计划可以帮助弥补这些潜在的欠缺。过去数年间，我一直在对中国的私营企业主及其基本政治、社会理念，以及他们对经济政策的看法和他们与国家体制之间的互动进行跟踪研究[③]。为了得到更权威的结论，我的调查设计试图捕捉经济与政治改革之间可能的关联这类概念性的问题，同样重要的是，捕捉中国国情的关键方面。

第二节　地区差异

由于中国是一个庞大而多元的国家，这项调研设计必须抓住地区多样

---

① Hong，2004；K. Tsai，2007；Zweig，1999.

② 参见 Pearson，1994；Wank，1995；Unger，1996a；Vevitt，1996。凯丽·蔡的研究（2007）是个例外，它也是基于一个包含了地区和部门变量在内的范围宽广的调查。

③ Dickson，2003，2008.

性的关键方面。在我的研究中，多样性最重要的原因是地方经济发展水平。经济发展对沿海省份的影响一直最为明显；在那里，经济增长率最高，私营部门发展较早并在某些区域成为就业、税收和经济产出的主要源泉。相反，内陆省份不如沿海省份那么早那么广泛地感受到经济改革的影响。那里的经济增长率较低、生活水平滞后、私营部门发展落后。因此，我选择了三个沿海省份（河北、山东和浙江）和一个内陆省份（湖南）作为一个控制组。然后，在每个省内按照 1990 年代末期（此时第一波考察已在进行）它们的经济发展水平选取两个县或县级市：一个相对繁荣，一个相对贫困（总共选取了 3 个县和 5 个县级市；其中一个县级市在 2005 年第二波考察时已经变成了某个地级市的一个区）。在每个县内选取三个私营企业发展相对较好的镇。

这种有目的的选择策略比传统的随机选择样本更有利。首先，就样本中仅有的 4 个省和 8 个县来说，严格的随机选择程序可能无法捕捉到与手头要研究的问题相关的经济多样性。当然，增加样本的数量会缓解这个难题，但主要由于预算原因，这并不可行。选择私营企业发展相对较好的镇也是有目的的：因为研究的问题涉及私营企业主在政治改革中的作用，我必须确保在选取的镇里有数量充分的私营企业主。如果随机样本选取了一个私营企业较少或根本不存在的镇，那对我的研究来说将没有任何意义。

第三节　个人差异

选择样本的最后步骤关系到对什么人进行访谈。调查确定了两组人：规模较大的私营企业主和负责经济的地方党政官员；换句话说，是该地的经济和政治精英。

如果私营企业主们是改革的动力，合乎逻辑的推断是他应该拥有规模较大的企业而不是个体户，这是最重要的。在其他国家，大企业最具政治影响力，不论作为个人还是商会成员。中国的小企业，像其他国家的小企业一样，政治影响力较小，集体行动难题较大，因此不太可能成为民主化的动力。有了心里的这个假定，样本中选择企业的标准就定为前一年它们的销售收入不低于 100 万元。在某些县，这个门槛不得不降低，因为够标准的大企业数量不足。这种情况确实存在，不仅在相对贫困的县，而且在拥有大量私营企业（不过，主要是中小企业）的河北省的一个县也存在。

在2005年的考察中，100万元的门槛被降低，样本的数量增加了约两倍，以获得范围稍广一些的企业主。

样本中企业主的最终选定是基于县政府工商局提供的私营企业登记册。我把样本严格限制在私营企业，原因有二：理论文献通常将私有化与民主化相联系；并且关于私营企业主与民主化的比较研究均着眼于非国有企业的作用。鉴于中国的经济图景不断变化，从有关私有化政治影响的研究中排除其他类型企业的方法也许不再有效。国有企业日益被迫在市场环境中运行，正在进行的国有企业重组已经创造出了混合制企业，如合股公司、有限责任公司及合资企业。许多这样的公司都是公有与私有、内资与外资的混合体。大多数研究（如我的研究）没有对这些类型的公司进行调查，这很可能导致我们忽略一个正在成长的重要力量。我还把样本限制于在官方注册的公司。尽管凯丽·蔡估计有多达15.3%的私营企业没有注册，它们多从事极小规模的经营，如街头小贩[①]。在对私营企业主们成为改革力量的意愿和可能性进行评估时，排除未注册的企业不太可能扭曲结果。

为了选取被调查的私营企业主样本，我们把这些在官方注册的私营企业按它们报告的销售收入排列，随机选取一家企业，然后固定间隔进行选取。例如，如果一个城镇有50家企业符合样本标准（注册为非国有企业，并有100万元以上的销售收入），而我们只想选10家企业作为样本，那么调查团队将随机选出第一家企业，然后在名单上依次按5的倍数选择其他企业。这样就保证了企业规模的多样性。由于大多数私营企业是中小企业，完全随机而不是按照排列的名单进行选取就可能冒样本中没有大型企业的风险（从一个更实际的角度来说，它也防止了地方官员挑选那些他们想让其进入样本的企业）[②]。

调查中包括的第二类人员是地方党政官员。调查中再次使用有意替代随机选择的方法。与经济改革和私有化是否正在对政治改革造成压力这个问题关联最紧密的是最高行政官员和那些对私营部门直接负责的官员。在党的方面，它包括党委书记和组织部门及统战部门的领导人；在政府方面，它包括县长、工商行政管理局和官方企业协会（全国工商联、私营

① K. Tsai, 2007, p. 109.

② K. Tsai, 2007, pp. 63－64.

企业主协会和个体劳动者协会）地方分会的领导人。在每一个县，担任县级这类职务的人都被访谈，而样本企业所在的村镇官员也被访谈。我们在每个县选择了约30名官员。

这些官员被选中是因为他们对地方经济负有主要责任，并且最可能与地方私营企业主们有定期的互动。他们在促进经济发展方面拥有共同利益，因此，调查这些官员和私营企业主将看出他们在经济、社会和政治问题上观点相似的程度。如果中国的私营企业主们打算做政治改革的代理人，那么他们的观点应该非常不同；相反，如果观点非常相似，并且相似的程度正变得越来越高，那么中国私营企业主们促进政治改革的潜力就很小。

这两组人（私营企业主和党政官员）涉及面很广，但如果假定每组人在信念上都一致，那将是错误的。我对两组人中的两类内部差异感兴趣，以便分析。对于私营企业主来说，差异的主要来源是他们与中共的关系。主要区别在于“红色资本家”（党员私营企业主）和非党员私营企业主之间。为了获得与中共关系的更细微的理解，我进一步区分了这两组人：在“红色资本家”中，我把那些经商前即是党员的人（我称他们是“下海”红色资本家，“下海”在中文里是指进入私营部门）与经商后加入中共的人区分开来；在非党员私营企业主中，我把那些想要入党的人与无意入党的人区分开来。结果得到一个衡量嵌入党和国家程度的四层变量：“下海”红色资本家与中共有着最长期、也许还是最紧密的关系，接下来是那些已加入中共的私营企业主、想要加入尚未加入中共的私营企业主，最后是那些表示没有兴趣入党的私营企业主。这些区别的原因很清楚：一些学者争辩说，私营企业主们将从国家体制外施加政治改革的压力，另一些学者则说，私营企业主们会从体制内努力，以图推动变革。私营企业主们是否会作为一个整体支持政治改革的质疑也许过于宽泛；而识别这组人内部的变化及其含意却更为重要。

“地方官员”这一类别对于分析来说也过于宽泛。[①] 有必要把县级官员与村镇官员分开，这样做有两个理由。第一，像很多国家一样，官员级

① 在我的专著《中国的红色资本家》里，没有考察官员之间的差异，因此遗漏了一个重要的差别，本章后面的案例将展示这种差别。这个疏漏被詹宁斯（Jennings，2003）及时察觉。这个差别成为《财富嵌入权力》（2008）一书的一个突出主题，该书比较了1999年和2005年调查的结果。

别在中国政治力量的配置中是关键因素。没有理由假定不同级别的官员仅仅因为他们都是国家的代理人，就会持同样的观点。任职的级别很可能影响官员们对各种经济和政治问题的观点，这与官僚政治中的“地位决定立场”有异曲同工之妙。把县与村镇官员区分开的第二个理由涉及他们与自己辖区内私营企业主们的亲近程度。村镇官员很可能与他们辖区的私营企业主们有着更经常的互动，甚至可能是朋友或亲戚关系。官员与私营企业主之间观点的相似程度还可能受距离远近的影响：私营企业主们与村镇官员之间也许有着比与县级官员之间更多的共同点。正如本章后面将展示的那样，私营企业主和官员中间的这些差异不仅能使我们在概念上更精确，而且在实证中也极其重要。

第四节　时间差异

在评估政治改革的前景时，中国快速变化的经济、社会和政治环境也必须加以考虑。这需要多时点观察。尽管这个计划最初没有设想为做一个时间序列研究，但第二波调查的机会却成为使它区别于同一主题其他研究的一个因素。的确，大多数调研都捕捉了一个时间点，却遗留了问题：到结果发表时这些调查结论是否依然恰当？我们的第一波调查完成于 1999 年，但基于调查资料的书却直到 2003 年才出版。其间，私营部门经历了巨大发展，政治抗议——依靠私营部门创造经济增长的战略是部分原因——的程度也提高了，党和政府的高层领导也换了届。这些重大变化如何影响了中共与私营部门的关系？

为了回答这些问题，第二波调查于 2005 年完成。相同的八个县，不论它们现在的发展水平如何，构成了 2005 年调查的地点，这让我有机会在同样的地区跨时段地观察发展趋势。虽然地方的经济增长率各不相同，各县的发展水平排序却几乎与以前完全相同，除了第六名和第七名（最贫困）的县相互换了位置。这不是一项对一组调查对象进行的研究。根本就没有计划再去找参加过第一波调查的受访者。在某种程度上，也没有理论上的需求：我关注的是这一时段中共与私营部门关系的变化，而不是私营企业主和官员们是否对某些具体问题改变了个人观点。此外，党政官员快速的上台与下台以及公司的不断开张和倒闭，也使得对一组调查对象进行研究并不可行。

正如下文所显示的，第二波调查确认了随着事物的发展和政策环境的变化而改变了的信念和价值观。同时，它也确认了这些年来依然未变的其他关注领域，从而给了我们更大的信心：我们的调查正在触及相对稳定的信念，它给出的答案在本质上不是一闪即逝的。

第五节　数据采集

一旦确定谁将受访和在哪儿受访，接下来的任务就是确定该提什么问题。问卷是在1997年夏起草、修改和定稿的。时间是一个重要的考虑因素，这有如下几个原因。首先中共与私营部门的关系是敏感和有争议的话题。当时，一项禁止发展私营企业主入党的正式禁令依然有效，尽管在地方上它常被违反。更为普遍的是，党员和私营企业主之间合伙关系的正当性反复受到老党员们的挑战，那些老党员认为这种合伙关系与党的传统相悖，并会威胁到党对权力的掌控。因此，要获得地方官员和私营企业主们的合作以研究这种关系的性质似乎具有风险。这种风险又混合了第二种因素：当时对在中国从事调研的政治氛围很紧张。国家教委当时刚刚发布了一项政策建议（或政策精神），警告说所有学术单位进行的调查应事先获得批准，外国学者（包括在国外生活和工作的中国学者）不应直接卷入调查工作。

在中国，成功调研的关键是地方合作者。在我的例子中，我有幸与北京大学当代中国研究中心一同工作。这是中国最早的调研团队之一；由在调研和方法论方面被广泛认可的顶尖院校密歇根大学获得政治学博士学位的沈明明领导。[①] 正是沈建议我做一项中共与私营部门关系的调查，他对调查的具体进展方面的管理对于调查的成功非常关键。他和当代中国研究中心的同事与地方官员进行联系，以获得他们的合作，并事先访问了每一个地点以做好基础工作，然后在八个县里进行实际调查。考虑到不久前对外国学者在中国从事调查工作的警告，如果没有当代中国研究中心做我的合作者，要完成这项计划是不可能的。此后的几年中，政治气氛对调查工作变得相对宽松，但地方合作者依然是至关重要的。正确地进行一项调查包括与多家政府部门打交道，设计样本框架，选择样本中包括的个人，训

① 进一步说明，沈和我在密歇根大学是同学。

练大量从事调查的人员，最后录入数据。在这个过程中的任何阶段，草率的工作都将毁了整个计划。不像访谈和档案研究，调查工作无法由学者个人独自完成，错误和遗漏很少能被回访所纠正。

调查问卷是1997年夏季在当代中国研究中心定稿的。[①] 收集问卷却包含了诸多挑战，其中一些挑战对调研来说是共同的，另一些相对中国的环境来说却是特殊的。首先，问题设计必须反映所包含的理论问题，但对中国调查对象来说也必须通俗易懂。其次，问题必须仔细措辞，以避免事先安排的“政治正确的”答案，或甚至更糟糕——根本不回答。直接询问受访者是否会选择民主制作为当今的政治制度是毫无意义的，即便这是我们最终要研究的问题。如此直率地提问不仅不会得到真诚的答案，而且可能导致地方政府完全拒绝与我们的项目合作（为了获得他们的合作，这个项目取名为“私营经济与党的建设”）。再次，问题的设计必须适应当时中国的政治气候，甚至“政治改革”这个词本身在当时都成了一个难题。问卷起草时，“政治改革”一词在政治上很敏感。因此，我们用“改善政治体制”这样更中性的词汇来代替。同样，在20世纪90年代末，询问官员腐败问题也被认为是过于敏感，虽然这在后来的年代中成了一个很常见的调查问题。

我们为两组受访者——私营企业主和官员——分别设计了问卷。大部分问题相似或近似。如问私营企业主们：外国竞争对他们来说是否是一个难题；而问官员们：外国竞争对于他们辖区的企业主是否是一个难题。或问私营企业主们：他们是否做了慈善捐助；而官员们则被问道：他们辖区的企业主是否做了这类捐助。有几个问题只是向每个小组分别提问。如，私营企业主们被问到他们的销售额、固定资产、工人人数及有关其企业的其他类似问题；官员们则被问到国家、集体、私营企业在经济中的相对重要性、吸收党员的优先顺序，以及他们或其家人是否在经营一家私营企业。

2005年第二波调查展开时，需要决定的首要问题是，仍使用原来的

① 1997年反对外国学者参与调研的政策精神使这个进程变得复杂了。为了避免该中心学术和管理人员的关系复杂化，我不是作为主要调查人员而是作为中心主任的同事参加计划会议的。不清楚是否有人被这种逃避手法糊弄了，但那项新的政策精神所造成的不确定性使这种手法在计划开始时显得十分必要。到调查走入田野时，向调查人员披露我的真实身份似乎已经安全了，但不是向那些批准了计划在其辖区进行的地方官员披露。

问卷，还是用新问题来修改问卷。使用原有问卷的好处是它更容易进行跨时段比较，而这正是第二波调查的目的。缺点是会妨碍有关新问题的信息收集，因为此前我没有考虑这些问题，也因为这些问题在此后的年代里变得越来越突出。最终，原有的问卷再次被使用，仅做了一处小的修改：增加了一组关于企业主加入自发组织的商会及官方发起的商会的实际状况的问题。①

调查中，问卷是在当代中国研究中心调查小组的监督下由受访者自己填写的。该小组还负责核实受访者的身份，以确认他们是企业主而不是其家人或经理人员。受访者被允诺匿名，其身份在调查中不作记录。甚至样本中的县名在出版物中也不披露，以保护那些同意参与该项目的地方官员。由于他们是匿名，也就无须把数据群编成密码。匿名的保证还有第二个相关的好处：它使这项研究得以从我在大学中负责人文项目研究的内部审查委员会（Internal Review Board）的审查中豁免。这是一个通常会折磨合法研究的烦人的专断程序，所以，匿名的允诺不仅直接有利于我的受访者，也间接有利于我们的整体研究计划，它省去了通过内部审查委员会这一关所需的时间和麻烦。

调查中，当代中国研究中心的团队还采集了两类其他数据。第一类数据来自于地方党政官员举行的会议。它们不是通过个人访谈而是通过座谈会得到的，座谈会上讨论的问题有：私营企业中党的建设、官方企业协会的作用，以及党在指导和管理当地私营企业方面的努力等。

调查中采集的第二类补充数据是统计年鉴中通常见不到的县级经济增长和党员人数的总计数据。要获得一种客观的方法来评估私营企业对地方经济的重要性以及中共与私营企业关系的程度，这些数据是非常必要的。这比想象的更复杂。私营企业的重要性可以通过计算它在国内生产总值和税收中所占份额、或私营企业雇员人数在雇员总数中的比例来衡量，但并非所有的县都有这些信息。此外，许多统计年鉴仅提供了“规模以上”企业的数据，而由于私营企业与国有企业相比往往规模较小，因此年鉴中收录的国有企业比例较大，私营企业较少。结果，所有各县能够提供的衡量尺度只是注册的私营、集体和国营企业的数量。这个尺度是不完美的，因为它无法衡量私营企业的规模及其对地方经济的影响，但它是所能得到

① 这组新问题的提出主要是受到了肯尼迪（2005 年）的激励。也参见 Foster，2002。

的最贴切的尺度了。[①] 同样，中共与私营企业的关系可以通过红色资本家（既是党员又是私营企业主）的人数或党组织参与其中的企业的数量来衡量。这些问题在调查中虽然被提问，但作为一个参照点，一种衡量全县的客观方法将是有益的。不过，尽管某些县提供了非常详尽的数据，但其他县却没有。甚至在座谈会上地方官员提供了看似很详尽的数据，却无法总是与其他党政官员提供的总计数据相吻合。对于中国的大多数实证研究来说，数据的一致性和可靠性是一个难题，对于我们这个计划来说，正是如此。在某些变量上，地方统计局提供的信息与出版的年鉴中的信息或其他官员提供的信息不同。对私营部门规模这样一个基本的问题都没有现成的系统性的测度标准，这让人很吃惊。[②]

第六节　地区、个人和时间差异的实例

在本节中，我用调查中的发现来说明调研设计中捕捉个人、地区和时间差异的重要性。这些例子集中于发展目标的优先重点上，具体来说有：促进经济增长和保持政治稳定之间的平衡、对社会稳定的潜在威胁，以及政治职位的选举。

一　政策重点的竞争：增长对公平

发展战略中最显著的差异之一是经济增长和政治稳定之间的平衡。在快速的经济发展中保持稳定的需要是维持威权统治的首要理由，中国如此，其他许多国家也是如此[③]。近年来，随着地方抗议事件数量急剧上升，这种平衡在中国已经变得格外突出。在两波调查间隔的这个时段，公众抗议事件的数量增加了一倍多，从1999年的3.2万件增加到了2005年的8.7万件[④]。许多抗议都是快速增长战略所带来的后果，诸如，为了工

---

① 私营企业系统和持续数据缺乏的原因之一在于术语。中国的媒体及其他资料通常只区分国有和非国有企业，但“非国有企业”不仅包括私营企业和个体户，还包括合资公司、有限责任公司等重组后的国有企业，在这些企业中，国家仍是一个主要的投资者。对于实证研究来说，细致、精确的定义非常重要，但急速变化的中国环境通常使这种细致和精确很难做到。

② 参见黄（Huang，2008）对精确评估私营企业规模所存在的困难的进一步讨论。

③ Huntington，1987.

④ McGregor，2006.

业发展改变农业用地的用途、环境恶化，以及官员腐败。这种对稳定日益增长的威胁以及北京对此的关注应该有助于改变地方官员的观点，使他们减弱对以牺牲稳定来换增长的支持。

表 10－1　　官员和企业主之间发展目标的平衡

（在增长和稳定中选择前者为首要目标的人数百分比）　　单位：%

	1999 年	2005 年
全部企业主	41.7	44.6
下海“红色资本家”	39.1	42.9
经商后入党的“红色资本家”	29.9	47.3
想入党的非党员企业主	42.1	42.1
不想入党的非党员企业主	47.9	47.5
全部官员	60.6	49.1
县级官员	76.2	59.3
村镇官员	39.6	41.6

我们的调查试图确定：在增长和稳定的平衡上，私营企业主们和地方官员之间是否存在差异，两组人内部是否存在差异，他们的观点在历经数年后是否有改变。官员和私营企业主们都被问到他们的第一要务是促进增长还是保持稳定。在第一波调查中，最引人注目的一个发现是官员和企业主之间关于该问题的观点明显不同，是少有的几个两组人员持“截然相反”的观点的问题①。正如表 10－1 所显示的，按行政级别来划分官员揭示了一个更有趣的现象：差异不是在官员与企业主之间，而是在县级官员与其他受访者之间。在 1999 年的调查中，县级官员是最赞同促进增长为第一要务的人：76.2% 的人赞同增长压倒稳定，几乎是村镇官员和企业主人数的一倍。在 2005 年的调查数据中，县级官员的明显多数依然赞同增长压倒稳定，虽然百分比相对于 1999 年有所下降。村镇官员和企业主支持增长的人数稍有增加，但大多数人仍将稳定作为他们的第一要务。在两次调查中，企业主中各类别的差异以及全部企业主与村镇官员之间的差异在统计检验上无显著意义，但两类人与县级官员之间的差异却是在统计上有显著意义的（在千分之一的水平上）。这些发现与以肯特·詹宁斯为代

① Dickson，2003.

表的主张说国家官员这个概念需要细分后才最有用的学者的发现是一致的，在本案例中，地方官员的概念被基于行政级别进行了细分[①]。在我以前的研究中，曾重点考察过企业主与官员之间在平衡促进经济和保持稳定方面的差异。通过加入行政级别的问题，一个更有趣和更微妙的图景出现了。虽然在两次调查间隔的时段中两类人的差异缩小了，但它依然具有明显的和在统计上显著的意义。调研计划的这种设计使得揭示不同级别的国家官员、政治和经济精英之间，以及各项发展目标上不同水平的发展之间的这些重要差异成为可能。

二　可感受到的对稳定的威胁

这项调查还试图在受访者视为对稳定的潜在威胁是什么这个问题上挖掘出更具体的信息。所有的受访者都被问到日益增强的竞争和社会多元化是否构成对稳定的威胁。具体来说，受访者被问到他们对下列陈述的赞同程度：

1. 企业及个人之间的竞争损害社会稳定。
2. 如果一个国家拥有多个政党，它将导致政治混乱。
3. 如果每一个人不能具有同样的想法，社会就会陷入混乱。
4. 如果地方上有许多具有不同观点的组织，就会影响地方的稳定。

表10－2中给出了答案，其中一些倾向值得重视。首先，在1999年和2005年的两次调查中，在每一个问题上县级官员都给出了最低的分数，这说明他们普遍比村镇官员和各类企业主更少关注经济竞争和社会多元化给稳定带来的威胁。其次，在关于日益增强的多元化或多样化的三个问题上，所有的企业主2005年比1999年更少视其为对稳定的一个威胁。在个别项目中，这种下降很少，但多数项目中它超过了5个百分点。再次，最大的差异是在第一个问题上，集中于经济竞争。尽管私营企业主们对社会多元化的关注在两次调查期间降低了，但所有的企业主都比官员们更加关注经济竞争对社会稳定的威胁，并且这种关注不论是在绝对数值上还是相对于官员们来说在1999—2005年间都增加了。最后，企业主和官员们都把经济竞争视作比政治和社会多元化更小的一种对稳定的威胁。在两次调查中，企业主和官员们认同的对稳定的威胁排序是：经济竞争最低，政党之间的竞争最高，个人及团体间的竞争居中。尽管因时间不同以及各小类人员之间

① Jennings，2003.

绝对数值各异，但排序的结果是相同的。排序中的这种相同性揭示了在所有类别人员的观点中这种历时不变的稳定性。如果说它比对单一类别、单一地点或单一时间的研究具有优势的话，这项调研设计则使我们更加系统地看到了不同层次的国家官员之间的差异以及它们在不同时期的变化。

表 10－2　　私营企业主和地方官员感受到的对稳定的威胁

（赞同人数的百分比）　　单位：%

年份	1999	2005		1999	2005
1. 企业及个人之间的竞争损害社会稳定					
全部企业主	24.5	26.4	全部官员	11.9	12.2
下海“红色资本家”	18.7	22.5	县级官员	9.9	10.1
经商后入党的“红色资本家”	22.7	27.7	村镇官员	14.7	13.8
想入党的非党员企业主	25.2	27.8			
不想入党的非党员企业主	29.2	29.4			
2. 如果一个国家拥有多个政党，它将导致政治混乱					
全部企业主	48.0	45.7	全部官员	40.5	40.4
下海“红色资本家”	50.8	49.9	县级官员	36.9	33.9
经商后入党的“红色资本家”	47.7	47.3	村镇官员	45.3	45.3
想入党的非党员企业主	49.3	44.8			
不想入党的非党员企业主	42.9	39.8			
3. 如果每一个人不能具有同样的想法，社会就会陷入混乱					
全部企业主	37.6	30.7	全部官员	22.0	21.6
下海“红色资本家”	33.9	33.1	县级官员	16.7	18.7
经商后入党的“红色资本家”	43.1	26.1	村镇官员	29.5	23.8
想入党的非党员企业主	43.6	31.5			
不想入党的非党员企业主	33.8	29.7			
4. 如果地方上有许多具有不同观点的组织，就会影响地方的稳定					
全部企业主	43.3	34.8	全部官员	33.8	28.8
下海“红色资本家”	40.0	30.5	县级官员	32.3	16.9
经商后入党的“红色资本家”	46.5	31.3	村镇官员	35.8	37.5
想入党的非党员企业主	41.3	38.9			
不想入党的非党员企业主	44.7	38.6			

三　选举私营企业主进入政治岗位

最后的案例关系到私营企业主们参与中国正式的政治机构、特别是地方人民代表大会的问题。如果中国的私营企业主们想要成为改革的代理人，他们从事政治活动的地方之一就将是那些正式机构。李、孟和张[①]认为，的确，私营企业主寻求在地方人大代表身份以维护和保卫其财产权。中国私营企业主们在地方立法机构中日益增多的现身，不仅引起了学者而且引起了中国媒体的诸多关注[②]。目前，全国人大有二百多名代表是私营企业主。在地方层面，有九千多名私营企业主任人大代表[③]。

表 10-3　　地方人大中私营企业主的分布　　单位:%

年份	1999	2005
在地方人大中的全部企业主	11.3	10.5
下海的“红色资本家”	40.7	58.6
经商后入党的“红色资本家”	29.6	23.4
想入党的非党员企业主	13.0	7.2
不想入党的非党员企业主	16.7	10.8

调查数据使我们透过这些总计人数，看到了哪些私营企业主最可能在政治上表现活跃。虽然地方人大代表是正式的当选职位，但中共在谁能被提名和当选上却具有决定性作用。因此，私营企业主们与中共的关系在决定这类政治行为的过程中是最重要的因素。所以我们的调查试图勾画出私营企业主们与党的关系：对于党员来说，他们是从商之前就已入党还是后来加入的；对非党员来说，他们是否有兴趣入党。正如表 10－3 所显示的，地方人大中的绝大多数私营企业主都是“红色资本家”。特别值得注意的是，1999 年人数最多的一类人以及 2005 年的绝对多数都是下海企业主，即从商之前便已入党的人。换句话说，最可能成为人大代表的私营企业主是那些从商之前即已加入中共的人。这些私营企业主们与其说会成为改革的代理人，不如说他们更可能代表着现状。相反，我们看到对政治改

① Li, Meng, and Zhang, 2006.

② 《人民日报》, 2006 年。

③ Zhang, 2004.

革也许最有兴趣的那类人——那些对入党不感兴趣的人——随着时间的推移人数却在萎缩。这些数据无法证实这样的期望，即私营企业主能够通过吸纳新的参与者进入政治体系而推进民主：这个政治体制不是吸纳新的参与者，而是强烈地支持已经是其成员的那些人。

调研的真正价值不仅在于确定不同类别的人作为一个整体的行为和选择，更重要的是，它分析各种变量之间的关系。这使我们可以看到哪些类别的单个因素和相关因素决定了什么样的私营企业主更可能成为地方人大代表，而不仅仅是那些团体拥有人数较多的私营企业主人大代表或在人大代表中不同类别私营企业主的百分比。决定哪些私营企业主更可能成为地方人大代表的单个和相关因素之间的相互影响，可以从表 10－4 所展示的多变量分析中看到。

被选入地方人大的那些人中间，“红色资本家”比非党企业主的可能性更大，即使是在对其他种种因素加以控制的情况下，依然如此。此外，他们比不是代表的人年岁大，经营的企业也大。教育的影响是曲线式的：高中毕业生比受教育程度低的人和有大学学位的人更可能成为人大代表。由于中共对决定谁被提名具有影响力，所以这些结果显示出：中共倾向于自身的成员，喜欢年岁较大、受教育程度较高的私营企业主，以及那些经营最大企业的人——换句话说，喜欢地方政治、社会和经济精英。私营部门规模的系数是负的，表明在私营部门大的地方，一个私营企业主被选入人大的可能性较低。这可能暗示了一种对私营企业主进入人大的配额制：如果对私营企业主能够进入人大的人数有一个最高限额，那么，某个区域中的私营企业主越多，被选中的可能就越小。当然，它也可能意味着在私营部门小的地区，私营企业主们为了保护和扩展其利益而在政治上更活跃。需要更多的研究来确定一个更为可靠的答案，但是，假定中共控制了提名和选举程序，一个基于中共利益的解释似乎比基于私营企业主利益的解释貌似更加合理。

决定哪些私营企业主成为人大代表的最后一个因素是上一节所讨论的对稳定的可感受到的威胁。被选入地方人大的那些人也是最可能把竞争和社会多元化看作对稳定的威胁的人。容忍多元主义观点、利益集团，以及个人、企业和政党间的竞争，通常被视作代表了自由主义或“现代”价值观，但这些价值观在中国的这些被精心遴选出的具有巨大影响力的私营企业主们身上却得不到体现。如果他们能够把自己的政治理念转变为政策，那么，他们更可能赞成限制竞争和多元化，而这样的步骤恰恰是民主化的对立面。

表 10-4　　概率回归：私营企业主进入人民代表大会的决定因素

政治因素	
下海的“红色资本家”	0.677*** (0.157)
经商后入党的“红色资本家”	0.788*** (0.179)
个人和企业特征	
年龄	0.036** (0.009)
性别	-0.058 (0.227)
受教育程度	1.324** (0.538)
受教育程度 2	-0.219* (0.091)
销售额（log）	0.187*** (0.039)
商龄	0.027* (0.013)
文化因素	
对稳定的威胁	0.090*** (0.026)
相关因素	
人均 GDP，1000 元	-0.004 (0.009)
私营部门规模	-0.551* (0.267)
常项	-6.445*** (1.040)
N	978
Chi2	146.64***
PseudoR2	0.217

注：* $p<0.05$，** $p<0.01$，*** $p<0.001$

括号中为罗巴斯特标准误差。

总之，在大多数被检验的问题上，企业主的观点表现出了很好的前后一致。凯丽·蔡（2007 年）发现缺乏统一的观点，用以说明中国的企业主没有形成一个阶级，而我两次调查的数据显示：与地方官员特别是县级官员比较起来，他们不过是稍有不同罢了。① 企业主也许没有统一的声音，正如大多数团体一样，但他们的观点在一系列问题都相似。企业主更

① 这是凯丽·蔡的主题（2005 年）；也见凯丽·蔡（Kellee Tsai，2007）。除了在这点上不同外，我们的其他发现惊人地相似。这些被重复的结论使我们对自己的调查结果的可靠性有了更大的信心。

可能支持稳定胜过增长，更可能看到经济竞争潜在的社会后果，更可能看到日益兴起的多元主义的风险。更重要的是，下海红色资本家、经商后入党的红色资本家和非党的企业主随着时间的推移，观点已经变得越来越相似。如果他们的关注被反映在政策中，那就极可能限制竞争和多元化的程度。具有讽刺意味的是，官员们对这些问题反倒具有更“进步”的观点。如果企业主崛起为改革的代理人，很难看到他们会倡导经济或政治自由化。企业主中不同组别的差异所显示出的最重要的一点是他们已经与政治体制结合在了一起：红色资本家更可能获得提名或当选为人大代表。由于他们已经成为现存政治体制的一部分，他们也就没有了动力去促进政治体制的改革。更有甚者，由于他们更关注经济竞争和政治多元化对社会稳定的威胁，因此他们似乎不可能赞成进一步的自由化。与私营企业主们必然是民主制支持者的假定相反，这些发现表明：他们更可能支持现状。这项捕捉到了个人、群体和地区差异的调查设计对于揭示这些关系是至关重要的。

第七节　结论

在中国私有化的政治影响以及私营企业主作为民主化支持者的潜力问题上的这些发现，是一项对当今中国环境下个人、地区和时间差异很敏感的调研设计的结果。这项设计使我们更有理由相信我们的发现是可靠的，不是局限于一地或一个时间点上的。尤其是这项调研设计明确地寻求捕捉不同政治经济精英、不同层次的国家机构和不同层次的发展之间的差异，这对于处理那些最先激发了这项计划的理论问题是非常必要的：中国的私营企业主们正在成为民主化的支持者吗？如果是这样，哪些人最有可能支持这类政治改革？一项不同的设计也许无法揭示官员与私营企业主们在发展目标和对稳定的威胁等问题上的差异，并揭示在当选正式职位的人们中间的红色资本家的优势。

不过，这项调研设计也为以后的研究留下了改进的空间。县的数量以及由此而产生的地方背景下变量的范围均显不足。一个离群数据就可能严重地扭曲结果。此外，各县不是随机选取的样本，而是有意选择的。这限制了结果的普遍性。更重要的是，这项调查设计缺少那种能使调查资料更鲜活的背景细节。在审视变量之间的关系时，很容易忽略地方政治、私人关系以及个别机构的重要性，这些用其他的研究方法都能更好地揭示。最重要的是，由于这项计划的主题是中国的私营企业主是否可能成为改革的代理人，调查无法明确地确认哪些人（不论作为个人还是作为集体）最可能受到激励而参与推进改革的政治行动。两波调查都没有直接询问受访者曾有过哪种类型的政治参与，他们喜欢哪种类型的政治改革，或者干脆他们对中国民主现状的看法如何。在起草问卷的时候，这些问题都太过敏感，无法去问。在现今的政治环境中，问这些问题也许是可能的了，但这并不能带来多少安慰。

此外，有些问题在这项计划开始的时候我并不知道要去问。例如，一个企业是重组后的国有企业，还是从一开始就是一家私营企业？这可能是影响它与国家关系和它的所有者对现状的支持程度的一个重要因素，但在这项计划开始的时候国有企业改革也刚刚认真地开展起来。同样，一个企业主是否曾是国有企业的经理也许和他（她）是经商前还是经商后入党同样重要，但这个问题也没有问受访者。调研不像访谈和档案工作，它几乎不可能回去再问几个问题来填补缺憾。如果必须进行一项新的调查，就需要大量时间和资源的投入。①

这些缺憾被调查方法本身的优势所弥补。个案研究可以对一事或一地提供更深入的观察，却要冒过分关注例外而非常态的风险。简单地对中国环境下种种调查结果进行推断，这样的研究甚至会冒得到无效结论的更大风险。社会科学的基础是概率陈述而非定律，无法保证从其他国家和其他时间点获得的调查结果会自动地适用于新的案例。要检验比较研究的论断的普遍性，并使普遍的概念适应中国快速变化的政治和经济环境，就需要实证检验。这项设计还考虑到如何使一个普遍的研究问题——私营企业主们在民主化中的作用——恰当地适用于当代中国的具体环境。政治嵌入的程度并非中国所独有，但衡量它的具体方法——与中共的关系——却展示了普遍概念如何很容易地应用于新环境的实证研究。

在两个时间点上使用同样的问题于同样的区域，则可能揭示出多种因素如何影响了受访者在如下被检验问题上的观点，这些问题包括：行政级别的重要性，官员与私营企业主之间的差异，发展的水平，以及私营部门

---

① 为了弥补这些不足，我和陈杰（Jie Chen）设计了一项新的合作计划，调查于2006—2007年间进行。最初的结果在陈与迪克森（2010）的研究中能看到。

的规模。各变量之间的关系在不同时间所表现出的一致性使我们更加相信，这些结果不是短暂的，而是触及了事物的本质。这项研究计划的调研方法和具体设计对于揭示这些关系、检验比较研究中对中国动态案例的见解至关重要。

（胡国成 译）

第十一章

利用集群空间数据研究扩散效果

——以中国的法律机构为例

李　磊（Pierre F. Landry）

正如墨宁（Manion）在本书第十章所说的那样，有志于研究中国的社会科学家们过去运用概率抽样方法对中国进行了大量的调查研究，但这些调查所运用的方法从过去看靠的都是户籍登记制度，也就是户口。自20世纪50年代起，中国家庭都（基本上）以村庄或城镇街道为单位进行了详尽登记。几十年之中，地方官员为维护和更新这些登记信息费尽心思。这套制度有效地收集了人口数据，因此这些户籍信息从1978年后被广泛地用作在中国进行的绝大多数（如非全部）概率抽样调查的依据。

中国快速的经济转型大大削弱了使用户籍信息作为概率抽样依据的关键假设，即：户口登记准确且完整地体现了它所在地区的人口情况。直到20世纪90年代初期，人们依然可以从村庄和街道获得大致可靠的居民登记信息，然而中国近年来快速的工业化和城镇化使地方官员很难有效地追踪他们所管辖地区的人口。目前在农村进行抽样调查的研究者们面临的问题是，在抽取受访者时，他们发现那些按照官方户口登记本应居住在农村的人，实际上已经变成了城镇居民；然而当研究人员从城镇户口记录取样时，他们经常会发现，那些流动人口并未得到正确的登记，除非他们碰巧进行过正式的临时户口登记。鉴于近年来中国国内流动人口大规模增加，这个问题已变得更加严重。我们再也不能主观地认为根据户口登记信息采集的抽样可以代表该地区的人口情况，也不能断言这类抽样就是概率抽样。

在本章中，我要向大家说明的是，空间概率抽样是如何克服人口流动问题和怎样弥补由“传统的”抽样方法造成的范围误差。同时，我还要说明，怎样利用独特的空间抽样方法（先进行区域人口划分再选取住户）来检验在社区里发生的一些社会活动影响力的扩散效果，在这里我使用的具体例子就是看公民是否愿意去法院起诉。本章内容按照以下部分展开。首先，我要通过一组研究人员于2003—2004年完成的一个研究项目“中国法制改革机构化（ILRC）①”这个例子来展示空间抽样的理念及关键特征。然后我要探讨这种机构影响力扩散的过程，以及我们如何通过把个人数据与其他在同一抽样集群中受访人员的具体行为相联系的方法来追踪这一扩散过程。在本章的最后一节中，我要对一种假设进行验证，那就是“即便是一小部分人（这里指的是去法院起诉的人）也可以对社区其他成员的倾向产生巨大影响，促使他们去模仿其行为，从而帮助巩固这些法律创新的成果”。

第一节 让调查摆脱对户口登记的依赖

参与“中国法制改革机构化”（ILCR）调查的研究人员曾担心不断加剧的人口流动会严重影响户口登记材料的可靠性，并使我们系统地遗漏了一部分人口，这些人从理论上来讲对研究快速变化的社会非常重要。自20世纪90年代起，经济改革迅猛发展和户口登记执行不严已经严重地削弱了户口制度。农村人口向城市流动的规模不断加大：1995年，中国城市中的外来人口达到约8000万，其中仅有半数为官方登记的人口②。仅在7年之后，2000年的人口普查统计到的城市外来人口达1.25亿之多，其中0.79亿为跨省的外来人口③。

不仅是这些数字令人震惊，而且统计部门也居然公开承认在所有近些年进行的中国人口普查中，2000年的普查很可能存在最为严重的统计失误（大约差0.22亿人口），这主要是因为统计工作过度依赖不完整的户口登记数据造成的④。据国家统计局（NBS）估计，“农民工”

① 中国法制改革机构化（ILRC）项目由北京大学当代中国研究中心的沈明明和杨明教授与唐文方（匹兹堡大学）、童燕齐（犹他大学）及作者本人（耶鲁大学）共同完成，我在此感谢福特基金会（中国）以及我们各自大学提供的赞助。

② Congressional-Executive Commission on China, 2006.

③ Liang and Ma, 2004.

④ Zhang, Li and Cui, 2005.

的数量在2008年年底已突破了2.25亿，其中1.404亿已不再在其出生的乡镇工作。这1.4亿人口不包括那些经历过迁移的其他社会阶层或有城市户籍的迁移人口，这造成了官方登记资料和实际居住情况之间的严重脱节①。

虽然大量流动人口的出现已受到广泛关注②，但这种现象并未促使人们及时认真地重新评估那些基于户口登记的抽样方法。人们为了解各种不同类型的流动人口，曾进行了相当的研究。虽然戈尔茨坦（Goldstein）等人（1991）研究过那些居住在自己户籍登记地的流动人口，但他们也坦承这种方法使得他们的分析对象局限于一个非常特殊的流动人口的子集。如古德坎（Goodkind）和维斯特（West）（2002）探讨的那样，外来人口包括很多种类，不仅有那些在一地长期居住并最终成功地获得正式户口的人，而且还有那些非正式的，定期返乡的“流动人口”。

显然，基于户口登记的调查方法会造成有偏差的抽样，而且如果不能激发居民和地方官员及时更新户口信息的积极性，这个问题只会日益恶化。这些偏差不仅造成统计上的不便利，还会严重妨碍我们建立关于当代中国社会变迁的程度和性质的理论。外来人口毕竟是人口中最具活力和创业精神的一部分。唐和杨（2008）通过中国法制改革机构化（ILRC）的样本向人们表明：如果那些外来人口能够经过恰如其分的统计，被纳入对非外来人口的概率抽样中，那么过去人们对他们的传统看法，即外来人口对于解决纠纷的态度，是站不住脚的。显然，就因为外来人口确实难以统计而把他们排除在调查之外，将研究建立在一向得益于政府“城市偏向”的群体（长期的城镇居民）和那些长期住在农村在经济上和社会上都处于底层的非流动人口，这种研究方法也将扭曲并使得研究结果两极化。是否能够掌握动态的分组人口（无论是外来人口还是在城市里迁移的人）也关系到怎样从理论上概括法律机构的制度扩散。迁移的人们把他们的规矩、习惯和生活经历带到他们新的居住地，同时他们也很可能从当地居民那里学到新的思想和规矩，模仿他们的行为特点。那些根据户口登记信息做的看似具有代表性的调查很难真正了解到人口的这些变化，因为它们接触到的只是“永久”居民。

① NBS，2009.

② Goldstein，1987；Solinger，1995，1999；Yang，1993；Zhang，2001.

除了从农村向城镇的迁徙现象，20世纪90年代中期住房政策的急剧变化引发了前所未有的城市建设高潮，成千上万的市民购买了自己的房屋，或是从私人那里租房子住①。这些变化也削弱了户口登记信息的可靠性，其影响力不亚于从农村向城镇的迁移现象。在城市内的这种迁移过程中，迁移者并未感觉到有必要更改自己的户口（因为他们已经是所居住城市的合法居民），这就造成了无回应的调查：根据官方的户口登记信息，这些“迁移者”可能被抽样，但是如果派调查者去这些人的官方地址访问时，他不大可能见到他们，因为这些受访者实际上居住在市内的其他地方。我们2002年在北京进行了一次对空间概率抽样的概念验证研究，结果发现样本中的20%是这一类迁移者。再加上外来流动人口（占样本的25%），我们推断，若按照传统的户口登记抽取方法，我们只能接触到45%的受访者②。

第二节　数据：中国法律改革机构化调查

中国法制改革机构化（ILRC）调查是在中国进行的第一次全国范围内的这类调查。我们在全国范围内收集到的数据涉及民事、经济及行政纠纷的类型和程度，目的是详细研究引起申诉的多种机制。该调查使用一种多级分层抽样方法，其中中国大陆的每个省、直辖市或自治区都作为一个分层抽样群体。在每个分层中，按规模大小成比例的概率抽样（PPS）随机选取县（或城区）。在各县内，依然随机选取两个乡镇或是同等级的市内的两个街道。我们采用2000年的普查数据来测量乡镇一级的规模。从总体上讲，受访者被集中在100个县级单元（一级抽样单元，PSUs）和200个乡镇单元（二级抽样单元，SSUs）。图11－1显示PSUs抽样情况。

① Davis，2000.

② Landry and Shen，2005.

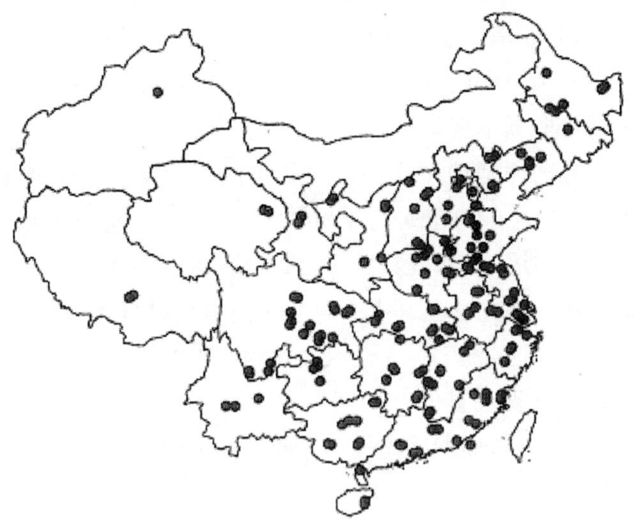

图 11－1　中国法律改革机构化调查（2003—2004）
（圆点代表采样的县，线条表示省界）

第三节　空间抽样

在这个多级抽样设计方案中，我们在乡镇一级以下采用了一种关键性的创新方法。为了彻底避开户口登记系统，这种空间抽样方法要求随机选取已明确定义的、可让研究小组查点的抽样单元。由于这个过程耗费时间且成本高昂，所以很有必要尽量让这些抽样单元的规模小一些，让那些经过训练的配有全球定位系统（GPS）接收装置的查点人员可以轻松找到它们的位置，并调查所有最后选定的空间抽样单元。以前在城乡进行的实验表明，应当在所有乡镇按照经纬度的半平方分（HSM）的分区网格来抽样。

尽管在选取一级（县）和二级（乡镇和街道）抽样单元中采用的是传统上的两步抽样法，其基础是按规模大小成比例的概率抽样（PPS）（根据 2000 年人口普查得出的县和乡镇人口数据），但中国法制改革机构化（IRLC）项目在乡镇以下一级采用的是空间抽样法。在每个乡、镇或街道，按规模大小成比例的概率抽样方法从一个地理分区网格里选取两个空间抽样单元，即经纬度的半平方分的区。每个单元的规模要按照其占据乡镇面积的大小来确定。举个例子，如果一个单元在乡镇面积上仅占有1/4，它被选取的概率就应当只有0.25/N（其中N是指半平方分［HSM］数量，它们在乡镇范围内也可以超出它的地界）。如果一个单元占据了整个乡镇，它的选取概率就是1/N。

图11－2显示的是按照这种方法从中国西部两个乡镇得到的抽样结果。靠最东边的三个长方形是为湟源县（H. Y.）的某个乡镇所选的半平方分（HSM）：其中一个单元横跨于靠近县界的铁路上，而另外两个单元则位于更偏远些的地方。在这里，最北边的方块被随机指定为后备单元，不过最终没有使用。[①] 图11－3显示的是用同样的方法在城市里的抽样结果，它是东北某省省会里的一个区。在人口密集的城市地区，抽样单元（这里指街道）覆盖的面积都比较小，使得在选中的半平方分（HSM）里人群极为密集。

受访者都选自微型社区，也就是最终（空间）抽样单元（FSU），它其中所有住户都要接受调查，以确保在整个抽样中相等的选择概率。[②] 每个最终抽样单元（FSU）的规模为一个半平方分（HSM）的1/80，即11.25经纬度平方秒。经过训练的调查人员在每个半平方分（HSM）中完全随机化选取不同数量的最终抽样单元（FSU）并系统地进行列举。为使各个乡镇中的受访者数量一致，最终抽样单元（FSU）的数目要与半平方分（HSM）中估算的人口密度成反比。在图11－4中，人口密度较高，因此我们估计只需要抽取两个最终抽样单元（FSU）即可，并且给它们编号。相反，图11－3显示的是湟源县的一个乡镇（图11－2中靠最东边的半平方分［HSM］），它那里的人口密度太低，需要对整个半平方分（HSM）做一次人口普查，以便抽取相等数量的受访者。每个单元内的圆点表示实际有人居住的住宅并且已经圆满完成了对它们的查访。

在最后，我们对全国1.6万多个最终抽样单元（FSU）进行了调查，对有人居住的半平方分（HSM）的调查涉及大约1.2万个住户。在长达

---

① 我们在每个乡镇里还挑出第三个半平方分（HSM）作为后备单元，以防抽取的前两个不能提供足够的受访者。如果从每个乡镇挑出的受访者数量依然不够，我们就会放弃先前抽取的结果，转而从乡镇管辖的行政村中随机（按PPS标准）选取两个村。这些新的半平方分（HSM）以村委会为中心，然后按照标准规定选取最终抽样单元。

② Landy and Shen，2005.

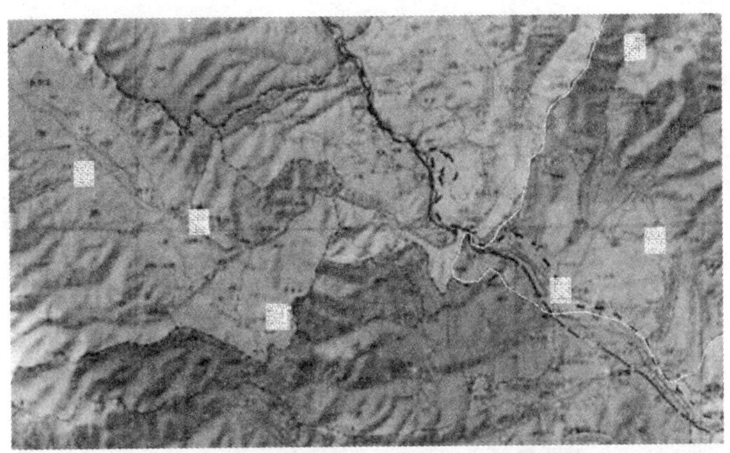

图 11－2　某县地图图例，它展示了呈现在谷歌地球模型上的乡镇地界和基础设施情况，它的划分网格以锁眼标记语言编码，展示在每个经过抽样选取的乡镇里的 3 个三级抽样单元（TSUs）（每个乡镇里有一个 TSU 是随机指定作为后备的）

数周的清点统计中，调查人员小组采用基什网格法在每个住户里选取一位受访者并进行调查。整个过程取得的样本具有 7714 个有效受访者，每个受访者以同样的概率从一个全中国成年人的代表性样本中抽出。由于受访者的年龄、性别方面的差异，以及人为造成的人口密集区的受访者代表不足，使得我们得到的回答率参差不齐，[①] 所以我们使用了 2000 年的人口普查数据来制定抽样加权数。最后，我们专门说明了在县（PSUs）和乡镇（SSUs）层面上按照这种复杂的多级调查设计所达到的效果。[②]

第四节　2004 年以来的技术进步

在中国法制改革机构化（IRLC）项目执行过程中，大多数社会科学

① 为了控制运作成本，如果在一个半平方分（HSM）的列表里超过 60 户居民，就要采取随机方法从中选取 60 户。在最终数据集中，还要运用抽样加权数来修正在挑选这些受访者时出现的人为造成的但可以计算出的不等概率。

② 我们没有说明乡镇一级以下的设计效果，不仅是因为每个乡镇（SSU）三级抽样单元数目太小以致无法操作（通常在用到后备单元时只有 2 个，有时是 3 个），还由于大量研究已经表明，在实际上，一般在县（PSU）一级上才能体现出设计效果，少数也会出现在乡镇（SSU）一级上；变量分析值没有受到明显影响。参阅 Barron and Finch，1978；Dever，2001。

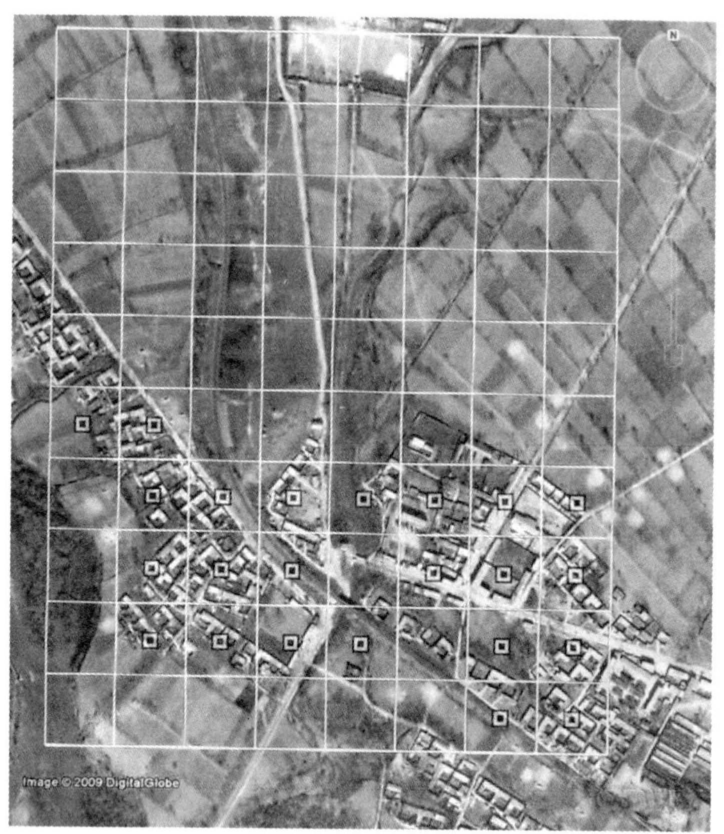

图 11－3　一个空间抽样单元图例（半平方分），
取自中国西部低密度人口的农村地区
（方块代表 FSU，圆点表示一次（或多次）调查圆满完成）

家要么是买不到便宜的卫星或遥感信息，要么就是买不起这些信息。不过时过境迁，现在已经有了像谷歌地球这种强大的地球虚拟软件，它使得人们在空间抽样的初级阶段可以轻松地采用那些清晰的图像。

图像使抽样人员能够为数据确定出更可靠的先验参考值。如果没有卫星图，就没法为乡镇以下地区的人口密度分布情况做调查模型。在一些偏远地区，人们先验性地（非常保守地）放弃对某些地区的抽样，因为最完整的地图材料和人的常识告诉我们，那些地区的人口密度实际上是零，比如布满沙漠、森林或湖泊的地区。在缺少具体的居民分布的信息的情况下，我们采用的最终抽样单元（FSU）数目会非常大（达到 1.6 万），这是因为它们必须与抽样地区的预计人口密度成反比。这个数字是根据研究小组先前所做的实验得出的，实验的目的是要事先得到每个乡镇（SSU）所需受访者的数量，这项实验耗时费力，因为清点编号人员必须亲自走访，看看每个最终抽样单元（FSU）是否有人居住。

图 11 -4　在东北某个城市地区的空间抽样单元示例

图 11 -4 是从中国东北某大城市某街道按半平方分（HSM，包括后备单元）取得的抽样结果。由于人口密度庞大，在每个半平方分（HSM）里抽取两个最终抽样单元（FSU）就足以按照人们的预计，得到必要数目的受访者。大方块是指半平方分（HSM），小方块是指最终抽样单元（FSU）。最终抽样单元（FUS）内的圆点表示一次（或多次）走访已圆满完成。没有走访的半平方分（HSM）为后备单元，已经过调查但未被使用。

拥有卫星图之后，大量的工作可以在办公室里完成，而且对于很多地区，卫星图的细节使得事先排除空方块的工作达到很高的精确度。[①] 如果在

① 锁孔标记语言（KML）被用来把数据铺放在谷歌地球模型上，编程相对简单。该语言规格可登录 http：//code. google. com/apis/kml/documentation/获取。

抽样中偶然选择了人口稀疏地区，研究者可以直接将该地区放大，提前确定是否有必要派调查人员和清点人员到该地区去。[①] 2009 年时，我们还没有整个中国疆土的高分辨率图像，但数据在不断地改进。甚至在没有高分辨率信息的情况下，默认清晰度也足以满足粗略排除空方块的工作，只是要注意第Ⅰ类和第Ⅱ类抽样误差率可能性更高。我们建议还可以将地图数据或其他外部信息与地球模型结合使用，这样可以极大提高工作的精准度（就像我们前面举出的图 11－2、11－3 和 11－4 一样）。如果方块表示的人口居住点从卫星图上看不清，就应当先保留它们，并由清点人员予以核实。

总之，中国法制改革机构化（ILRC）调查为检验先前做的案例研究结果提供了坚实的基础，也使人们能进行关键点预测，和对普通民众的行为提出可以推广的命题。此外，这样的样本其抽样规模之大，足以捕捉到稀有事件（如纠纷），而且符合等概率抽选法的原则，并且从中国多样化的地理、人口统计和社会经济等方面来讲都具有代表性。

第五节　法律机构影响力的扩散

大量的、有关政府机构创新的文献都强调“信任”的作用，它是决定政府机构创新成功的关键性因素。需要指明的是，如果人们信任一个机构，他们在需要它的时候就会依靠它的帮助，否则他们很可能转向其他的合理性选择。长远来看，信任也是政府机构能够经久不衰的一个条件[②]。

许多学者实证证明，在中国，人际信任度和靠体制维系的社会信任度都是比较高的[③]。不过，根据一般的信任度去预测某个机构的成功或失败并不怎么可靠。就像个人之间的信任既可以广义理解也可以狭义理解一样[④]，个人对于政府机构的信任度千差万别。李连江（2004）近来做的一项研究更明确了这一点，在农村的中国人对中央和地方政府机构表现出的信任程度也是千差万别。

中国法制改革机构化（ILRC）调查结果表明上面这些概括性的研究

① 如果卫星图有点过时，建议可将在抽样框架中靠近人口密集区的看似空地的方块保留，以便说明建设情况或城镇发展。

② Hetherington，1998；Levi，1999；Levi and Stoker，2000；Ulbig，2002.

③ Inglehart，1997；Shi，2001；Tang and Parish，2000.

④ Uslaner，2002；Jennings，1998b.

结果也适用于法律机构。我们发现人们的信任也是因机构而易，他们对经常参与纠纷调解的组织（比如村委会）的无能百般诟病，对法院和检察院却更为信任。此外，大多数受访者对于有官方背景的机构的信任度，大大超过对那些没有官方背景的单位，村委会在调查表上名列最差，人们对公安机构的信任则超过对法律专业人士的信任。

民众的信任以绝对优势倾向于中央政法机构。在随后进行的一次信任度调查中（比如，对法院的信任），我们让受访者对地方机构和中央机构进行对比。关于法院，我们问他们是相信最高人民法院，还是地方法院，还是二者都不相信。我们还以同样问题问到人们对人民代表大会、共产党以及一般政府机构的信任情况。虽然党员一般比非党群众更信任政府，但相对于地方机构，中央机构在两类人中都得到了极大的支持。

研究信任问题的理论工作者非常重视与信任相关的方面，但我们的调查研究尚不具备检验这种论断的能力，随机抽取的受访者与样本里的其他受访者可能有关联，也可能没有。而空间抽样法是一种比较好的代替办法，这是因为最终抽样单元本身固有的属性，那就是共同居住在一个不大的地区里（也就是从空间上讲一个经纬度平方秒）的所有住户，从建筑位置上讲都属于邻居。相对于一般性的调查，在我们的调查中，我们可以通过询问受访者是否信任他的邻居，来进一步了解这种信任是不是相互的。使用这种空间抽样的设计，我们也能很幸运地走访他的邻居。

空间抽样设计也是一种考察社区内不寻常事件，比如到法院告状的影响的强有力手段。这种事件比较罕见，但重要的是社区里其他的成员在目睹了这种涉及他同乡的事情后，会不会从那里面学到些什么。

鉴于中国社会的性质以及毛泽东后的政府结构，社区网络的作用特别有吸引力。人们从人类学[①]、社会学[②]、经济学[③]、政治学与法学的角度[④]，对于社会关系（关系）的程度和影响及其对个人行为的影响程度做了大量的研究。如果在当代社会里关系的重要性依然不减当年，那么在中国社会里当一种创新做法在一个联系紧密的社群网络里变得人人皆知时，它就会更容易被迅速接受（或抵制）。密切的关系促进了信息的流动，使

① Kipnis, 1997; Ku, 2003; Yang, 1994.

② Brian, 1999; Gold, Guthries, and Wank, 2002; Guthries, 1999.

③ Krug, 2004; So and Walker, 2006.

④ Lee, 1997; Oi, 1986.

创新事物的利弊优劣在联系紧密的个人之间迅速扩散。

第六节　利用空间抽样调查数据来验证扩散假说

中国法制改革机构化（ILRC）抽样调查因其特殊设计而特别适合被用来验证小型社区网络影响。在最终抽样单元（FSU）层面上的空间群集数据帮助我们更方便地分析邻里间互动的社会活动。在这样的小型社区中，受访者相互认识的概率非常高。如果在这种小型社区中能发生扩散效应，那么中国法制改革机构化（ILCR）调查则非常适合用来检测其达到的规模和程度。

我们能在抽样选出的社区中找出那些直接参与法律纠纷、告状和利用他们打官司的经历影响周围人的受访者。对于调查所覆盖的各种纠纷，包括民事的、经济的、行政的，我们向受访者提出的问题是：选择去法院打官司是不是能最终解决纠纷的。如果是，我们会继续问他们如果在将来出现类似纠纷时是否愿意采取同样的方法解决。由此我们可以找出采纳者（此处是指曾经有过纠纷，而且将来还会去法院告状的人士）所在的社区。对于每个社区，我们可以计算出在各种纠纷中属于“最终办法采纳者”的受访者的（$\bar{x}$）平均影响力份额。为求更加精准，对 x_i 的计算排除了受访者自己，在群集规模较小时，这是一种必要的修正：

$$s_i = \frac{\bar{x} \cdot N - x_i}{N - I}\text{假设 } N > I \text{ 和 } s_i = o \text{ 假设 } N = I$$

其中 x 是利益相关变量，N 是从该社区中抽样出来的受访者总数。尽管任何一对具有共同行为的个人影响力所占份额一样，但这些份额从理论上讲只是针对每个社区成员个人的。由于利益相关变量很少发生，大多数情况下是 s = o，并且它在理论上的最大值就是 1。

现在可以考虑一下我们提出的假说，即下面的两个因素都有助于法律机构影响力快速扩散，它们一个是法院的可信度，另一个是在小型社区里有打赢官司的个人的存在（参见表 11 – 1）。我们虽然不能直接观察到他们的社会联系，但有理由相信小型社区中的成员彼此频繁地相互接触，而且很快就能了解那些非常事件。由于这类事情极少发生，所以打赢官司这种新鲜事情肯定会很快传开。当众多对官司满意并相信法院的人夸耀他们的做法时，政府机构的影响力便会迅速扩散开来。如果这其中仅存在一个因素，那么这个扩散的过程会比较缓慢；如果一个因素都不具备，我们就几乎看不到什么扩散，或根本就没有扩散。①

表 11－1　　机构影响力扩散条件

		机构的信任度	
		低	高
采纳者密度	高	缓慢扩散	迅速扩散
	低	无/极慢扩散	缓慢扩散

注：如果预测这种行为的个人层面上的变量随着时间发生变化的话，就会有更多的人去求助于政府机构。

一　社区经验和机构影响力扩散

尽管扩散论把“采纳者”假设为地方上的民意制造者，但我们必须强调的是，这些有参与观察体验的个人仅占社区里很小的一部分。当我们使用乡镇作为我们的分析单元时，我们发现几乎没有哪个地方有超过一位曾真正通过法院解决纠纷的受访者。实际上，我们在大多数社区中无法找到任何有这种参与观察体验的人，我们只是看到在 69 个乡镇里（接受调查的共有 200 个）有通过法院解决的民事纠纷，其中 47 起是经济纠纷，16 起是行政纠纷。不过，采纳者不集中并不意味着他们对自己所在社区无足轻重。尽管他们的人数非常有限，但扩散理论研究表明，如果他们恰好与“普通”社区成员有密切的关系，他们就能影响其他人的行为。

调查数据表明，在成功地运用官方的法律机构的受访人员中，采纳者数目超过了非采纳者。通过法院解决了经济纠纷的 90% 的市民表示他们还会这么做，而民事纠纷中的比例是 78%。行政纠纷者中的采纳者与非采纳者比例相当，这很可能是因为行政诉讼范围依然非常狭小而且成功率太低的缘故。总的来说，这些比例符合我们的扩散假说，即：尽管很少有人去法院打官司，但既然那些有此经历的人愿意在将来还使用这种办法，他们很可能会用自己的行为去逐步影响自己周围的社会关系。这点也说明了为什么在第一次陷入法律纠纷的公民中有越来越多的人会通过法院解决问题。

我们通过将采纳者人数不等的各个社区里从没有去过法院打官司的受

① 注意：没有发生扩散并不一定表明去法院起诉的人不会增加，这只能说明在社区里没有人模仿去过法院起诉的人。

访者的倾向进行比较，就可以看出这些采纳者可能造成的影响。为此，我们特地询问那些从没有经历过纠纷的受访者，他们在某种假设的纠纷情况下是否愿意通过法院解决。如果我们的扩散假说成立，我们就应当能够看到：如果受访者的邻居中恰好有一家（或几家）“采纳过”去法院的方法，那么他们就更趋向于也去法院。

表 11－2　　法院采纳者对平均上诉倾向的影响

	民事	经济	行政
N	200	200	200
F（I，198）	5.86	0.08	3.85
模型概率＞F	0.02	0.78	0.05
	系数	系数	系数
乡镇中法院采纳者的份额	1.662 **	0.345	4.43 **
常数	0.419 ***	0.492 ***	0.30 ***

注：*** 、** 和 * 表示显著性水平，分别是 0.01、0.05 和 0.1。

初步得到的证据再次支持了扩散假说，那就是以乡镇作为分析单元时，三个简单二元回归中的两个表明：在那些曾有人打赢民事和行政官司并愿意还去法院的乡镇里，那里的居民们更愿意去法院解决问题，这与那些没有人去法院打过官司的乡镇形成鲜明对照（见表 11－2）。不过经济纠纷者似乎并不是这种情况。为了弄清这些“采纳者”对法律机构影响力扩散的影响，我们需要制作出一个专门的模型，它既顾及受访者个人特征的影响，又要考虑到其社区中曾去过法院打官司的人产生的影响。这样的模型可以用来正确地考察这些扩散效果的大小。

二　多变量分析：给去法院起诉的倾向制定分析模型

为了能正确解读去法院起诉的倾向，可以专门制定一种概率分析方程，它考虑到抽样设计的多级分层性质，并采用了概率加权数。我们分别计算了中国法制改革机构化（ILRC）项目里涉及的各种纠纷的估值。我们询问了所有受访人员，在过去二十年内他们是否涉及过民事、经济或行政纠纷，他们是否为解决这些纠纷采取过去法院起诉的方法。如果受访人员进行过起诉，则应变量编码为 1，否则为零。对于那些没有经历过纠纷的受访人员，我们请他们对一种简单的纠纷提出看法，并告诉我们在这种情况下会采取什么样的措施。由于我们的研究是在同一个国家进行的，不存在文化差异的问题，因此这种方法比问一些随意的问题更可靠①。如果受访人员之前从没有涉及过民事类（经济类或行政类）纠纷，且表示他们在那些假定的民事、经济、行政类纠纷案件中会运用法院，则应变量编码也为1。

在等式左边，该计算模型区分了真正经历过纠纷的受访人员和对假定情形提出看法的受访人员之间的差异。

没有经历过d类纠纷的个人：概率值（法院起诉）$_{Id=0}$ $= \Phi(X\beta) + \varepsilon$

经历过d类纠纷的个人：概率值（法院起诉）$_{Id=1}$ $= \Phi(X\beta + d) + \varepsilon$

对假设问题做出回答的那些受访人员更有可能表示他们愿意去法院起诉，这是因为他们表达这种倾向没有什么顾虑，这与那些真去过法院起诉的当事人不一样，他们要承受打官司的成本。我把这些针对纠纷的哑变量相对应的系数的大小，解读为去法院打官司的成本的标志。

既然扩散假设根据的是两个变量的影响（法院的可信度和社区采纳者的密度），我们就需要检验一下把这两个变量加入一个原始模型后是否能实际改善模型的预测能力和统计显著性。既然相似性比率检验方法不适用于针对复杂的调查设计的概率分析回归，我们就必须依赖于那些用相同一组自变量估测出来的未加权概率。由于在基线模型上增加两个变量时会失去一小部分观测值，因此我们只能将相似性比率检验方法应用于那些饱和模型和嵌套模型共有的观测值子集（见表11－3）。

如表11－3所示，不管是民事、经济还是行政纠纷，这些相似性比率检验都与扩散假说一致。饱和模型总是优于嵌套模型。② 然而，对于描述社区采纳者是否存在的这个变量，其系数的显著性则根据纠纷种类而有所不同；它们对于民事纠纷来说是非常重要的，对于经济纠纷的意义较小，而对于行政纠纷的则不显著。对民事纠纷来说，扩散的效果像人们期待的那样好——两个变量的系数均为正值（按照预期的方向）。去法院起诉的倾向作为这些参数的函数因个人和社区情况而异。通过改变各参数的值，同时让其他参数取它们的样本均值，我们能更加直观地看到这些变量共同发挥的影响（如图11－5所示）。学者们在通过模拟来研究扩散的过程中发现，小范围的社会关系能产生大的行为结果，这个结果似乎也适用于此

---

① King et al.，2003.

② 由于空间限制，我在此没有讨论从受访人员那里测得的大量控制变量，它们包含在表11－3中的标题“人力资本和信息”、“政治和社会资本”以及“抽样单元”里面。有兴趣的读者可以参阅Landry（2008b），里面有关于这些变量的详细介绍。

处，也就是说即使是社区范围内只有一小部分采纳者，也能大大增加社区成员采取相同行为的可能性。

表 11－3　　民事、经济和行政案件中去法院起诉的概率分析

	模型 1	模型 2	模型 3
	民事案件	经济案件	行政案件
分层数量	24	24	24
PSU 数量（县）	100	100	100
观察值数量	7160	7160	7160
估测的人口规模（百万）	850	850	850
概率 > X2	0.000	0.000	0.000
控制实际纠纷的对照类别			
民事纠纷	－0.841***	—	—
经济纠纷	—	－0.862***	—
行政纠纷	—	—	－1.062***
扩散变量			
法院的可信度	0.177***	0.252***	0.208***
乡镇法院起诉者的比率			
民事案件	5.902**	—	—
经济案件	—	5.845	—
行政案件	—	—	3.717
人力资本 & 信息			
正规教育（年）	0.023**	0.030***	0.020***
法律知识分数	0.061***	0.044***	0.056***
电视	0.119***	0.052**	0.076**
政治和社会资本			
共青团员	0.172***	0.130	0.005
共产党员	0.229***	0.189**	0.102
和党政干部的联系	0.055	0.091*	0.063
和法律或公安人员的联系	0.225***	0.174***	0.162***
和人大代表的联系	0.084	0.050	－0.001
和律师的联系	0.131	0.191**	0.017
和法律援助局的联系	0.038	－0.181*	－0.176
和工会的联系	0.030	0.129*	0.047

续表

	模型1	模型2	模型3
人口统计变量			
年龄	0.006	0.008	-0.024**
年龄—平方	0.000	0.000	0.000*
女性	-0.019	0.026	0.105**
汉族	-0.016	0.008	-0.102
城市户口	0.334***	0.123	0.148*
全职农民	-0.040	-0.098	-0.041
常量	-1.548***	-1.356***	-1.133***
对全模型与嵌套式无扩散变量模型进行的 LR 检验（包括 7160 个观测值的未加权概率）			
$LRX^2_{(2)}$	102.61	131.33	112.15
概率 > X^2	0.000	0.000	0.000

***，**和*分别表示 0.01、0.05 和 0.1 等级的显著性水平。

因为在最小的省份里只提出了一个 PSU，原来的分层被分为 24 个后期分析层。线性化的方差估计值说明了复杂的多级调查设计的效果，它们包括各个分层、第一级的县（PSU）的选取和第二级的乡镇（SSU）的选取。这些计算省略了第三级和第三级以下的抽样调查。

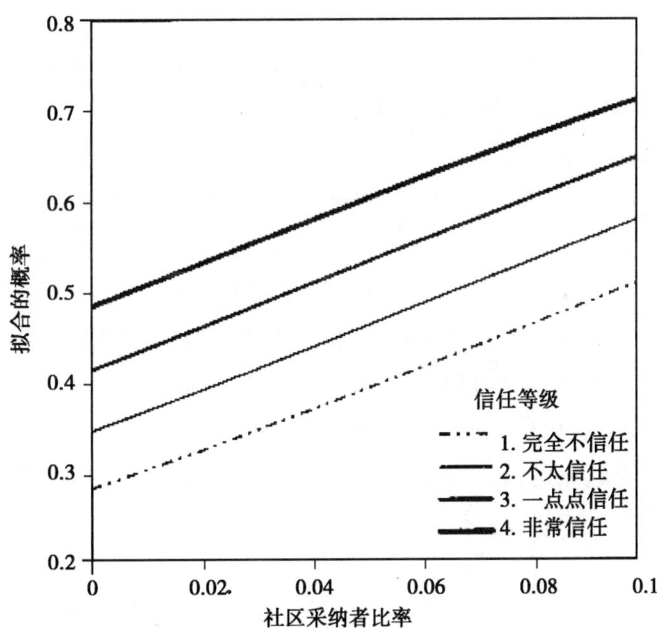

图 11－5　社区里采纳者的存在和受访者对法院的信任度，这两个变量共同对在民事纠纷中去法院解决问题的概率的影响

（其他在等式右边的所有变量都固定在其样本中的均值）

第七节　结论

无论在中国还是在其他地方进行调查研究，其方法必须要适应于急剧的社会变化。在中国，农村人口向城市转移，以及因职业和居住原因产生的人口流动，增加了根据官方户口登记表进行随机抽样调查的难度，虽然这个过程并不是中国特有的，但它却显得尤其突出。从1950年至1990年通过户口制度限制人口流动曾为调查研究人员提供了相当可靠的抽样框架。鉴于目前流动人口规模日渐加大，以前的研究方法已变得不再适用。

在把外来流动人口纳入抽样框架方面，空间抽样不失为一种既省时又省力的方法，而且还可减少覆盖范围误差引起的偏差。此外，本章还说明了空间抽样方法的一个重要的间接好处，那就是能调查在以同样概率随机选取的小集群中的扩散模式，并且能直接检验对于机构影响力扩散所提出的假设是否成立。

这种方法的效率和费用合理性在其他一些研究项目中得到不断完善和改进，其中包括近年来进行的“北京地区研究”，这是一项关于“不平等和分配正义”的研究，以及最近的“世界价值观调查”项目（在中国大陆抽样）。新技术与研究团队积累的实际经验相结合，有助于更好地控制抽样和清点编号的运作成本。但即便如此，人们仍然面临着重大的挑战。所有的研究（空间或其他方法）面临的越来越大的问题是如何进入有门卫的小区。随着中国城市居住小区的数量越来越多，即使是最好的空间抽样技术方法也不能解决如何说服小区保安允许调查人员进入的问题。这使得调查工作可能失去某个地区整体的人口，而其中许多小区里居住的都是条件比较优越的居民。虽然“地理信息系统”和卫星成像方法可以帮助研究人员了解“社区无应答”的原因，并设计分析模型，但是不能完全解决问题。看起来可行的可以降低这种风险的办法是尽量缩小集群抽样的规模，在更低一级选择时提高抽样比率。

（张勇译　段若石校）

第十二章

通过《北京社会经济发展年度调查》测量十多年的变化和稳定

沈明明　杨　明　墨　宁（Melanie Mansion）

在中国，通过获得有代表性样本的问卷调查所提供的静态数据常常因为社会经济迅速变革而过时。本来，纵向数据的重要性怎么强调都不为过，在这种特殊的背景下，则尤为重要。问卷调查研究者似乎已经意识到这一点，第十章就提到，在中国做的问卷调查有很多纵向数据的成分。迄今为止，最有代表性的是北京大学中国国情研究中心设计与实施的《北京社会经济发展年度调查》（BAS），该调查从北京市居民中抽取代表性样本，它始于1995年且还在进行。本章将先介绍《北京社会经济发展年度调查》在90年代初期的愿景和目标，然后具体介绍问卷内容、抽样设计和调查实施情况与方法。我们特别想讨论一下《北京社会经济发展年度调查》在头十年面临的挑战和变化；以及自2007年起在抽样方法上的重要改进。大致而言，除非有利于说明调查方法，我们不侧重介绍调查结果。①

第一节　愿景和目标

《北京社会经济发展年度调查》主要针对社会经济问题，没有明确的政治议题。事实上，“政治”两字甚至没有成为项目名称（北京社会经济发展年度调查）的一部分。这不仅因为政治问题比社会或经济问题更敏

---

① 如关注《北京社会经济发展年度调查》前十年各问题领域的调查结果，请看Yang等，2007。

感，而可能给实施带来的困难；更因为，相比一项一次性的调查项目，《北京社会经济发展年度调查》必须认真考虑一个跨多年度项目可预期的生命力。同时也要了解《北京社会经济发展年度调查》在90年代初立项时的社会背景。从1992开始，邓小平强调了私有企业在经济中的作用，中国经济以及相应的社会变革步伐迅速加快。在历史性的“改革开放”期间，《北京社会经济发展年度调查》设计者的一个重要目标是，用一个不断更新的数据库来考察行进中的重大改革对普通中国人日常生活的影响。

对《北京社会经济发展年度调查》有重大影响的是一个美国的问卷调查。沈明明在密西根大学读政治学博士期间，他作为底特律区域调查（Detroit Area Study，DAS）的采访员获得了做问卷调查的第一手经验。底特律区域调查和芝加哥社会综合调查（Chicago's General Social Survey，CGSS）提供了行之有效的单一城市纵向调查经验。在设计《北京社会经济发展年度调查》调查和问卷阶段，《北京社会经济发展年度调查》的组织者也征求了一些具有丰富经验的专家的意见。例如，1995年4月召开了一个座谈会，征求密歇根大学社会研究所的调查研究人员的建议。

从《北京社会经济发展年度调查》早期的问卷设计可以看到底特律区域调查和芝加哥社会综合调查的影响。具体而言，除了每年重复使用的基本人口统计学问题，问卷包含两大部分：（1）每年或每几年重复使用的问题，它保证了不同年度测量的连续性；（2）每年更新的问题，反应了不断变化的研究议题和新事件。

三项早期的决定奠定了《北京社会经济发展年度调查》问卷设计的框架。第一，出于预算的考虑选择采集横截面数据，而不是更有野心的动态跟踪调查（例如：每年采访相同的受访者）。第二，《北京社会经济发展年度调查》实施选择面访而不是其他方式，因为面访更能保证采访对象回应的准确性和质量。最后，除了下述的几项个案，《北京社会经济发展年度调查》都采用封闭式选择题，这主要也是出于成本的考虑，因为在输入数据前，对开放式问题的回答进行系统性编码非常费时费力。

《北京社会经济发展年度调查》的愿景包括针对不同群体的五个目标。第一，最主要的目标是用一套标准的测量指标逐渐、定期和频繁的收集数据，建立起一个珍贵的数据库，以衡量改革如何影响普通市民的生活。这些丰富的实证材料将成为学术界系统研究中国社会变革的基础。第二，《北京社会经济发展年度调查》要为政府（甚至是企业）决策和政策提供可靠的实证基础。在项目的早期，北京市政府政策研究办公室提供了极为宝贵的资助。第三，以身作则，推动中国社会科学定量实证调查及分析的发展。第四个目标与研究生教育有关。作为一个高校研究中心主持的一个持续进行的重要项目，《北京社会经济发展年度调查》是一个教育工具。北京六所大学的研究生参与过该项目：实施抽样设计、面访、实地考察、为开放式问题的回应编码及输入数据。很多与北大中国国情研究中心有关联的研究生透过分析《北京社会经济发展年度调查》的数据发表文章和学位论文，磨炼了自己的统计技能。第五，《北京社会经济发展年度调查》是内地学者和国外学者建立联系的桥梁，彼此共享北京经济和社会发展的数据。北大中国国情研究中心和国外学者一起合作，就特定的研究兴趣设计合适的问题，这些问题以“搭车”的形式捎带在标准的《北京社会经济发展年度调查》问卷上。这样，国外学者就可以获取一套独特和高质量的个人层面数据，这包括他们针对自己研究设计的问题和大量社会与人口统计方面的标准数据。约翰斯顿（Johnston）①、约翰斯顿和施达妮②（Stockman）的研究就是一个案例。该研究的数据主要来源于中国公民对国际关系的看法的历时调查，约翰斯顿与北大国情研究中心合作设计问题，并把问题纳入 1998 至 2004 年度的《北京社会经济发展年度调查》中。

当然，《北京社会经济发展年度调查》最有意思和最重要的特征是其长期代表同一个群体的调查数据。这是北大中国国情研究中心最接近、最容易接触到的人群。北京是中国政治的中心，它拥有一个独特的环境，北京居民当然无法代表所有中国人，甚至不能代表所有中国城市居民。同时，据我们所知，北京市的普通居民大概比很多其他城市居民更了解政策的改变并受其影响。从这个意义而言，研究者对这个特殊的人口有着独特的兴趣。

第二节　问卷内容

如上所述，《北京社会经济发展年度调查》的出发点是中国发生重大

---

① Johnston，2004，2006.

② Johnston and Stockman，2007.

经济和社会变化这个政策背景。在问卷设计早期，研究者的初步假设是：如果在社会上大多数人倾向于支持变化，并能接受变化带来的困扰，那么改革就能顺利进行。此外，如果人们在某种程度上能看到这种变化对自身的好处，他们对未来的信心，对变化的认识水平，接受变化所带来的干扰的能力也都会增加——改革成功的可能性从而也增加了。

一 核心问题

《北京社会经济发展年度调查》问卷的核心部分包括多种常用的个人层面的社会与人口统计指标，例如性别、年龄、教育水平、职业、工作场合、收入、住房、婚姻状况、在北京居住时间长短等。每年的问卷都包括这些问题。虽然把这部分问题设计好并不是完全没有困难，但它们构成的挑战比其他部分相对较少。

表 12－1 《北京社会经济发展年度调查》每年都问的问题

家庭社会阶层地位的主观排名
与去年同期相比对家庭生活条件的评价
相对住房条件（1996 年加入）
在北京生活的满意度
评价“改革开放”的成就
评论“改革开放”给家庭层面带来的好处
评估当前国家的经济形势
估计国家在未来一到两年的经济形势
估计国家在未来五到十年的经济形势
评估北京当前的经济形势
估计北京在未来一到两年的经济形势
估计北京在未来五到十年的经济形势
评估北京各种社会问题的严重性：市场管理、医疗卫生服务、收入分配、教育、物价、失业、社会稳定、环境保护、交通管理、通信、能源供应、市政建设、住房、社会福利、市容和环境卫生和“流动人口”
在上述问题中，北京面临的最严重的三个问题
北京市政府是否已在最严重的问题上采取行动
如果已采取行动，行动的有效性
北京市政府是否有足够的权限来解决最严重的问题
北京市政府是否有足够的资源来解决最严重的问题

由于回应疲劳会影响调查质量，采访时间不宜太长；这意味着问卷上的每个问题都存在机会成本。初期决定的核心问题因每年都要重问，对未来每一年度的调查都影响深远，因为它们占用的篇幅可以用来研究不断改变的研究议题，或探索新事件对公众舆论的影响。在 90 年代中期似乎非常重要的一些核心问题，若干年后可能不再重要。若是如此，我们是否应该冒着它们可能会再次变得重要的风险，把它们舍弃，从而失去一个有连续性的测量值？这个考虑也体现在问题的措辞上：如“改革开放”之类的表述在几十年后是否仍被普通中国人理解，在某种程度上取决于将来的政策变化。《北京社会经济发展年度调查》在核心问题的设计上大体反映了设计者对未来预期的谨慎的态度（即很少或没有变化）。

《北京社会经济发展年度调查》的核心部分包括自 1995 年以来每年和每隔几年采用的问题。每年度都使用的问题大概有 24 个，数字的出入取决于计算的方法。这些问题都列在表 12 - 1 上，并且可以归为 5 个组别。第一组问题关注家庭生活条件、主观社会阶层和在北京生活的满意度。1996 年补充了住房条件的问题，这是从之前的研究结果中学习的一个例子：受访者回答“北京最严重的三个问题”时，住房被列为其中之一，因此被纳入问卷。同时，《北京社会经济发展年度调查》的设计者也预计，商品房销售的增长对中国城市居民的民生将是一个重要的变量。第二组问题要求受访者评价“改革开放”所取得的成就。第三组问题询问对北京和全国当前及未来经济形势的评价。

最后两组问题在政治上更为敏感。其中一组要求受访者针对 16 个具体议题判断：北京是否存在上述问题；如果回答为“是”，他们将被追问：这个问题是否严重。然后，受访者要决定：北京最严重的三个问题是哪些。这是一组重要但相当费时的问题。在 1999 年和 2000 年，《北京社会经济发展年度调查》增加了一些开放式问题，旨在探索受访者认为存在问题的领域的确切性质是什么。核心部分最明确直接的政治问题聚焦于北京市政府。这组问题问的是市政府为解决最严重的三个问题所采取的政策措施：市政府是否有采取行动，如果有采取行动的话，是否有效，市政府是否有足够的权限应对问题，以及市政府是否有足够的资源来应对这些问题。

学者可以通过这些核心问题衡量人们对基本民生问题看法的稳定性。这是通过别的中国数据不可能做到的。例如，只需要考察几个与政策和政治相关的问题的频率分布，我们就发现，在90年代中期，受访者在“改革开放”是否让家庭受益的问题上意见分歧很大，大部分的受访者认为好处少；但是在90年代末，大约一半的受访者认为好处少而另一半认为好处多。另外，我们发现“流动人口”和社会稳定连续多年成为北京市三个最严重的问题；高比例的受访者也认为失业、医疗卫生和住房也是最严重的问题之一。最后，我们发现对北京市政府解决最严重的问题的有效性看法基本稳定（除了1998年不同回答的比例大致相等），约60%的受访者认为政府的措施有效。显然，借助这些核心问题，《北京社会经济发展年度调查》的人口统计数据支持我们做数据分析（而不是简单的报告数据），在不同的子领域（例如，年龄，收入，教育水平）中研究北京市民随着时间推移的态度变化。

第二类的核心问题现在每年都问，但它们是在《北京社会经济发展年度调查》开始后才分别加入的。对其他国家看法的系列问题就是一个例子。这些问题在1998年进入《北京社会经济发展年度调查》，此后每年都问。这些问题包括使用“情感温度计”来衡量对十几个国家的感觉（一些是1998年后添加的）；对日本、中国和美国的评估，对这几个国家的公民的评估；以及各强国好战程度的评价。媒体消费模式也是1995年添加后每年都问的问题。

第三类是经常但并非每年都问的核心问题。测量各种价值观的问题是一个例子。人们的价值观往往是相当稳定的，这意味着不需要每年进行测量。同时，在中国发生重大社会经济变革的前提下，价值观变化和稳定的程度是一个重要的实证问题。《北京社会经济发展年度调查》每三年测量公民的价值观，这包括男女平等、收入平等、平等机会、后物质主义、道德行为、竞争行为、中国传统价值观（例如，集体主义）、民族主义、个人和国家之间的关系。每种价值都通过几道问题来测量。

二　不常问的问题

除了核心问题，《北京社会经济发展年度调查》有一些不常问的问题，通常只问一次。例如，在1998年，为了纪念改革20周年，《北京社会经济发展年度调查》问了三个开放式的问题，让受访者回忆起过去的20年，并报告自1978年以来的三个重要事件，三个有重大影响力的人物和思维方式的三种明显变化。有意思的是，比例最高（39%）的受访者回忆说，1989 年 6 月 4 日，是三个重要的事件之一。

大多数仅在某年度出现的问题都牵扯到当时的“热点问题”，研究者针对一个议题设计了几个问题来测量。这些议题包括腐败（1995）、社会稳定（1995 和 1996）、环境保护（1997 和 2001）、香港回归（1997）、下岗工人（furloughs）和最低收入保障（1997）、亚洲金融危机（1998）、中国申办 2008 年奥运会（2000）、中国加入世界贸易组织（2002）、非典（2003）以及“三个代表”。这些问题都有潜在的政治敏感度。《北京社会经济发展年度调查》的设计人员只能根据自己的判断来决定哪些问题太敏感而不应纳入调查，但这始终是一个不精确的艺术。例如，在 1995 年，当第一个《北京社会经济发展年度调查》正在设计的过程中，腐败是当时首都人民“最热议”的话题。当时的北京市委书记、政治局委员陈希同因贪污正在接受调查，他的长期工作伙伴和北京市副市长王宝森在被调查前自杀，中央纪委在全国开展反腐败运动。在这种政治环境下，《北京社会经济发展年度调查》的设计者不出意料地决定：和腐败有关的问题过于敏感，不应纳入问卷，但最后结果是北京市政府建议把这类问题加上去了。

第三节　抽样

抽样也许是《北京社会经济发展年度调查》最具挑战性的问题，从而引发了定期进行的细微调整和两个重大调整（2007）。《北京社会经济发展年度调查》使用横切面抽样抽出一个概率样本，每年从相同的北京市居民总体中用同样的方法抽出一个类似的样本。一直到 2007 年，抽样程序保证了样本的代表性（18 岁至 65 岁，拥有非农北京户口，居住在北京八个城区范围内固定住所的北京市居民①）。

根据北大国情研究中心以往做问卷调查的经验，我们预计了 80% 至 85% 的回答率。为了达到 95% 的置信水平，使得调查结果可以推断总体，《北京社会经济发展年度调查》使用了两阶段与规模大小成比例的概率抽样方法（PPS）抽了 1200 户（目标是约 1000 个完成的面访）。

---

① 在 1995 年，年龄范围界定为 18—74 岁，在 1996 年和 1997 年，它被重新定义为 18—70 岁。从 1998 年开始，《北京社会经济发展年度调查》受访者的年龄范围限定为 18—65 岁。

在北京城八个城区里有多个街道办事处，其中每个管理着几十个居民委员会（居委会），每个居委会下有数目不等的居民小组。经过深思熟虑，《北京社会经济发展年度调查》选择居委会为初级抽样单位（PSUs），居委会下注册的住户为次级抽样单位（SSUs）。《北京社会经济发展年度调查》的抽样员用概率抽样方法初步从3500—4800个居委会里抽出65个居委会。《北京社会经济发展年度调查》的监督员确认这些居委会没有在重大行政重组中消失，而且不包括禁止民间调查的居委会（例如军队拥有的住宅区）。在这些经检查符合条件的居委会中，抽样员用 概率抽样的方法（以户为测量单位）抽出50个居委会，再从中抽出一个1200户的概率样本，每个居委会里有24户。《北京社会经济发展年度调查》监督员记录下被选中住户的成年居民，然后从名单中随机选取受访者。完成的面访量与回答率如表12－2所示。实际回答率最高为1995年的87%，最低在2003年的66%，近年来的回答率普遍较低。

表12－2　　《北京社会经济发展年度调查》前十年的抽样与问卷实施情况

年	样本规模	未满足条件	满足条件	完成面访	回答率
1995	1189	134	1055	916	87%
1996	1074	132	942	811	86%
1997	1048	108	940	791	84%
1998	1075	104	971	756	78%
1999	1010	69	941	712	76%
2000	1101	96	1005	757	75%
2001	1072	218	854	615	72%
2002	1055	181	874	662	76%
2003	1019	185	834	551	66%
2004	1099	213	886	617	70%

注：回答率是指完成了的面访占总共被抽中并且符合调查资格人数的百分比。这些人的面访有可能无法完成，如因为受访人在采访员多次尝试面访时都不在家，受访人身体健康不容面访，或者拒访。因未满足条件而未完成的面访，请参阅表12－3。

每年，总有一定比例的受访者无法成功进行面访。有些是由于受访者在调查人员多次尝试后都不在家，而越来越大比例的受访者拒绝接受采访。这些都是做问卷调查常见的问题。在1995年，《北京社会经济发展年度调查》要求采访者至少尝试入户三次；在1998年，改为五次。此外，许多不成功的面访与过时的户籍名册有关，如表12－3所示。

《北京社会经济发展年度调查》的细微抽样调整包括由于北京市行政重组而调整居委会的抽样框；此外，在1999年和2004年，《北京社会经济发展年度调查》从北京市政府直接获得了最新的抽样框。这些调整都不解决不成功面访问题的根源：依靠户籍名单。

一方面，在过去几十年中，更宽松的户口制度已产生了巨大的人口流动。从农村到城市的"移民"超过100万，"流动人口"是其中重要的一部分。这意味着很大比例的北京市居民的户口不在北京。此外，北京户口的居民中不少人户分离。传统的《北京社会经济发展年度调查》抽样方法无法抽到这些"移民"和"移居"的人。但这是一个显著的人群：2000年通过全球定位系统（GPS）抽取的样本中，约45%的人（25%是"移民"，20%是"移居"）不能被传统《北京社会经济发展年度调查》的抽样方法所覆盖[①]。因此，《北京社会经济发展年度调查》从2007年开始采用GPS抽样方法。

表12－3　《北京社会经济发展年度调查》前十年因未满足条件的未完成面访

年	未满足条件	错误地址	空挂户/人户分离	年龄条件不符
1995	134	54%	43%	2%
1996	132	67%	29%	4%
1997	108	74%	19%	7%
1998	104	63%	24%	13%
1999	69	57%	43%	0
2000	96	57%	43%	0
2001	218	12%	82%	6%
2002	181	40%	55%	4%
2003	185	50%	42%	8%
2004	213	77%	15%	9%

注：错误地址包括搬迁。不符合年龄条件是指受访者年龄超过86岁，而在住户中没有其他符合调查条件的人。百分比加起来可能因四舍五入超过100%。

① Landry and Shen，2005. 如果关注全球定位系统抽样方法，请看第十二章以及Landry and Shen，2005。

城市化步伐的加快对抽样构成第二个主要挑战。原来调查的八个城区不再代表北京市的核心区域。因此，从2007年开始，《北京社会经济发展年度调查》调查总体增加了6个新城区。为容纳新增的城区，目标样本规模增加至1500人。

第四节 调查实施

北大国情研究中心对《北京社会经济发展年度调查》高度重视，视之为一个特殊项目，有专门的项目负责人主管各方面的工作。调查的实施涉及两个队伍：督导员和采访员。《北京社会经济发展年度调查》的督导员来自中心的研究助理或北京大学的研究生；《北京社会经济发展年度调查》的采访员是从北京市六所大学招聘的学生。采访员培训包括一天半的前期培训，跟着是相当大规模的预调查，然后再进一步的培训。预调查有两个功能：预试问题（每年更改的部分）的可读性和可理解性，并为采访员提供实践经验。预调查后，根据采访员述职和数据频率分布反映出来的问题（例如，无差异，高缺失值等）调整问卷。

实际调查分两个阶段进行。第一个阶段，8至17个督导员带着采访员队伍（总共50至83人）到各自分配的受访户进行面访。第二阶段重新联系在第一阶段无法受访的住户（例如，因为他们不在家）。这个阶段不密集，但考虑到成本，往往是提前和受访者约定重访时间。

为了保证采访质量，采访员是按小时，而不是按完成的访问量支付报酬。此外，访员和督导员要在现场检查所有完成的问卷，国情研究中心的项目主任也会再次过目，他们都要在完成的问卷上签字。此外，工作人员在数据输入的过程中会再次检查问卷，并将回答逻辑不一致或可疑的问卷单独标注，进行复检。

自1995年以来，《北京社会经济发展年度调查》在调查实施过程中除了上述挑战，因为封闭式小区数量的上升和调查成本（例如，印刷问卷、采访员工资、交通费等）不断上涨，也越来越难接触到被抽中的住户。这么多年来，《北京社会经济发展年度调查》的经济资助来自各种渠道：包括私人基金、北京市政府和通过在《北京社会经济发展年度调查》搭便车进行自己研究的外国学者。

（马志娟 译）

结　语

有感于政治学领域里的中国研究之变迁

李侃如（Kenneth Lieberthal）

刚刚问世的这部书着重阐释了美国的政治学家们在最近一些年来所从事的中国研究的范畴和该领域所发生的一些变化。可以说这个领域已日臻成熟，它不仅在数量上有种类繁多的、硕果累累的研究机构、人才辈出的研究人员、内容丰富的有关中国发展情况的材料，而且还有各种花样翻新的研究方法。所有这一切都标志着自20世纪60年代以来的深刻变化和巨大进步。然而过去四十几年里发生的这种变化，也为这个领域带来一些新问题，人们切不可对它们掉以轻心。

一　该研究领域发生的变迁

中国研究的状况从20世纪60年代到2010年发生了根本性的变化。早年的中国研究受到了反共产主义浪潮的严重影响，之后才逐步恢复元气，在那场浪潮中，参议员约瑟夫·麦卡锡首当其冲，他在1950年2月，声称自己手头有一份受到国务院保护的205名共产党人的名单。一些人还推波助澜，不断追问“是谁把中国搞丢了?”这位参议员指名道姓地提出了国务院里许多中国问题专家，并质疑这些学者对美国的忠诚，锋芒所指认费正清（John K. Fairbank）和欧文·拉铁摩尔（Owen Lattimore）为代表的一些人，他认为他们至少是受到共产主义蒙蔽的人，而且还经常成为共产党秘密活动的积极分子（费正清，1982年）。结果迫使这位在中国研究领域公认的领军人物，不得不在20世纪70年代初，专门召开了一次中国学者会议，他在会上告诫那些年轻的学者务必要坚持写日记。他说这样做非常重要，这是因为他们日后万一受到国会委员会的调查时，可以凭此说明自己在过去的某个时刻曾经做过和想过什么[①]，以证明自己的清白。

---

① 根据作者个人收集的会议资料。

20世纪60年代美国大学里的高级教员一般都在1949年以前在中国居住过。其中有些人是美国基督教青年会的官员[①]或者是传教士[②]，而其他人则是在二战期间通过服兵役在中国待过[③]。哥伦比亚大学的鲍大可（A. Doak Barnett）就是个普通的例子。他在中国长大（他的父亲是在上海的基督教青年会的负责人），后来在美国耶鲁大学读文学学士，接着读完文学硕士，之后返回亚洲，20世纪40年代在中国，50年代初在香港，基本上从事新闻工作。最后又返回美国，到60年代担任美国哥伦比亚大学的教师。这种背景经历使他不仅对中国事务了如指掌，而且对中国产生了一种“同情”，然而他并没有接受过太多的政治学方面的正规培训。

与之相比，20世纪60年代开始研究中国的那些人不仅接受过更加正规的专业培训，而且都在美国知名大学[④]里读过政治学博士学位。实际上许多涉足中国研究领域的人是从研究苏联开始的，他们对共产主义、马克思列宁主义和革命运动始终有浓厚的兴趣，但中国问题学者当时的研究条件在许多方面都与当前的条件不可同日而语。

当时对于这些年轻学者来说，中国只是一个想象中的地方，美国人去中华人民共和国旅行是严格禁止的（当时一般称她作“共产主义中国”）。学者们无法参与观察经历，就只能通过各种渠道来了解中国，然而他们的资料来源相当有限。[⑤]

人们在初期进行的中国研究主要依靠的是美国政府的翻译材料，以及

---

① 例如哥伦比亚大学的鲍大可（A. Doak Barnett）。

② 例如麻省理工学院的白鲁恂（Lucian Pye）。

③ 例如加州大学伯克利的罗伯特·斯卡拉宾诺（Robert Scalapino）和哈佛大学的本杰明·施瓦茨（Benjamin Schwartz）。谢伟思（John Steward Service）是基督教青年会的一个儿童，在第二次世界大战期间成为美国政府驻华的一位雇员。哈佛大学的费正清也在第二次世界大战期间在中国并服务于美国国务院。

④ 史蒂文·安多斯（Steven Andors）、菲利斯·安多斯（Phyllis Andors）、理查德·鲍姆（Richard Baum）、戈登·贝内特（Gordon Bennett）、托马斯·伯恩斯坦（Thomas Bernstein）、帕里斯·张（Parris Chang）、爱德华·弗里德曼（Edward Friedman），史蒂文·戈尔茨坦（Steven Goldstein）、何汉理（Harry Harding）、高英茂（Ying-mao Kau）、史蒂文·莱文（Steven Levine）、黎安友（Andrew Nathan）、迈克·奥克森伯格（Michel Oksenberg）、谢淑丽（Susan Shirk）、理查德·所罗门（Richard Solomon）、弗里德里克·泰伟斯（Frederick Teiwes）、詹姆士·汤森（James Townsend）、林恩·怀特（Lynn White）、作者本人，以及其他一些人。

⑤ 奥克森伯格（Michel Oksenberg）为这一时期研究中国问题的英文资料做了一个绝好的总结和分析。

分析专著、出版物和从香港和台湾得到的文件。美国政府翻译了大量的新闻广播材料和出版文章①。但它们都没有认真地编成索引。比如，人们使用最普遍的、由美国对外广播新闻局出版的“每日报告”，只是在它每天的“登录内容”的开头，以及每季度单独出的条目简编里列出单个的条目。学者们经常要花费数月时间来查找文章，而这种工作现在只需几秒就可以通过搜索引擎完成。早期的研究都把重点放在分析文件、意识形态构造，以及报纸和媒体广播上。

中国出版自己的一些期刊，比如《中国画报》、《中国建设》、《北京周报》和《红旗》，但是在“文化大革命”期间许多都停刊了。“文化大革命”催生出无数红卫兵的出版物，这些刊物开始揭露（尽管是以一种极端论战的方式）政策上的争论和早期高层领导们之间的矛盾②。美国政府出资购买了大量的这类刊物，在香港的一些造假者也看准了这个发财的机会，开始大肆制造假材料。

在“文化大革命”期间，随着越来越多的难民逃到香港，走访难民就变成一种重要的信息来源。不过从定义上讲，难民是一个不具代表性的群体。出于保证他们个人安全的考虑，大多数学者在走访难民时都不提他们的身份。这就带来了一系列的问题。曾经有三位学者先后在香港进行过走访，他们就中国体制运行情况得出的观点竟然十分相近，几年后才得知，他们的信息来源都是同样的难民。③

当时人们的交流异常不便，能得到的书面资料也是凤毛麟角。除了缩微胶片和缩微卡片外，还没有发明复印技术，电话和电报是人们唯一的电

---

① 美国对外广播新闻局出版的《每日中国报告》翻译新闻广播和报纸文章，每周发行五期“日报”，每期包含80多页不空行打印的材料。更长一些的文章则收入到《中国大陆新闻调查和中国大陆刊物选集》之中，它也是美国政府翻译的材料。被挑选出来并翻译成英文的材料都是根据美国政府分析的需要。还有另外三种许多学者使用的翻译系列资料，它们是联合出版物研究处（它包括内容更加广泛的资料），美国驻香港总领事馆的《当前背景资料》和英国广播公司（BBC）的《世界广播简报》。

② 现在许多大学里都有红卫兵时期出版的报纸和材料的缩微胶片和缩微卡片。这些材料为张（1978年）等人的研究提供了重要的依据。本文的作者（1971年）曾经想对其中一些材料的确切性进行考证，因为它们涉及过去政治精英们的争斗。

③ 多克·巴尼特（A. Doak Barnett，1967）不是本段文章里提到的三位学者之一，但他撰写的书最详尽地说明了政府体制。其实他这部书完全是根据对以前曾是国家干部的难民采访写成的。他所采访的这些难民都是在“文化大革命”之前就逃离中国的人。

子通信手段。大多数初出茅庐的中国问题学者需要先去台湾学习语言（或者是在为数极少的几个把守严密、经过批准收藏大陆“共匪”材料的办公室里做些研究工作），然后再去香港做研究，大多数人是去九龙的大学服务中心做论文研究。这个中心提供办公室，方便的沟通环境，通过联系网采访难民，向他们了解边界那边的情况，中心还有由附近的联合研究所编制的详细的大陆报纸剪报资料①。但是由于没有复印设备，如何妥善保存研究笔记使之不会丢失或损坏就成了一个重要的问题。

学术研究还受到意识形态和政治的深刻影响。中国的“文化大革命”适逢美国的越南战争不断升级，在美国的国内政治情况也随之不断恶化，到1968年几乎要爆发革命。人们对战争的这些不同看法深刻地影响到中国研究领域。有些研究亚洲问题的学者组成了自己的进步联盟，并取名为亚洲问题学者委员会，他们召开自己的年会，出版自己的刊物“亚洲问题学者委员会公报”和一些书籍。这些政治上的深刻分歧后来导致许多个人之间的不和，动摇了学术界，这其中不乏一些持反对“美帝国主义”立场的人士在推波助澜。这些政治上的龃龉根深蒂固，意识形态上的分歧把这个研究领域搞得四分五裂，直到70年代末情况才逐渐好转。

攻读研究生的大学生们几乎无一例外地都没有学习过中文。因此学习语言就成了研究生培训课程里相当重要的一个组成部分。

由于学者和资料十分匮乏，中国研究仅仅集中在少数几个中心。哈佛、哥伦比亚、加州伯克利和斯坦福大学（特别是它的胡佛研究所的资料）在发展中国研究方面都发挥了极其重要的作用。

在了解中国方面，每所顶尖大学都采用一种包罗万象的领域研究方法。按照这种方法，政治学领域里研究中国问题的博士生会得到文科硕士学位或者是中国研究领域的证书。它们的培训规划里包括的课程有历史、社会学、现代汉语，以及一些专门的中国政治的课程②。

尽管有着无法避免的局限性，但是通过大量认真的工作，人们还是对中国的发展做出了非常严谨的分析。它们大多数只能是对中国个别的案例、地方事务或者政策发展③做背景研究，有些深入分析还必须考虑到研

① 联合研究所里保存的丰富材料里也有根据逃离大陆的难民采访所编制的资料。

② 经济学方面的课程只是在中国开辟了改革之路以后才变得比以前重要了。

③ 比如巴尼特（A. Doak Barnett，1967）、鲍姆（Richard Baum）和泰伟斯（Frederick Teiwes，1968）、谢淑丽（Susan Shirk，1982）和傅高义（Vogel，1969）。

究观察结果具有的潜在含义①。这种情况不仅反映出60年代教授政治学的方法，而且也表明当时的困难是极度匮乏可靠的中国统计资料②。当然，在“文化大革命”期间，就连中国自己的官员们也得不到有关过去一些情况的可靠资料③。在过去的年代里，比如“大跃进”时期，统计上也发生过同样大的漏洞④。

不过随着这里提到的各种条件都发生了变化，也使得这个研究领域发生了实质性的改变。第一，与中国接触的渠道得到了改善。从1971年初就有少量的学者开始对中国访问，之后在70年代里逐步增加。虽然这些机会使他们能够见到中央和地方上的官员，但是他们往往只能提供一些仔细斟酌过的信息。在中国周游的机会少得可怜，以至于后来的访问者拍摄到的照片，还都是一些多年前人们拍摄的那些城市、房屋和建筑。中国发放的签证极其有限，中国人常常会尽地主之谊，支付所有地方上的费用，提供向导和招待。人们基本不能进行随心所欲的调查。但是即使是这些人为编排好的活动，它们也多少能揭示出在中国的宣传背后的一些真相。

在这方面我个人曾经有过一次颇有意思的经历。我1977年访问上海时正值中共党的十一大闭幕。负责关照我们的人把住在和平宾馆里所有的外国人集中到一间大屋子里看电视转播的华国锋做的政治工作报告。⑤ 我们中间还有许多宾馆的中国服务人员。当华宣布“文化大革命”正式结束时，在场的中国人自发地发出一阵喝彩。但是当华接着说以后每隔七八年就要再搞一次这种运动时，人们却没有任何反应。

邓小平复出和在1978年底重新任职，以及1979年初中美外交关系正常化，为研究工作开辟了新的前景。许多曾在监狱里蹲了20多年的右派

① 我们并不想把对本章的简要评价与奥克森伯格（1970年）写的文章的深度和翔实相媲美。

② 罗伯特·德恩伯格（Robert F. Dernberger）为美国国会联合经济委员会编辑的完善的材料无意中证明了那些具体的数据是多么的有限。大多数中国的统计数字中都包括从上一年度累计增加的百分比，但它们从来不说明那一连串数字背后的基数和那些分类是如何定义的。

③ 在“文化大革命”顶峰时期，中国国家统计局的中心办公室里只有14名工作人员。有关恢复统计制度的情况，请参见美国对外广播新闻处的《每日报告：中华人民共和国》中的系列文章，1984年2月17日，第K17—21页。

④ 请参见贝克（Beck，1968）的专著，它详细描述了在“大跃进”时期统计数字是如何变得荒谬可笑的。

⑤ 正文刊载于《新中国新机构》，1977年8月22日。

分子得到释放，他们发觉自己居然能够在像弗吉尼亚艾尔利议会大厦（Airlie House）这样豪华的地方开会①。

从80年代初开始，中国开始允许美国学者在中国的机构里进行有限的实地研究，中国学者也开始访问美国的大学并在那里学习。这些机会使得美国学者们了解了他们的中国同行们所过的艰辛日子，以及无处不在的官僚和政治压迫。有个人常常听到他的中国同事做这样的耐心解释："在中国，想做点小事很难，而做难事就更不可能了。"个人对组织上的依赖程度表现在这套制度的各个方面，即使是在完成最简单的工作时也不例外。此外，在80年代里，中国开始对外国商业开放，各色人等都竭尽全力想在中国这种环境下有所作为。在这方面，何汉理（Harry Harding）在他写的关于那个时期的一篇文章中，以其敏锐的眼光看到了发生的变化②。

80年代是一个令人振奋的改革年代，中国的改革者们向美国的学者们请教意见和看法。在政治学方面，美国人对该学科在中国的发展提出了建议（在50年代的中国，政治学作为一个学科被废除了，到了80年代，像严家其那样的一些人，虽然他们不是科班出身，但也被任命为政治学家，并负责该领域的发展工作）。像中国学术交流委员会（属于中国科学院）和社会科学研究理事会这样的组织在这方面发挥了重要作用。于是美国在中国声名鹊起，它被看做是一个几近完美的现代国家，同时也被中国当做是对抗苏联的盟友。形形色色的改革者登门请教美国学者。于是美国对于中国政治和政策的了解不断加深。另外，世界银行和其他一些国际组织也开始同中国建立联系，世界银行还专门公布经济数字，而这些是过去连大部分中国的经济学家都无法得到的。与此同时，世界银行和其他机构还帮助中国改进它的经济报告的质量。③

这个过程遇到过几次干扰，其中最引人注目的就是1989年6月4日的风波，但这并没有阻止美国与中国的接触不断增长的势头。到2010年，许多攻读政治学博士，并将研究重点放在中国政治上的美国学生，都在中国生活过一年以上，对这个国家有了参与观察的感受，掌握了汉语。大多

---

① 他们中的许多人都是1949年以前学习英语的，现在他们成了中国参加国际会议最"拿得出手"的人。

② Harding，1982.

③ 奥克森伯格（Oksenberg）和雅格布森（Jacobson，1990）对这个问题做过一个总结。

数研究这个国家的人士都在学术机构里或者是其他相关单位里做过长期的研究。无论是在中国还是在美国的中国人，都可以比较自由地谈论自己的观点和关切的问题，提出各种各样的看法。

第二，在中国发生的变化和在信息资源方面发生的变化，也促使人们的研究课题发生了相应的变化。在 60 年代和 70 年代，许多著述都把重点放在分析精英政治和意识形态斗争上①。到了 80 年代，人们在继续研究中共高层的个人政治中，也开始研究改革和政府机构组织②。在 80 年代行将结束时，放松的个人的专访活动使学者们可以更加深入具体地揭示政策制定和实行的过程③。随着接触中国的机会增加，改革在经济上产生巨大成果，人们把精力越来越多地放在分析中国不断演变的政治经济上，他们通过走访和参与观察参加活动，完成了大量的地方研究工作④。可以说，除了在过去十几年里在学术文献里没有见到过什么意识形态研究的影子以外，这种进步体现在大多数地方。到 2010 年，正如本书的各类文章中所表明的那样，中国政治的研究在其方法和课题方面，已经日益融入了政治学研究的主流。

第三，各种数据的来源已经实现了多样化。在 80 年代，许多退休的高级官员开始时兴撰写回忆录，其中有些揭示了鲜为人知的事情。在以后的一些年里，回忆录的数量和范围，无论是以自传体发表还是在各种党的刊物发表的，都犹如雨后春笋般地增长⑤。中国的媒体也变得形式多样，可读性不断提高。统计机构收集数据的手法日臻成熟（尽管还存在一些严重问题），而且也不像过去那样保守。各种国家机关都时兴办自己的出版物，其中包括各个部委、地方政府、中央党校、中央党史研究室等。商业机构也像国外的非政府组织、商业和新闻单位那样，纷纷搞起自己的刊物。各种研究单位和学术机构出版文章呈井喷式的增长，出版物已经成为一个单位工作效率的一个重要标志。

---

① 在许多例子里，有两个人是麦克法夸（MacFarquhar，1974，1983，1997）和泰伟斯（Teiwes，1979）。

② 可以参见 Harding，1981。

③ 可以参见李侃如和奥克森伯格（Lieberthal and Oksenberger，1988）、李侃如和兰普顿（Lieberthal and Lampton，1992）。

④ 可以参见 Blecher and Shue，1996；Oi，1998a；Gallagher，2005。

⑤ 可以参见 Jin，1989；Zong，2008。

在本书中，寇艾伦（Allen Carlson）和段宏（Hong Duan）对于互联网在外交研究方面的作用做了阐述，它的确是大大地丰富了信息资源，从个人的博客到各种刊物和团体的网站不一而足。比如现在有相当一部分政府机构都建立了自己的网站，人们可以从那里获得需要的数据资料，而这些在过去即使是可能的，做起来也是难上加难[①]。

搜索引擎成为获取刊物资料的有力工具，而这在过去是无法想象的事情。比如，由中国知识资源总库（EastView）所主办的中国知网（CNKI）数据库，里面包括了中国出版物的数字版全文，其中有自 1915 年以来的 7200 种期刊（总数达 2300 万篇文章），可以追溯到 1887 年的有将近 4000 种学术期刊，以及从 2000 年以来发行的 1000 种报纸。此外还有一些规模较小的专门的数据库，比如法律法规类的。互联网还使得通过电子邮件讨论群体（listservs）[②] 出现。建立联系的中国问题学者们可以定期交流信息。

现在对调查也开始解禁，而且已经有许多成功的例子。虽然当局对于它们认为敏感的调查仍加限制，但是这些限制与过去相比已经是相当宽松了[③]。

与过去相比，深入的走访活动使人们能更多和更深入了解情况。越来越多的官员和知情的局外人士愿意和学者交谈，根据我个人的经验，他们中有许多人愿意私下里见面。人们能够更加容易地见到领导和政府工作人员，随着保密规定逐步放松，他们中的绝大多数人可以更开放地讨论问题，现在人们已经不像在改革初期那样用一种怀疑的眼光看待社会科学研究活动了。

总而言之，中国已经从 60 年代的一个基本封闭的、信息不灵的社会，步入一个比较开放、信息灵通的社会。现在遇到的主要问题是如何使主要和次要的信息资源不要失控。在 60 年代里，学者还能够有条不紊地阅读每一篇有关中国的英文文章，或者至少是所有正规的学术著作，而且还可

---

① 国会的中国问题执行委员会在它的中华人民共和国政府机构电子指南里提供了一个非常有用的政府网站链接表：http：//www. cecc. gov/pages/prcEgovDir/dirEgovPRC. php. 。

② 指通过互联网联系在一起的有着共同兴趣的一群人，他们可以交流信息和资料，发表意见等。译者注。

③ 如需了解更多情况，可参见沈明明、杨明（Ming Yang）和墨宁（Melanie Manion）共同为本书写的文章。

以做到随时阅读主要的中文资料。而现在随着信息的暴增这两件事都做不成了。

第四，技术改变了中国研究的状况。学者们可以随时在全球任何地方进行联系，这也包括在中国的学者。与过去相比，现在有更多的机构和学者能够获得所需的资料，其中许多是电子资料。网址、扫描技术，以及其他一些进步，已经从根本上改变了形势。现在的计算机程序可以自动进行内容分析和进行复杂的数据分析，而这些在过去需要花费大量的人力才能够完成[①]。

旅行也明显地变得更加省钱和便捷。来往于美中之间的旅行和在中国国内旅行都是很好的证明。比如本文作者在 1969 年第一次从纽约飞往中国台湾时，需要先在美国大陆停留两次，而且在抵达台北前还要在夏威夷停留第三次，在日本停留第四次。中国从 70 年代开放伊始，国内航班很少，而且设备陈旧（一般还都是老式的 Aeroflot 飞机）。由于还没有公路干线，大多数的旅行还需乘火车。出门旅行一般要通过中国旅行社订票，它们都是人工操作，即使是很简单的安排也要等上几个星期。飞机票要人去亲自确认，否则就会被取消，而这往往要去售票处排队等上几个小时。如果事先没有安排好地面交通，那么从机场去市里要花上几个小时。而且各个省的主要地区都不对外国人开放。

第五，政治学科里发生的变化也影响到有关中国问题的学术研究。用一种最为省事的方法来说就是，在 60 年代里，“政治学”主要用来分析政治，以便归纳总结出具有实用性的深刻见解，也就是说，它基本上是对政治的研究，无科学可言。到 2010 年，这种情况已发生天翻地覆的变化。现在的政治学科看重的是调查研究，大规模数据（large-N）研究，统计分析，博弈理论和正规的模型分析方法。在许多大学最有名气的政治学系里，光靠背景材料丰富但缺乏精细分析的案例研究，很难得到最吃香的教职。一些本来就很难运用量化结构研究的问题，比如设计问题过程中的文化考量，政策制定，以及精英政治等，已经不太受人青睐。

---

① 例如可以从 http://www.yoshikoder.org/上免费下载的软件 Yoshikoder，它能够计算词汇出现的频率，提供有关键词出现的上下文，对内容做简单的分析（例如某个词汇正面用法和反面用法出现的比率），以及其他功能。也可参见施达妮（Daniela Stockman）为本书撰写的文章。

第六，对于那些有志于研究中国问题的政治学研究生们来说，他们的学习内容也发生了很大变化。现在该学科更看重的是方法论，所以这个分支领域的课程占去了研究生课程的大量时间。现在许多博士生课程面临的压力是要缩短从录取到毕业所需要的时间，再加上学习现代中国的历史、社会学、经济学、文化和语言的机会成本不断增加，使得几乎没有什么学生愿意把这些课程都纳入到他们的政治学博士课程中去。的确，有许多研究生的课程都不再要求学生学习对掌握方法论很有利的外语。这使得学习一两门有关中国政治和外交的课程就足够了，然后可以把大部分剩下的时间用来准备论文建议和进行在中国国内的论文研究。有许多博士生课程并不鼓励学生在攻读博士学位过程中去考什么地区问题研究专业的文科硕士学位。

二 目前的问题

总的来说，上述的这些变化都极大地推动了在美国的政治学领域里有关中国问题的研究。中国更加开放，获取信息更加便捷，获得的数据资料质量更高，内容更丰富，分析方法也越来越复杂强大，该领域更加“民主”，研究工作已不局限于几所知名大学和研究中心，这些变化都使学者受益匪浅。另外一种变化是，在中国长大并已经成为美国政治学界研究中国问题重量级人物的那些学者们，他们的研究成果进一步深化了美国学术界的见解，扩展了他们的眼界。本书中发表的各篇文章就是这方面所取得的进步和各种成果的佐证。

但是情况并不是完美无缺的。在过去几年里，有些倾向损害了本来能够提供更丰富见解的方法，并且有可能严重削弱专门研究中国与全面研究政治相辅相成所形成的完美结合。在这方面有四个问题值得特别关注。

第一，在中国，人们获得的数据常常达不到该学科所要求的标准。这种情况有时表现为获得的数据太短，或者是根本就无法获得各种问题的系统性的数据。比如在美国和欧洲的学者，如果他们想通过调查研究得到帮助，他们只需求助于现成的数据库，里面材料丰富，用它们就能完成工作。这正如墨宁在本书自己的文章中所说的，这种方法在研究中国时就失灵了。这部分反映出在这样一种威权体制下进行研究所遇到的固有困难，比如许多数据都被认为是敏感的，局外人无法查阅数据库，有些涉及抽样结果和中方参加人员的关键信息经常会不翼而飞，等等不一而足。在一定程度上，这也反映出中国快速发生的变化和缺乏可靠的按照时间排序的数据。另外，数据的质量也常常存在许多问题，当然这些问题在一个从第三世界向第一世界国家制度和国力急速转变的国家中是情有可原的。

因此许多修过方法论课程的研究生，当他们想在中国完成足够“严谨的”研究项目时会感到大失所望。在发展中国家里，可以得到的高质量的统计数据往往满足不了人们关心的重要问题。研究中国的学生必须竭尽全力收集数据，在许多情况下，他们要花费大量时间来设计自己的问卷单，进行预先的测试，接触相关的调查群体，制定自己的抽样计划，亲自进行调查，最后分析和撰写结果。这个过程也同样适用于需要进行国内数据收集的研究项目。在这种情况下，人们为了获得必要的数据，要被迫分散精力去问许多问题，而不是集中在能够获得重要结果的那些另类和尖锐的问题上。

现在人们极其重视用一种严谨的方法设计自己的问题。如何提出问题和提出什么样的问题是取得预期结果的第一步。因此首先要了解什么是政治，以及在此基础上应当提出什么样的问题；之后在这个前提下来构建自己的问题，使它们能够帮助提高分析的质量。然而过于严谨求证的精神会产生负面作用，影响到应该提的问题。严谨精神本身并不是什么坏事，但是它却会从总体上削弱这个领域。正如本作者的一位同事在一次任职审查会的激辩中所说的，“‘严谨’的最普通的表现形式就是‘僵化’”。

第二，在中国，思想、文化、历史以及社会结构等都会对调查结果产生深刻影响。如何根据实际经验来规划问题，以及在这个过程中如何考虑它们与环境相关的因素，这些都受到文化和历史的极大影响。甚至如何措辞也会对构思产生不同的影响。比如，像蔡莉莉（Lily Tsai，音译）在本书中说的，采取聊天式的走访要比采用标准式的采访效果更好，前者能够使受访人顺当地理解所问的问题。不过所有这些观点与美国政治学院系里越来越强调的严谨调查和分析并不合拍。正如上面说的，研究生的培养课程并不能像以前毕业的研究生所做过的案例那样，帮助他们更好地理解和分析这些因素。

第三，那些仍旧使用更传统的研究方法的中国政治专业学生们，他们往往更看重那些智库和公共政策院校，而不是那些顶尖的政治学系①。这无疑对于中国政治研究和政治学的发展来说都是个损失。如果这个学科领域能够用一种更加宽容的态度对待传统的研究中国的方法，就能够让那些年轻的学者们，在能够保证得到有关中国的数据的情况下，心甘情愿地逐渐去采用更加正规的分析方法。

另外，政治学领域里中国研究的发展，为政治学整体的发展孕育了真正的机会。政治学是从研究西方历史中演变出来的，它的许多假设中都深刻地反映出这种渊源。但是中国的情况（而且在许多非西方地区里）并不总是与西方惯用的理论吻合。比如，布鲁斯·迪克森（Bruce Dickson）② 在本书和他的其他著作中就认为，中国的企业家并不像现代西方的那样爱挑战执政当局。他们倾向于与政府和睦相处，他们把自己同政府打交道的能力看成是在中国经济发展中的一种优势。所以，一个更加开放的中国提供给人们的宝贵的学术价值之一就是，它让人们有可能去反思社会科学过去多年来主要根据西方发展来检验基本结论的做法。所以，认真研究中国可以使人们更真实地认识这个领域，避免像过去那样，让取得的成果和认识只是不自觉地反映西方的发展经验，而不是政治体制里更加普遍的规律。

总之，随着中国研究领域的不断成熟，它会极大地有利于政治学里其他分支学科的发展，以及更广义的社会科学的发展。但是这些学科必须重视这样一种现实情况，即：世界上不同类型地区会产生不同类型的数据资料，它们用一种与过去西方经验完全不同的方法把各种事务联系在一起。因此，一个日臻成熟的中国研究领域的价值在一定程度上就在于，它促使人们在一个更宽泛的学科中对基本事实做认真的分析。这就需要这个更宽泛的学科对于这些研究分析工作不能限制太死。只有这样，大学的课程和职业兴趣才能够培育一个成熟的学术研究氛围，让人们把中国的经验融入到政治学的主流中去。

第四，虽然自从费正清在70年代提醒过年轻的中国问题学者以后，形势已发生了翻天覆地的变化，我们仍然有理由需要一些了解中国总体的

---

① 在这里只能举出几个人的名字：Erica Downs，Elizabeth Economy，David M. Lampton，James Mulvenon，Jonathan Pollack，Anthony Saich，Michael Swaine，Murray Scot Tanner。

② Bruce Dickson，2003. 也可以参见 Kellee Tsai，2007。

发展情况的研究中国政治的学生，并且让他们向广大公众清楚地说明这些情况。这样做看起来有些自相矛盾，因为美国公众现在已经难以承受媒体、商人、旅游者、语言教师和其他人所提供的海量信息。但问题是有关中国的报道中有大量文章要么极尽讽刺挖苦，要么津津乐道于一些逸闻趣事，很少有对中国的全面报道。面对如此海量的有关中国的报道，我们急需用一种明智的判断，来构建我们自己的材料和视角，而且我们必须以可行和吸引人的方式将这些内容传达给广大受众。

不过，虽然现在要求获得更多更方便的数据和满足学科需求的压力已经转向另一个方向，即要求培养一种进行越来越复杂分析的专长，而且这无疑是一件举足轻重的事情，但是如果我们不能在每一代研究中国问题的学生中培养一些公众知识分子，我们就无法用通俗易懂的方法向公众阐释中国的情况，而且这反过来也会让这个正在蓬勃发展的研究领域得不到足够的材料。这个问题还会影响到决策过程。政治学者运用的研究方法越是正规，他们的研究成果就越难以对决策者的想法产生真正的影响。我们之所以需要这些公众知识分子，是因为他们能够把他们的研究成果转变成便于让决策者接受的东西，在能够影响公众注意力的地方发表自己的文章，所以他们在利用有关中国问题的学术成果帮助提高决策水平上大有用武之地。

总而言之，尽管我们在二十几年前不可能编出这样一部题材广泛内容丰富的书，但是这并不意味着就不存在着这些中国政治学者和政治学其他领域里的人能够并且应当去解决的难题。当然这些问题都是中国经常遇到的，它们从许多方面反映出在美国的中国问题研究和政治学科取得的巨大进步。中国研究领域的成熟，以及这个国家自身的重要性和引人注目，都使得中国研究成为一种解决整个政治学科要面对的问题的途径。

（段若石译　赵梅校）

参考文献

Aberbach, Joel D., Robert D. Putnam, and Bert A. Rockman. 1981. *Bureaucrats and Politicians in Western Democracies*. Cambridge, MA: Harvard University Press.

Adams, Laura. 2003. "Cultural Elites in Uzbekistan: Ideology Production and the State," in Pauline Jones Luong (ed.), *The Transformation of Central Asia: States and Societies from Soviet Rule to Independence*. Ithaca, NY: Cornell University Press: 93—119.

Adolph, Christopher. 2003. *Paper Autonomy, Private Ambition: Theory and Evidence Linking Central Bankers' Careers and Economic Performance*. Paper presented at the annual APSA Conference, Philadelphia, PA.

Allina-Pisano, Jessica. 2004. "Sub Rosa Resistance and the Politics of Economic Reform: Land Redistribution in Post-Soviet Ukraine." *World Politics*, vol. 56, no. 4: 554—581.

Almond, Gabriel A. and Sidney Verba. 1963. *The Civic Culture*. Princeton, NJ: Princeton University Press.

Alonso, William and Paul Starr. 1983. *The Politics of Numbers*. New York: Russell Sage Foundation.

Anderson, Elijah. 1990. *Streetwise: Race, Class, and Change in an Urban Community*. Chicago: University of Chicago Press.

Anderson, Jeffrey J. 1992. *The Territorial Imperative: Pluralism, Corporatism, and Economic Crisis*. Cambridge: Cambridge University Press.

Ash, Robert, David Shambaugh, and Seiichiro Takagi (eds.) 2007. *China Watching: Perspectives from Europe, Japan, and the United States*. New

York: Routledge.

Bachman, David M.. 1991. *Bureaucracy, Economy, and Leadership in China: The Institutional Origins of the Great Leap Forward*. Cambridge: Cambridge University Press.

Banfield, Edward C. 1958. *The Moral Basis of a Backward Society*. Glencoe, IL: Free Press.

Bar-Tal, Daniel. 1998. "The Rocky Road toward Peace: Beliefs on Conflict in Israeli Textbooks." *Journal of Peace Research*, vol. 35, no. 6: 723—742.

Barnard, Chester. 1968. *The Functions of the Executive*. 30th anniv. ed. Cambridge, MA: Harvard University Press.

Barnett, A. Doak. 1985. *The Making of Foreign Policy in China*. Boulder, CO: Westview.

(ed.). 1969. *Chinese Communist Politics in Action*. Seattle: University of Washington Press.

Barnett, A. Doak, with a contribution by Ezra Vogel. 1967. *Cadres, Bureaucracy and Political Power in Communist China*. New York: Columbia University Press.

Barrett, Christopher B. and Jeffrey W. Cason. 1997. *Overseas Research: A Practical Guide*. Baltimore, MD: Johns Hopkins University Press.

Barron, Erma W. and Robert H. Finch, Jr. 1978. "Design Effects in a Complex Multistage Sample: The Survey of Low Income Aged and Disabled (SLIAD)." *Proceedings of the Survey Research Methods Section, American Statistical Association*: 400—405.

Bartke, Wolfgang. 1997. *Who Was Who in the People's Republic of China: With More than* 3100 *Portraits*. 2 vols. München: K. G. Saur.

Bartke, Wolfgang and Institut für Asienkunde (Hamburg, Germany). 1991. *Who's Who in the People's Republic of China*. 3rd ed. New York: K. G. Saur.

Bates, Robert, Avner Greif, Margaret Levi, Jean-Laurent Rosenthal, and Barry Weingast. 1998. *Analytic Narratives*. Princeton, NJ: Princeton University Press.

Baum, Richard. 2007. "Studies of Chinese Politics in the United States," in Robert Ash, David Shambaugh, and Seiichiro Takagi, (eds.) 2007. *China Watching: Perspectives from Europe, Japan and the United States*. New York: Routledge: 147—168.

1998. "The Fifteenth National Party Congress: Jiang Takes Command?" *China Quarterly*, no. 153: 141—156.

1994. *Burying Mao: Chinese Politics in the Age of Deng Xiaoping*. Princeton, NJ: Princeton University Press.

Baum, Richard and Alexei Shevchenko. 1999. "The 'State of the State,'" in Merle Goldman and Roderick MacFarquhar (eds.), *The Paradox of China's Post-Mao Reforms*. Cambridge, MA: Harvard University Press: 333—362.

Baum, Richard and Frederick Teiwes. 1968. *Ssu-Ch'ing: The Socialist Education Movement of 1962—1966*. Berkeley: Center for Chinese Studies, University of California.

Bayard de Volo, Lorraine. 2001. *Mothers of Heroes and Martyrs: Gender Identity Politics in Nicaragua, 1979—1999*. Baltimore, MD: Johns Hopkins University Press.

Bayard de Volo, Lorraine and EdwardSchatz. 2004. "From the Inside Out: Ethnographic Methods in Political Research." *PS: Political Science and Politics*, vol. 37, no. 2: 417—422.

Becker, Jasper. 1998. *Hungry Ghosts*. New York: Macmillan.

Bellin, Eva.. 2000. "Contingent Democrats: Industrialists, Labor, and Democratization in Late-Developing Countries." *World Politics*, vol. 52, no. 2: 175—205.

Belousov, Konstantin, et al. 2007. "Any Port in a Storm: Fieldwork Difficultiesin Dangerous and Crisis-Ridden Settings." *Qualitative Research*, vol. 7, no. 2: 155—175.

Ben-Eliezer, Uri. 1995. "A Nation-in-Arms: State, Nation, and Militarism in Israel's First Years." *Comparative Studies in Society and History*, vol. 37, no. 2: 264—285.

Bensel, Richard F. 2000. *The Political Economy of American Industrializa-*

tion, 1877—1900. Cambridge: Cambridge University Press. 1984. *Sectionalism and American Political Development*. Madison: University of Wisconsin Press.

Benton, Gregor. 1992. *Mountain Fires: The Red Army's Three-Year War in South China, 1934—1938*. Berkeley: University of California Press.

Berns, Walter. 2001. *Making Patriots*. Chicago: University of Chicago Press.

Bernstein, Thomas P. and Xiaobo Lü. 2003. *Taxation without Representation in Contemporary Rural China*. Cambridge: Cambridge University Press.

Bestor, Theodore C. 1989. *Neighborhood Tokyo*. Stanford, CA: Stanford University Press.

Bewley, Truman F. 2004. "The Limits of Rationality," in Ian Shapiro, Rogers Smith, and Tarek Masoud (eds.), *Problems and Methods in the Study of Politics*. Cambridge: Cambridge University Press: 381—5.

Bian, Yanjie. 1999. "Getting a Job through a Web of *Guanxi* in China," in Barry Wellman (ed.), *Networks in the Global Village: Life in Contemporary Communities*. Boulder, CO: Westview: 255—278.

Biemer, Paul P. and Lars E. Lyberg. 2003. *Introduction to Survey Quality*. Malden, MA: Wiley-Interscience.

Blecher, Marc and Vivienne Shue. 1996. *The Tethered Deer: Government and Economy in a Chinese County*. Stanford, CA: Stanford University Press.

Bo, Zhiyue. 2004a. "The 16th Central Committee of the Chinese Communist Party: Formal Institutions and Factional Groups." *Journal of Contemporary China*, vol. 39, no. 13: 223—256.

2004b. "The Institutionalization of Elite Management in China," in Barry Naughton and Dali L. Yang (eds.), *Holding China Together: Diversity and National Integration in the Post-Deng Era*. Cambridge: Cambridge University Press: 70—100.

2002. *Chinese Provincial Leaders: Economic Performance and Political Mobility, 1949—1998*. Armonk, NY: M. E. Sharpe.

Bobrow, Davis B. 2001. "Visions of (In) Security and American Strategic Style." *International Studies Perspectives*, vol. 2, no. 1: 1—12.

Bodnar, John (ed.). 1996. *Bonds of Affection: Americans Define Their*

Patriotism. Princeton, NJ: Princeton University Press.

Boylan, Delia M. 2001. *Defusing Democracy: Central Bank Autonomy and the Transition from Authoritarian Rule*. Ann Arbor: University of Michigan Press.

Brace, Paul. 1993. *State Government and Economic Performance*. Baltimore, MD: Johns Hopkins University Press.

Brady, Henry E. 2004. "Doing Good and Doing Better: How Far Does the Quantitative Template Get Us?" in Henry E. Brady and David Collier (eds.), *Rethinking Social Inquiry: Diverse Tools, Shared Standards*. Lanham, MD: Rowman and Littlefield: 53—68.

Bruun, Ole. 1993. *Business and Bureaucracy in a Chinese City: An Ethnography of Private Business Households in Contemporary China*. Berkeley: Institute of East Asian Studies, University of California.

Bueno de Mesquita, Bruce, Alastair Smith, Randolph M. Silverson, and James D. Morrow. 2003. *The Logic of Political Survival*. Cambridge, MA: MIT Press.

Burawoy, Michael. 2000. *Global Ethnography: Forces, Connections, and Imaginations in a Postmodern World*. Berkeley: University of California Press.

1998. "The Extended Case Method." *Sociological Theory*, vol. 16, no. 1: 4—33.

1985. *The Politics of Production: Factory Regimes under Capitalism and Socialism*. London: Verso.

Burden, Barry C. and Joseph Neal Rice Sanberg. 2003. "Budget Rhetoric in Presidential Campaigns from 1952—2000." *Political Behavior*, vol. 25, no. 2: 97—118.

Cai Wenzhong. 1995. "Dubi jiangjun Cai Shufan" [One-Armed General: Cai Shufan]. *Dangshi tiandi* [Party History World], no. 3: 28—31.

Cai, Yongshun. 2000. "Between State and Peasant," *China Quarterly*, no. 163: 783—805.

Calhoun, Craig. 1994. *Neither Gods nor Emperors: Students and the Struggle for Democracy in China*. Berkeley: University of California Press.

Cambridge History of China, vols. 14, 15. 1987. 1991. Ed. John King

Fairbank and Roderick MacFarquhar. Cambridge: Cambridge University Press.

Cammett, Melani. 2007. *Globalization and Business Politics in Arab North Africa*. Cambridge: Cambridge University Press.

2005. "Fat Cats and Self-made Men: Globalization and the Paradoxes of Collective Action." *Comparative Politics*, vol. 37, no. 4: 379—400.

Carlson, Allen. 2009. "A Flawed Perspective: The Limitations Inherent within the Study of Chinese Nationalism." *Nations and Nationalism*, vol. 15, no. 1: 20—35.

CASS. 2009. "Chinese Academy of Social Sciences," at http://bic.cass.cn/English/ InfoShow/Arcitle_ Show_ Cass.asp?, accessed June 2009.

2007. "Surveying Internet Usage and Its Impact in Seven Chinese Cities." Research Center of Social Development, at http://www.wipchina.org/?p1 = content&p2 = 07122508155, accessed June 2009.

Central Organization Department and Party History Research Center of the CCP CC. 2004. *Zhongguo gongchandang lijie zhongyang weiyuan da cidian*, 1921—2003 [The Dictionary of Past and Present CCP Central Committee Members]. Beijing: Dangshi chubanshe.

Chan, Alfred L. and Paul Nesbitt-Larking. 1995. "Critical Citizenship and Civil Society in Contemporary China." *Canadian Journal of Political Science*, vol. 28, no. 2: 293—309.

Chan, Anita, Richard Madsen, and Jonathan Unger. 2009. *Chen Village: Revolution to Globalization*. 3rd ed. Berkeley: University of California Press.

1992. *Chen Village under Mao and Deng*. Berkeley: University of California Press.

Chang, Parris S. 1978. *Power and Policy in China*. 2nd enlg. ed. University Park: Pennsylvania State University Press.

Chang, Yu-Tzung, Yun-han Chu, and Frank Tsai. 2005. "Confucianism and Democratic Values in Three Chinese Societies." *Issues and Studies*, vol. 41, no. 4: 1—33.

Charmaz, Kathy. 2006. *Constructing Grounded Theory: A Practical Guide through Qualitative Analysis*. London: Sage.

Chase, Michael and James Mulvenon. 2002. "You've Got Dissent."

Rand, at http: // www. rand. org/pubs/monograph_ reports/MR1543/index. html, accessed June 2008.

Chen, An. 2002. "Capitalist Development, Entrepreneurial Class, and Democratization in China." *Political Science Quarterly*, vol. 117, no. 3: 401—422.

Chen, Calvin. 2008. *Some Assembly Required: Work, Community, and Politics in China's Rural Enterprises*. Cambridge, MA: Asia Center, Harvard University.

2006. "Work, Conformity, and Defiance: Strategies of Resistance and Control in China's Township and Village Enterprises," in Jacob Eyferth (ed.), *How China Works: Perspectives on the Twentieth Century Workplace*. New York: Routledge: 124—139.

Chen, Jie. 2005a. "Popular Support for Village Self-government in China." *Asian Survey*, vol. 45, no. 6: 865—885.

2005b. "Sociopolitical Attitudes of the Masses and Leaders in the Chinese Village: Attitude Congruence and Constraint." *Journal of Contemporary China*, vol. 14, no. 4: 445—464.

2004. *Popular Political Support in Urban China*. Washington, DC and Stanford, CA: Woodrow Wilson Center Press and Stanford University Press.

2001. "Urban Chinese Perceptions of Threats from the United States and Japan." *Public Opinion Quarterly*, vol. 65, no. 2: 254—266.

2000. "Subjective Motivations for Mass Political Participation in Urban China." *Social Science Quarterly*, vol. 81, no. 2: 645—662.

1999. "Comparing Mass and Elite Subjective Orientations in Urban China." *Public Opinion Quarterly*, vol. 63, no. 2: 193—219.

Chen, Jie and Bruce J. Dickson. 2010. *Allies of the State: Democratic Support and Regime Support among China's Capitalists*. Cambridge, MA: Harvard University Press.

Chen, Jie, Chunlong Lu, and Yiyin Yang. 2007. "Popular Support for Grassroots Self-Government in Urban China." *Modern China*, vol. 33, no. 4: 505—528.

Chen, Jie and Yang Zhong. 2002. "Why Do People Vote in Semicompetitive Elections in China?" *Journal of Politics*, vol. 64, no. 1: 178—197.

2000. " Research Note. Valuation of Individual Liberty vs. Social Order among Democratic Supporters: A Cross-validation." *Political Research Quarterly*, vol. 53, no. 2: 427—439.

1999. "Mass Political Interest (or Apathy) in Urban China." *Communist and Post-Communist Studies*, vol. 32, no. 3: 281—303.

Chen, Jie, Yang Zhong, and Jan William Hillard. 1997. "The Level and Sources of Political Support for China's Current Regime." *Communist and Post-Communist Studies*, vol. 30, no. 1: 45—64.

Chen, Jie, Yang Zhong, Jan Hillard, and John Scheb. 1997. "Assessing Political Support in China: Citizens'Evaluations of Governmental Effectiveness and Legitimacy." *Journal of Contemporary China*, vol. 6, no. 16: 551—566.

Chen, Nancy N. 2003. *Breathing Spaces: Qigong, Psychiatry, and Healing in China*. New York: Columbia University Press.

Chen, Shenghuo. 2004. *The Events of September* 11 *and Chinese College Students'Images of the United States*. Paper presented at the Center for Strategic and International Studies Conference on "Chinese Images of the United States."

Chen, Xi. 2009. "The Power of 'Troublemaking': Chinese Petitioners' Tactics and Their Effi cacy." *Comparative Politics*, vol. 41, no. 4: 451—71.

2008. "Collective Petitioning and Institutional Conversion," in Kevin O'Brien (ed.), *Popular Protest in China*. Cambridge, MA: Harvard University Press: 54—70.

Chen, Xueyi and Tianjian Shi. 2001. "Media Effects on Political Confidence and Trust in the People's Republic of China in the Post-Tiananmen Period." *East Asia: An International Quarterly*, vol. 19, no. 3: 84—118.

Cheng, Peter T. Y., Jae Ho Chung, and Zhimin Lin (eds.). 1998. *Provincial Strategies of Economic Reform in Post-Mao China*. Armonk, NY: M. E. Sharpe.

Christensen, Thomas J., Alastair Iain Johnston, and Robert S. Ross. 2006. "Conclusions and Future Directions," in Alastair Iain Johnstonand Robert S. Ross (eds.), *New Directions in the Study of China's Foreign Policy*.

Stanford, CA: Stanford University Press: 379—420.

Chu, Yun-han and Yu-tzung Chang. 2001. "Culture Shift and Regime Legitimacy: Comparing Mainland China, Taiwan, and Hong Kong," in Shi-ping Hua (ed.), *Chinese Political Culture, 1989—2000*. Armonk, NY: M. E. Sharpe: 320—347.

CNNIC. 2008. "The 21st Statistical Survey Report on the Internet Development in China," at http://www.cnnic.net.cn/index/0E/00/11/index.htm, accessed July 2008.

CNNIC. 2007. "Surveying China's Blogging Market in 2007," at http://www.cnnic.net.cn/uploadfi les/pdf/2007/12/26/113902.pdf, accessed August 2008.

Congressional-Executive Commission on China. 2006. *China's Household Registration System: Sustained Reform Needed to Protect China's Rural Migrants*. Washington, DC.

Cornelius, Wayne A., Todd A. Eisenstadt, and Jane Hinley (eds.). 1999. *Subnational Politics and Democratization in Mexico*. La Jolla: Center for U. S. Mexican Studies, University of California.

CPCR. 2005. *Zhongguo shichanghua baokan quanguo toufang cankao* 2005 (*I*) [Market Intelligence Report on China's Print Media Retail Distribution 2005 (I)]. Beijing: CPCR Kaiyuan Celue [Opening Strategy Consultation].

Cyert, Richard and James March. 1992. *A Behavioral Theory of the Firm*. 2nd ed. Cambridge: Blackwell.

Damm, Jen and Simona Thomas. 2006. *Chinese Cyberspaces: Technological and Political Effects*. New York: Routledge.

Davis, Deborah S. (ed.). 2000. *The Consumer Revolution in Urban China*. Berkeley: University of California Press.

Davis, Deborah, Pierre Landry, Yusheng Peng, and Jin Xiao. 2007. "Gendered Pathways to Rural Schooling: The Interplay of Wealth and Local Institutions." *China Quarterly*, no. 189: 60—82.

Dever, Jill A., Jun Liu, Vincent G. Iannacchione, and Douglas E. Kendrick. 2001. "An Optimal Allocation Method for Two-Stage Sampling Designs with Stratifi cation at the Second Stage." *Proceedings of the Annual Meeting of the American Statistical Association*, August 5 – 9.

Diamant, Neil J. 2009. *Embattled Glory: Veterans, Military Families, and the Politics of Patriotism in China, 1949—2007*. Lanham, MD: Rowman and Littlefield.

2000. *Revolutionizing the Family: Politics, Love, and Divorce in Urban and Rural China, 1949—1968*. Berkeley: University of California Press.

Diao Jiecheng. 1996. *Renmin xinfang shilue* [A Brief History of People's Letters and Visits]. Beijing: Xueyuan chubanshe.

Dickson, Bruce J. 2008. *Wealth into Power: The Communist Party's Embrace of China's Private Sector*. Cambridge: Cambridge University Press.

2007. "Integrating Wealth and Power in China: The Communist Party's Embrace of the Private Sector." *China Quarterly*, no. 192: 827—854.

2003. *Red Capitalists in China: The Party, Private Entrepreneurs, and Prospects for Political Change*. Cambridge: Cambridge University Press.

2002. "Do Good Businessmen Make Good Citizens? An Emerging Collective Identity among China's Private Entrepreneurs," in Merle Goldman and Elizabeth J. Perry (eds.), *Changing Meanings of Citizenship in Modern China*. Cambridge, MA: Harvard University Press: 255—287.

Dijkstra, Wil. 1987. "Interviewing Style and Respondent Behavior: An Experimental Study of the Survey-Interview." *Sociological Methods and Research*, vol. 16, no. 2: 309—334.

Dijkstra, Wil and Johanese van der Zouwen. 1987. "Styles of Interviewing and the Social Context of the Survey Interview," in Hans-J. Hippler, Norbert Schwartz, and Seymour Sudman (eds.), *Social Information Processing and Survey Methodology*. New York: Springer.

DiMaggio, Paul, (Eszter Hargittai, W. Russell Neuman, and John P. Robinson. 2001. "Social Implications of the Internet." *Annual Review of Sociology*, vol. 27: 307—336.

Dittmer, Lowell. 2001. "The Changing Nature of Elite Power Politics." *China Journal*, no. 45: 53—68.

1983. "The 12th Congress of the Communist Party of China." *China Quarterly*, no. 93: 108—214.

Dittmer, Lowell and William Hurst. 2002/2003. "Analysis in Limbo: Contemporary Chinese Politics amid the Maturation of Reform." *Issues and Studies*, vol. 38, no. 4/vol. 39, no. 1: 11—48.

Dowd, Daniel V., Allen Carlson, and Mingming Shen. 1999. "The Prospects for Democratization: Evidence from the 1995 Beijing Area Study." *Journal of Contemporary China*, vol. 8, no. 22: 365—380.

DRC [Guowuyuan fazhan yanjiu zhongxin]. 2001. "'Dongbei xianxiang'de xin chulu" [A New Way Out of the "Northeast Phenomenon"]. *Guowuyuan fazhan yanjiu zhongxin diaocha yanjiu baogao*, no. 60.

1999a. "Shenyang shuibengchang qiye gaige yu xiagang zhigong wenti diaocha" [Investigation into the Shenyang Water Pump Factory's Problems with Reform and *Xiagang* Workers]. *Guowuyuan fazhan yanjiu zhongxin diaocha yanjiu baogao*, no. 84.

1999b. "Shanghai dianhua shebei zhizaochang qiye gaige yu xiagang zhi gong wenti diaocha" [Investigation into the Shanghai Telephone Equipment Production Plant's Problems of Enterprise Reform and *Xiagang* Workers]. *Guowuyuan fazhan yanjiu zhongxin diaocha yanjiu baogao*, no. 86.

1999c. "Baoshan gangtie (jituan) gongsi de qiye fazhan yu renyuan zhuangkuang diaocha" [Investigation into the Enterprise Development and Employee Situation of Baoshan Steel]. *Guowuyuan fazhan yanjiu zhongxin diaocha yanjiu baogao*, no. 87.

Druckman, Daniel. 1995. "Social-Psychological Aspects of Nationalism," in John Comeroff and Paul Stern (eds.), *Perspectives on Nationalism and War*. Amsterdam: Gordon and Breach: 47—98.

Druckman, James N., Donald P. Green, James H. Kuklinski, and Arthur Lupia. 2006. "The Growth and Development of Experimental Research in Political Science." *American Political Science Review*, vol. 100, no. 4: 627—635.

Duriau, Vincent J., Rhonda K. Reger, and Michael D. Pfarrer. 2007. "A Content Analysis of the Content Analysis Literature in Organization Studies: Research Themes, Data Sources, and Methodological Refi nements." *Organizational Research Methods*, vol. 10, no. 1: 5—34.

Earl, Jennifer, Andrew Martin, John D. McCarthy, and Sarah Soule. 2004. "The Use of Newspaper Data in the Study of Collective Action." *Annual Review of Sociology*, vol. 30: 65—80.

Eaton, Kent. 2004. *Politics beyond the Capital: The Design of Subnational Institutions in Latin America*. Stanford, CA: Stanford University Press.

Eckstein, Harry. 1975. "Case Study and Theory in Political Science," in Fred Greenstein and Nelson Polsby (eds.), *Handbook of Political Science*, Vol. 7: Strategies of Inquiry. Reading, MA: Addison-Wesley: 79—138.

Edwards, Richard. 1977. *Contested Terrain: The Transformation of the Workplace in the Twentieth Century*. New York: Basic Books.

Eldersveld, Samuel J. and Mingming Shen. 2001. *Support for Political and Economic Change in the Chinese Countryside: An Empirical Study of Cadres and Villagers in Four Counties*, 1990 and 1996. Lanham, MD: Lexington Books.

Emerson, Robert, Rachel Fretz, and Linda Shaw. 1995. *Writing Ethnographic Fieldnotes*. Chicago: University of Chicago Press.

Esarey, A. 2009. *Who Controls the Message? Propaganda, Pluralism, and Press Freedom in China*. Paper presented at the Media in Contemporary Chinese Politics workshop, Harvard University, April.

Fairbank, John King. 1982. *China Bound: A Fifty-Year Memoir*. New York: Harper and Row.

Farrer, James. 2002. *Opening Up: Youth Sex Culture and Market Reform in Shanghai*. Chicago: University of Chicago Press.

Fenno, Richard F., Jr. 1990. *Watching Politicians: Essays on Participant Observation*. Berkeley: Institute of Governmental Studies, University of California.

1978. *Home Style: House Members in their Districts*. Boston and Toronto: Little, Brown.

Fewsmith, Joseph. 1994. *Dilemmas of Reform in China: Political Confl ict and Economic Debate*. Armonk, NY: M. E. Sharpe.

Fitzgerald, John. 1996. *Awakening China: Politics, Culture, and Class in the Nationalist Revolution*. Stanford, CA: Stanford University Press. (ed.). 2002. *Rethinking China's Provinces*. New York: Routledge.

Fletcher, George. 1993. *Loyalty: An Essay on the Morality of Relation-*

ships. New York: Oxford University Press.

Fong, Vanessa. 2004. *Only Hope: Coming of Age under China's One Child Policy*. Stanford, CA: Stanford University Press.

Forster, Keith. 1990. *Rebellion and Factionalism in a Chinese Province*. Armonk, NY: M. E. Sharpe.

Foster, Kenneth C. 2002. "Embedded within State Agencies: Business Associations in Yantai." *China Journal*, no. 47: 41—65.

Fowler, Floyd. 1993. *Survey Research Methods*. Thousand Oaks, CA: Sage.

Fravel, M. Taylor. 2007. "Securing Borders: China's Doctrine and Force Structure for Frontier Defense." *Journal of Strategic Studies*, vol. 30, no. 4 / 5: 705—737.

2000. "Online and on China: Research Sources in an Information Age." *China Quarterly*, no. 163: 821—842.

Frazier, Mark. 2003. *The Making of the Chinese Industrial Workplace: State, Revolution, and Labor Management*. Cambridge: Cambridge University Press.

Friedman, Edward. 1975. "Some Political Constraints on a Political Science: Quantitative Content Analysis and the Indo-Chinese Border Crisis of 1962." *China Quarterly*, no. 63: 528—538.

Friedman, Edward, Paul G. Pickowicz, and Mark Selden. 2005. *Revolution, Resistance, and Reform in Village China*. New Haven, CT: Yale University Press.

Friedman, Sara. 2006. *Intimate Politics: Marriage, the Market, and State Power in Southeastern China*. Cambridge, MA: Asia Center, Harvard University.

Gallagher, Mary. 2005. " 'Use the Law as Your Weapon! 'Institutional Change and Legal Mobilization in China," in Neil Diamant, Stanley Lubman, and Kevin O'Brien (eds.), *Engaging the Law in China*. Stanford, CA: Stanford University Press: 54—83.

Galvan, Dennis. 2004. *The State Must Be Our Master of Fire: How Peasants Craft Culturally Sustainable Development in Senegal*. Berkeley: University of California Press.

Geertz, Clifford. 1983. *Local Knowledge: Further Essays in Interpretative Anthropology*. New York: Basic Books.

1973. *The Interpretation of Cultures: Selected Essays*. New York: Basic Books.

George, Alexander L. 1979. "Case Studies and Theory Development: The Method of Structured, Focused Comparison," in Paul Gorden Lauren (ed.), *Diplomacy: New Approaches in History, Theory, and Policy*. New York: Free Press: 43—68.

George, Alexander L. and Andrew Bennett. 2004. *Case Studies and Theory Development in the Social Sciences*. Cambridge, MA: MIT Press.

Gerring, John. 2004. "What Is a Case Study and What Is it Good For?" *American Political Science Review*, vol. 98, no. 2: 341—354.

2001. *Social Science Methodology: A Critical Framework*. Cambridge: Cambridge University Press.

Gladney, Dru C. 1996. *Muslim Chinese: Ethnic Nationalism in the People's Republic*. Cambridge, MA: Council on East Asian Studies, Harvard University.

Goffman, Erving. 1959. *The Presentation of Self in Everyday Life*. Garden City, NY: Doubleday.

Gold, Thomas. 1998. "Bases for Civil Society in Reform China," in Kjeld Erik Brødsgaard and David Strand (eds.), *Reconstructing Twentieth-Century China: State Control, Civil Society, and National Identity*. Oxford: Oxford University Press: 163—188.

1989. "Guerrilla Interviewing among the *Getihu*," in Perry Link, Richard Madsen, Paul Pickowicz (eds.), *Unofficial China: Popular Culture and Thought in the People's Republic*. Boulder, CO: Westview: 175—192.

Gold, Thomas, Doug Guthrie, and David L. Wank. 2002. *Social Connections in China: Institutions, Culture, and the Changing Nature of Guanxi*. Cambridge: Cambridge University Press.

Goldstein, Alice, Sidney Goldstein, and Shenyang Guo. 1991. "Temporary Migrants in Shanghai Households, 1984." *Demography*, vol. 28, no. 2 : 275—291.

Goldstein, Sidney. 1987. "Forms of Mobility and Their Policy Implications: Thailand and China Compared." *Social Forces*, vol. 65, no. 4: 915—942.

Goodkind, Daniel and Loraine A. West. 2002. "China's Floating Population: Defi nitions, Data and Recent Findings." *Urban Studies*, vol. 39, no. 12: 2237—2251.

Goodman, Byrna. 2004. "Networks of News: Power, Language and the Transnational Dimensions of the Chinese Press, 1850—1949." *China Review*, vol. 4, no. 1: 1—10.

Granovetter, Mark. 1985. " Economic Action and Social Structure: The Problem of Embeddedness." *American Journal of Sociology*, vol. 91, no. 3: 481—510.

1973. "The Strength of Weak Ties." *American Journal of Sociology*, vol. 78, no. 6: 1360—1380.

Gray, Clive. 1994. *Government beyond the Centre: Subnational Politics in Britain*. London: MacMillan.

Gries, Peter Hays. 2005a. " Chinese Nationalism: Challenging the State." *Current History*, vol. 104, no. 683: 251—256.

2005b. " Nationalism, Indignation and China's Japan Policy." *SAIS Review*, vol. 25, no. 2: 105—114.

2004. *China's New Nationalism: Pride, Politics, and Diplomacy*. Berkeley: University of California Press.

Gries, Peter Hays, Kaiping Peng, and H. Michael Crowson. Under review. " Determinants of Security and Insecurity in International Relations: Symbolic and Material Gains and Losses: A Cross-national Experimental Analysis," in Vaughn Shannon (ed.), *Ideational Allies: Constructivism, Political Psychology, and IR Theory*. Ann Arbor: University of Michigan Press.

Gries, Peter Hays, Quigmin Zhang, H. M. Michael Cronson, and Huajian Cai. Under review. " Patriotism, Nationalism, and Perceptions of U. S. Threat: Structures and Consequences of Chinese National Identity."

Grodzins, Morton. 1956. *The Loyal and the Disloyal: Social Boundaries of*

Patriotism and Treason. Chicago: University of Chicago Press.

Groves, Robert M. 2004. *Survey Errors and Survey Costs*. Malden, MA: Wiley-Interscience.

1987. " Research on Survey Data Quality." *Public Opinion Quarterly*, vol. 51, part 2 (Supplement): S156-S172.

Gu, Edward X. 1996. "The Economics Weekly, the Public Space and the Voices of Chinese Independent Intellectuals." *China Quarterly*, no. 147: 860—888.

Guo, Gang. 2007. "Organizational Involvement and Political Participation in China." *Comparative Political Studies*, vol. 40, no. 4: 457—482.

Guo Liang. 2002. " 'Qiangguo luntan': 9. 11 kongbu xiji hou de 24 xiaoshi" ["Strong Country Talk": The First Twenty-four Hours after the Terrorist Attacks]. *Xinwen yu chuanbo yanjiu* [Research in Journalism and Communications], no. 4: 2—13.

Guthrie, Douglas. 1999. *Dragon in a Three-piece Suit: The Emergence of Capitalism in China*. Princeton, NJ: Princeton University Press.

Harding, Harry. 1994. "The Contemporary Study of Chinese Politics: An Introduction." *China Quarterly*, no. 139: 699—703.

1982. " From China, with Disdain: New Trends in the Study of China." *Asian Survey*, vol. 22, no. 10: 934—958.

1981. *Organizing China: The Problem of Bureaucracy, 1949—1976*. Stanford, CA: Stanford University Press.

Hartford, Kathleen. 2000. "Cyberspace with Chinese Characteristics." *Current History*, vol. 99, no. 638: 255—262.

Hassid, Jonathan. 2007. *Poor and Content Is Rich: A Computer-Assisted Content Analysis of Twenty-Six Chinese Newspapers, 2004—2006*, presented at the 9th annual conference of the Hong Kong Sociological Association, Hong Kong.

He, Baogang. 1997. *The Democratic Implications of Civil Society in China*. New York: St. Martin's Press.

He, Zhou and Jian-hua Zhu. 2002. "The Ecology of Online Newspapers: The Case of China." *Media, Culture and Society*, vol. 24, no. 1: 121—137.

Heckman, James J., Hidehiko Ichimura, Jeffrey Smith, and Petra Todd. 1998. "Characterizing Selection Bias Using Experimental Data." *Econometrica*, vol. 66, no. 5: 1017—1098.

Heimer, Maria. 2006. "Field Sites, Research Design and Type of Findings," in Maria Heimer and Stig Thøgersen (eds.), *Doing Fieldwork in China*. Honolulu: University of Hawaii Press: 58—77.

Heimer, Maria and Stig Thøgersen (eds.). 2006. *Doing Fieldwork in China*. Honolulu: University of Hawaii Press.

Heller, Patrick. 1999. *The Labor of Development: Workers and the Transformation of Capitalism in Kerala, India*. Ithaca, NY: Cornell University Press.

Hendrischke, Hans and Chongyi Feng (eds.). 1999. *The Political Economy of China's Provinces: Comparative and Competitive Advantage*. London: Routledge.

Herrigal, Gary. 1996. *Industrial Constructions: The Sources of German Industrial Power*. Cambridge: Cambridge University Press.

Hertz, Ellen. 1998. *The Trading Crowd: An Ethnography of the Shanghai Stock Market*. Cambridge: Cambridge University Press.

Hetherington, Marc J. 1998. "The Political Relevance of Political Trust." *American Political Science Review*, vol. 92, no. 4: 791—808.

Hjellum, Torstein. 1998. "Is a Participant Culture Emerging in China?" in Kjeld Erik Brødsgaard and David Strand (eds.), *Reconstructing Twentieth-Century China: State Control, Civil Society, and National Identity*. Oxford: Clarendon Press: 216—250.

Ho, David Yau-fai. 1976. "On the Concept of Face." *American Journal of Sociology*, vol. 81, no. 4: 867—884.

Hoddie, Matthew. 2008. "Ethnic Difference and Survey Cooperation in the People's Republic of China." *Asian Survey*, vol. 48, no. 2: 303—322.

Hong, Zhaohui. 2004. "Mapping the Evolution and Transformation of the New Private Entrepreneurs in China." *Journal of Chinese Political Science*, vol. 9, no. 1: 23—42.

Honig, Emily. 2003. "Socialist Sex: The Cultural Revolution

Revisited." *Modern China*, vol. 29, no. 2: 143—175.

Houtkoop-Steenstra, Hanneke. 2000. *Interaction and the Standardized Survey Interview: The Living Questionnaire*. Cambridge: Cambridge University Press.

Howell, Nancy. 1990. *Surviving Fieldwork: A Report of the Advisory Panel on Health and Safety in Fieldwork*. Arlington, VA: American Anthropological Association.

Hu, Hsien-chin. 1944. "The Chinese Concepts of 'Face.'" *American Anthropologist*, vol. 46, no. 1, pt. 1: 45—64.

Huang, Yasheng. 2008. *Capitalism with Chinese Characteristics: Entrepreneurship and the State*. Cambridge: Cambridge University Press.

1996. *Inflation and Investment Controls in China: The Political Economy of Central-Local Relations during the Reform Era*. Cambridge: Cambridge University Press.

1995. "Administrative Monitoring in China." *China Quarterly*, no. 143: 828—843.

1994. "Information, Bureaucracy, and Economic Reforms in China and the Soviet Union." *World Politics*, vol. 47, no. 1: 102—134.

Huntington, Samuel P. 1987. "The Goals of Development," in Myron Weiner and Samuel P. Huntington (eds.), *Understanding Political Development: An Analytic Study*. Boston: Little, Brown: 3—32.

Hurst, William. 2009. *The Chinese Worker after Socialism*. Cambridge: Cambridge University Press.

Iarossi, Giuseppe. 2006. *The Power of Survey Design: A User's Guide for Managing Surveys, Interpreting Results, and Infl uencing Respondents*. Washington, DC : World Bank.

Inglehart, Ronald. 1997. *Modernization and Postmodernization: Cultural, Economic, and Political Change in 43 Societies*. Princeton, NJ: Princeton University Press.

Jacka, Tamara. 2004. *On the Move: Women and Rural-to-Urban Migration in Contemporary China*. New York: Columbia University Press.

Jankowiak, William R. 1993. *Sex, Death and Hierarchy in a Chinese City*:

An Anthropological Account. New York: Columbia University Press.

Jennings, M. Kent. 2003. "Local Problem Agendas in the Chinese Countryside as Viewed by Cadres and Villagers." *Acta Politica*, vol. 38, no. 4: 313—332.

1998a. "Gender and Political Participation in the Chinese Countryside." *Journal of Politics*, vol. 60, no. 4: 954—973.

1998b. "Political Trust and the Roots of Devolution," in V. A. Braithwaite and M. Levi (eds.), *Trust and Governance*. New York: Russell Sage Foundation: 218—244.

1997. "Political Participation in the Chinese Countryside." *American Political Science Review*, vol. 91, no. 2: 351—372.

Jennings, M. Kent and Kuang-Hui Chen. 2008. "Perceptions of Injustice in the Chinese Countryside." *Journal of Contemporary China*, vol. 17, no. 55: 319—337.

Jennings, M. Kent and Ning Zhang. 2005. "Generations, Political Status, and Collective Memories in the Chinese Countryside." *Journal of Politics*, vol. 67, no. 4: 1164—1189.

Jervis, Robert. 1976. *Perception and Misperception in International Politics*. Princeton, NJ: Princeton University Press.

Jiang Zemin. 1999. *Jianding jinxin shenhua gaige, kaichuang guoyou qiye fazhan de xin jumian: Zai dongbei he huabei diqu guoyou qiye gaige he fazhan zuotan huishang de jianghua*, 1999 *nian* 8 *yue* 12 *ri* [Keep the Faith, Deepen Reform, Initiate a New Phase of SOE Development: Speech at the Conference on Reform and Development of SOEs in the Northeast and North China Regions, August 12, 1999]. Beijing: Renmin chubanshe.

Jin Chongji (ed.). 1989. *Zhou Enlai zhuan*, 1898—1949 [A Biography of Zhou Enlai]. Beijing: Zhongyang wenxian chubanshe.

Jing, Jun. 1996. *The Temple of Memories: History, Power, and Morality in a Chinese Village*. Stanford, CA: Stanford University Press.

Johnston, Alastair Iain. 2006. "The Correlates of Beijing Public Opinion toward the United States, 1998—2004," in Alastair Iain Johnston and Robert S. Ross (eds.), *New Directions in the Study of China's Foreign Policy*. Stanford, CA: Stanford University Press: 340—377.

2004. "Chinese Middle Class Attitudes towards International Affairs: Nascent Liberalization?" *China Quarterly*, no. 179: 603—628.

1996. "Cultural Realism and Strategy in Maoist China," in Peter J. Katzenstein (ed.), *The Culture of National Security*. New York: Columbia University Press: 216—256.

Johnston, Alastair Iain and Daniela Stockmann. 2007. "Chinese Attitudes toward the United States and Americans," in Peter J. Katzenstein and Robert O. Keohane (eds.), *Anti-Americanism in World Politics*. Ithaca, NY: Cornell University Press: 157—195.

Jones, Benjamin and Benjamin Olken. 2005. "Do Leaders Matter? National Leadership and Growth since World War II." *Quarterly Journal of Economics*, vol. 120, no. 3: 835—864.

Judd, Ellen R. 1994. *Gender and Power in Rural North China*. Stanford, CA: Stanford University Press.

Kang, David C. 2002. *Crony Capitalism: Corruption and Development in South Korea and the Philippines*. Cambridge: Cambridge University Press.

Kateb, George. 2000. "Is Patriotism a Mistake?" *Social Research*, vol. 67, no. 4: 901—924.

Kennedy, John James. 2002. "The Face of 'Grassroots Democracy'in Rural China: Real Versus Cosmetic Elections." *Asian Survey*, vol. 42, no. 3: 456—482.

Kennedy, John James, Scott Rozelle, and Shi Yaojiang. 2004. "Elected Leaders and Collective Land: Farmers'Evaluation of Village Leaders' Performance in Rural China." *Journal of Chinese Political Science*, vol. 9, no. 1: 1—22.

Kennedy, Scott. 2005. *The Business of Lobbying in China*. Cambridge, MA: Harvard University Press.

Kertzer, David and Dominique Arel. 2006. "Population Composition as an Object of Political Struggle," in Robert E. Goodin and Charles Tilly (eds.), *The Oxford Handbook of Contextual Political Analysis*. Oxford: Oxford University Press: 664—680.

Kidder, Tracy. 2003. *Mountains beyond Mountains: The Quest of Dr. Paul Farmer, a Man Who Would Cure the World*. New York: Random House.

Kilwein, John C. and Richard A. Brisbin, Jr. 1997. "Policy Convergence in a Federal Judicial System: The Application of Intensified Scrutiny Doctrines by State Supreme Courts." *American Journal of Political Science*, vol. 41, no. 1: 122—148.

Kim, Samuel. 1979. *China, the United Nations and World Order*. Princeton, NJ: Princeton University Press.

King, Gary. 2004. "Enhancing the Validity and Cross-Cultural Comparability of Measurement in Survey Research." *American Political Science Review*, vol. 98, no. 1: 191—207.

King, Gary, Robert Keohane, and Sidney Verba. 1994. *Designing Social Inquiry: Scientific Inference in Qualitative Research*. Princeton, NJ: Princeton University Press.

King, Gary, Christopher J. L. Murray, Joshua A. Salomon, and Ajay Tandon. 2003. "Enhancing the Validity and Cross-cultural Comparability of Measurement in Survey Research." *American Political Science Review*, vol. 97, no. 4: 567—583.

King, Neil Jr. 2005. "A Scholar Shapes Views of China." *Wall Street Journal*, September 8: 1.

Kipnis, Andrew B. 1997. *Producing Guanxi: Sentiment, Self, and Subculture in a North China Village*. Durham, NC: Duke University Press.

Kish, Leslie. 1962. "Studies of Interviewer Variance for Attitudinal Variables." *Journal of the American Statistical Association*, vol. 57, no. 297: 92—115.

Kissinger Transcripts: The Top Secret Talks with Beijing and Moscow. 1998. Ed. William Burr. New York: New Press.

Kline, Rex B. 2005. *Principles and Practice of Structural Equation Modeling*. 2nd ed. New York: Guilford Press.

Kluver, Randy and Chen Yang. 2005. "The Internet in China: A Meta-review of Research." *Information Society*, vol. 21, no. 4: 301—308.

Kohli, Atul. 1987. *The State and Poverty in India: The Politics of Reform*.

Cambridge: Cambridge University Press.

Kooghe, Liesbet. 1996. *Subnational Mobilization in the European Union*. Florence: European University Institute Working Paper RSC 95/6.

Kosterman, Rick and Seymour Feshbach. 1989. "Toward a Measure of Patriotic and Nationalistic Attitudes." *Political Psychology*, vol. 10, no. 2: 257—274.

Kou, Chien-wen. 2008. *Chinese Political Elites Database*. Taipei: National Chengchi University.

Krebs, Ronald. 2006. *Fighting for Rights: Military Service and the Politics of Citizenship*. Ithaca, NY: Cornell University Press.

Krug, Barbara. 2004. *China's Rational Entrepreneurs: The Development of the New Private Business Sector*. New York: RoutledgeCurzon.

Ku, Hok Bun. 2003. *Moral Politics in a South Chinese Village: Responsibility, Reciprocity, and Resistance*. Lanham, MD: Rowman and Littlefi eld.

Ku, Lun-Wei, Tung-Ho Wu, Li-Ying Lee, and Hsin-Hsi Chen. 2005. *Construction of an Evaluation Corpus for Opinion Extraction*. Paper presented at the NTCIR-5 workshop, December, Tokyo.

Kuan, Hsin-chi and Lau Siu-kai. 2002. "Traditional Orientations and Political Participation in Three Chinese Societies." *Journal of Contemporary China*, vol. 11, no. 31: 297—318.

Kuran, Timur. 1995. *Private Truths, Public Lies: The Social Consequences of Preference Falsifi cation*. Cambridge, MA: Harvard University Press.

Lacy, Stephen, Daniel Riffe, Staci Stoddard, Hugh Martin, and Kuang-Kuo Chang. 2001. "Sample Size for Newspaper Content Analysis in Multi-Year Studies." *Journalism and Mass Communication Quarterly*, vol. 78, no. 4: 836—845.

Lamb, Malcolm. 2003. *Directory of Officials and Organizations in China*. Armonk, NY: M. E. Sharpe.

Landry, Pierre F. 2008a. *Decentralized Authoritarianism in China: The Communist Party's Control of Local Elites in the Post-Mao Era*. Cambridge: Cambridge University Press.

2008b. "The Institutional Diffusion of Courts in China: Evidence from

Survey Data," in Tom Ginsburg and Tamir Moustafa (eds.), *Rule by Law: The Politics of Courts in Authoritarian Regimes*. Cambridge: Cambridge University Press: 207—234.

Landry, Pierre F. and Mingming Shen. 2005. "Reaching Migrants in Survey Research: The Use of the Global Positioning System to Reduce Coverage Bias in China." *Political Analysis*, vol. 13, no. 1: 1—22.

Langman, Lauren. 2005. "From Virtual Public Spheres to Global Justice: A Critical Theory of Internetworked Social Movements." *Sociological Theory*, vol. 23, no. 1: 42—74.

Laver, Michael and John Garry. 2000. "Estimating Policy Positions from Political Texts." *American Journal of Political Science*, vol. 44, no. 3: 619—634.

Lavrakas, Paul J. 1993. *Telephone Survey Methods: Sampling, Selection, and Supervision*. Thousand Oaks, CA: Sage.

Lee, Ching Kwan. 1998. *Gender and the South China Miracle: Two Worlds of Factory Women*. Berkeley: University of California Press.

Lee, Hong Yung. 1991. *From Revolutionary Cadres to Party Technocrats in Socialist China*. Berkeley: University of California Press.

Lee, Taeku. 2002. *Mobilizing Public Opinion: Black Insurgency and Racial Attitudes in the Civil Rights Era*. Chicago: University of Chicago Press.

Lee, Tahirih V. (ed.) 1997. *Contract*, Guanxi, *and Dispute Resolution in China*. New York: Garland.

Levi, Margaret. 2004. "An Analytic Narrative Approach to Puzzles and Problems," in Ian Shapiro, Rogers Smith, and Tarek Masoud (eds.), *Problems and Methods in the Study of Politics*. Cambridge: Cambridge University Press: 201—226.

1999. "The Problem of Trust." *American Journal of Sociology*, vol. 104, no. 4: 1245—1246.

Levi, Margaret and Laura Stoker. 2000. "Political Trust and Trust worthiness." *Annual Review of Political Science*, vol. 3 : 475—507.

Li, Cheng. 2004. "Political Localism versus Institutional Restraints: Elite Recruitment in the Jiang Era," in Barry Naughton and Dali L. Yang (eds.), *Holding China Together: Diversity and National Integration in the Post-Deng Era*. Cambridge: Cambridge University Press: 29—69.

2001. *China's Leaders: The New Generation*. Lanham, MD: Rowman and Littlefi eld.

2000. "Jiang Zemin's Successors: The Rise of the Fourth Generation of Leaders in the PRC." *China Quarterly*, no. 161: 1—40.

1994. "University Networks and the Rise of Qinghua Graduates in China's Leadership." *Australian Journal of Chinese Affairs*, no. 32: 1—30.

Li, Cheng and Lynn White, III. 1991. "China's Technocratic Movement and the *World Economic Herald*." *Modern China*, vol. 17, no. 3: 342—388.

Li, Hongbin, Lingsheng Meng, and Junsen Zhang. 2006. "Why Do Entrepreneurs Enter Politics? Evidence from China." *Economic Inquiry*, vol. 44, no. 3: 559—578.

Li, Hongbin and Li-An Zhou. 2005. "Political Turnover and Economic Performance: The Incentive Role of Personnel Control in China." *Journal of Public Economics*, vol. 89, no. 9—10: 1743—1762.

Li, Lianjiang. 2008. "Political Trust and Petitioning in the Chinese Countryside." *Comparative Politics*, vol. 39, no. 4: 209—226.

2004. "Political Trust in Rural China." *Modern China*, vol. 30, no. 2: 228—258. 2003. "The Empowering Effect of Village Elections in China." *Asian Survey*, vol. 43, no. 4: 648—662.

2002. " Elections and Popular Resistance in Rural China." *China Information*, vol. 16, no. 1: 89—107.

2001. "Support for Anti-Corruption Campaigns in Rural China." *Journal of Contemporary China*, vol. 10, no. 29: 573—586.

Liang, Zai and Zhongdong Ma. 2004. "China's Floating Population: New Evidence from the 2000 Census." *Population and Development Review*, vol. 30, no. 3: 467—490.

Liao, Kuang-sheng and Allen S. Whiting. 1973. "Chinese Press Perceptions of Threat: The U. S. and India, 1962." *China Quarterly*, no. 53: 80—97.

Lieberthal, Kenneth. 1995. *Governing China*. New York: W. W. Norton.

1971. "Mao Versus Liu? Policy Towards Industry and Commerce, 1946—1949." *China Quarterly*, no. 47: 494—520.

Lieberthal, Kenneth and David M. Lampton (eds.). 1992. *Bureaucracy, Politics, and Decision Making in Post-Mao China*. Berkeley: University of California Press.

Lieberthal, Kenneth and Michel Oksenberg. 1988. *Policy Making in China: Leaders, Structures, and Processes*. Princeton, NJ: Princeton University Press.

Linz, Juan J. and Armando de Miguel. 1966. "Within-Nation Differences and Comparisons: The Eight Spains," in Richard L. Merritt and Stein Rokkan (eds.), *Comparing Nations: The Use of Quantitative Data in Cross-National Research*. New Haven, CT: Yale University Press: 267—320.

Litzinger, Ralph. 2000. *Other Chinas: The Yao and the Politics of National Belonging*. Durham, NC: Duke University Press.

Liu, Xin. 2000. *In One's Own Shadow: An Ethnographic Account of the Condition of Post-Reform Rural China*. Berkeley: University of California Press.

Luhtanen, Riia and Jennifer Crocker. 1992. "A Collective Self-Esteem Scale: Self-Evaluation of One's Social Identity." *Personality and Social Psychology Bulletin*, vol. 18, no. 3: 302—318.

Luo, Xiaopeng. 1994. "Rural Reform and the Rise of Localism," in Jia Hao and Lin Zhimin (eds.), *Changing Central-Local Relations in China: Reform and State Capacity*. Boulder, CO: Westview: 115—134.

MacFarquhar, Roderick. 1997. *The Origins of the Cultural Revolution: 3. The Coming of the Cataclysm*, 1961—1966. New York: Columbia University Press.

1983. *The Origins of the Cultural Revolution: 2. The Great Leap Forward* 1958—60. New York: Columbia University Press.

1974. *The Origins of the Cultural Revolution: 1. Contradictions among the People* 1956—7. New York: Columbia University Press.

MacFarquhar, Roderick and Michael Schoenhals. 2006. *Mao's Last Revolution*. Cambridge, MA: Belknap Press of Harvard University Press.

MacLean, Lauren Morris. 2004. "Empire of the Young: The Legacies of

State Agricultural Policy on Local Capitalism and Social Support Networks in Ghana and Cote d' Ivoire." *Comparative Studies in Society and History*, vol. 46, no. 3: 469—496.

Mahoney, James and Dietrich Rueschmeyer (eds.). 2003. *Comparative Historical Analysis in the Social Sciences*. Cambridge: Cambridge University Press.

Mainland China Research Center. 2006. *Zhongguo jingying ziliao ku* [Database on Chinese Elites]. Taipei: National Chengchi University.

Malinowski, Bronislaw. 1922. *Argonauts of the Western Pacific: An Account of Native Enterprise and Adventure in the Archipelagoes of Melanesian New Guinea*. New York: E. P. Dutton.

Manion, Melanie. 2006. "Democracy, Community, Trust: The Impact of Chinese Village Elections in Context." *Comparative Political Studies*, vol. 39, no. 3: 301—324.

1996. "The Electoral Connection in the Chinese Countryside." *American Political Science Review*, vol. 90, no. 4: 736—748.

1994. "Survey Research in the Study of Contemporary China: Learning from Local Samples." *China Quarterly*, no. 139: 741—765.

1993. *Retirement of Revolutionaries in China: Public Policies, Social Norms, Private Interests*. Princeton, NJ: Princeton University Press.

1991. "Policy Implementation in the People's Republic of China: Authoritative Decisions versus Individual Interests." *Journal of Asian Studies*, vol. 50, no. 2: 253—279.

Marcus, George E. 1998. *Ethnography through Thick and Thin*. Princeton, NJ: Princeton University Press.

Marshall, Eliot. 1993. "U. S. May Renew Collaboration after China Relents on Data." *Science* (August 6): 677.

Martin, Lanny W. 2004. "The Government Agenda in Parliamentary Democracies." *American Journal of Political Science*, vol. 48, no. 3: 445—461.

Maryland Study. 2002. "Perspectives Towards the United States in Selected Newspapers of the People's Republic of China." *Report for the U. S.*

China Security Report Commission.

McDermott, Rose. 2006. " Editor's Introduction. " *Political Psychology*, vol. 27, no. 3: 347—358.

McGregor, Richard. 2006. "Data Show Social Unrest on the Rise in China. " *Financial Times*, at http://www.ft.com/cms/s/0/171fb682 - 88d6 - 11da-94a6 - 0000779e2340.html, accessed January 2010.

McKinnon, Rebecca. 2008. " Flatter World and Thicker Walls: Blogs, Censorship and Civic Discourse in China. " *Public Choice*, vol. 134, no. 1/2: 31—46.

Medeiros, Evan and M. Taylor Fravel. 2003. "China's New Diplomacy. " *Foreign Affairs*, vol. 82, no. 6: 22—35.

Mengin, Françoise. 2004. *Cyber China: Reshaping National Identities in the Age of Information*. New York: Palgrave.

Michelmann, Hans J. and Pnayotis Soldatos (eds.). 1990. *Federalism and International Relations: The Role of Subnational Units*. Oxford: Clarendon Press.

Mooney, Paul. 2005. "Internet Fans Flames of Chinese Nationalism. " *Yale Global*, at http://yaleglobal.yale.edu/display.article? id = 5516, accessed February 2009.

Murphy, Rachel. 2002. *How Migrant Labor Is Changing Rural China*. Cambridge: Cambridge University Press.

Nathan, Andrew and Bruce Gilley. 2002. *China's New Rulers: The Secret Files*. New York: New York Review of Books.

Nathan, Andrew and Tianjian Shi. 1996. " Left and Right with Chinese Characteristics: Issues and Alignments in Deng Xiaoping's China. " *World Politics*, vol. 48, no. 4: 522—550.

1993. "Cultural Requisites for Democracy in China: Some Findings from a Nationwide Survey. " *Daedalus*, vol. 122, no. 2: 95—123.

National Bureau of Statistics of the PRC. 2009. "2008 nianmo quanguo nongmingong zongliang wei 22542 wan ren," at http://www.stats.gov.cn/tjfx/fxbg/ t20090325_ 402547406.htm, accessed August 2009. See a translation and discussion of this document in Boxun News, "Chinese Migrant Workers Totaled 225. 42 Million at the End of 2008," at http: //www. boxun. us/news/publish/chinanews/ Chinese_ Peasant_ Workers_ Totaled_ 225_ 42_ Million_ at_ the_ End_ of_ 2008. shtml, accessed August 2009.

2004a. "She wai diaocha guanli banfa" [Measures for the Administration of Foreign-Affiliated Surveys]. October 13, 2004, at http: //www. stats. gov. cn/tjgl/ swdcglgg/xgfg/t20041118_ 402209105. htm, accessed June 2008.

2004b. "Tongjiju jiu gongbu ' she wai diaocha guanli banfa'dajizhe wen" [National Bureau of Statistics Official Responds to Journalists'Questions about Measures for the Administration of Foreign-Affiliated Surveys]. October 19, at http: //www. chinacourt. org/public/detail. php? id = 135541, accessed August 2009.

2004c. "Guanyu ' she wai diaocha guanli banfa'de ershiliu tiao" [On Article 26 of the Measures for the Administration of Foreign-Affiliated Surveys]. November 18, 2004, at http: //www. stats. gov. cn/tjgl/swdcglgg/spwb/t20041118_ 402209303. htm, accessed June 2008.

Naughton, Barry. 1996. *Growing Out of the Plan: Chinese Economic Reform 1978—1993*. Cambridge: Cambridge University Press.

Neuendorf, Kimberly A. 2002. *The Content Analysis Guidebook*. Thousand Oaks, CA: Sage.

" Never Forget the National Humiliation" [*Wuwang guochi*]. 1992. *History Book Series*. Beijing: Zhongguo huaqiao chubanshe.

Nevitt, Christopher. 1996. " Private Business Associations in China: Evidence of Civil Society or Local State Power?" *China Journal*, no. 36: 25—45.

Nicholson-Crotty, Sean and Kenneth J. Meier. 2002. " Size Doesn't Matter: In Defense of Single-State Studies. " *State Politics & Policy Quarterly*, vol. 2, no. 4: 411—422.

Nisbett, Richard. 2003. *The Geography of Thought: How Asians and Westerners Think Differently, and Why*. New York: Free Press.

Nohria, Nitin and Ranjay Gulati. 1994. "Firms and their Environments," in Neil Smelser and Richard Swedberg (eds.), *The Handbook of Economic Sociology*. Princeton, NJ: Princeton University Press: 529—555.

Nolan, Peter. 2001. *China and the Global Economy: National Champions, Industrial Policy, and the Big Business Revolution*. New York: Palgrave.

Notar, Beth E. 2006. *Displacing Desire: Travel and Popular Culture in China*. Honolulu: University of Hawaii Press.

Nyiri, Pal and Joanna Briedenbach. 2005. *China Inside Out: Contemporary Chinese Nationalism and Transnationalism*. New York: Central European University Press.

O'Brien, Kevin. 2006. "Discovery, Research (Re) design and Theory-Building," in Maria Heimer and Stig Thøgersen (eds.), *Doing Fieldwork in China*. Honolulu: University of Hawaii Press: 27—41.

2003. "Neither Transgressive nor Contained: Boundary-Spanning Contention in China." *Mobilization*, vol. 8, no. 1: 51—64.

1996. "Rightful Resistance." *World Politics*, vol. 49, no. 1: 31—55.

O'Brien, Kevin J. and Lianjiang Li. 2006. *Rightful Resistance in Rural China*. Cambridge: Cambridge University Press.

Oi, Jean C. 1998a. "The Evolution of Local State Corporatism," in Andrew Walder (ed.), *Zouping in Transition The Process of Reform in Rural North China*. Cambridge, MA: Harvard University Press: 35—61.

1998b. *Rural China Takes Off: Institutional Foundations of Economic Reform*. Berkeley: University of California Press.

1986. "Commercializing China's Rural Cadres." *Problems of Communism*, vol. 35, no. 5: 1—15.

Oi, Jean C. and Scott Rozelle. 2000. "Elections and Power: The Locus of Decision-Making in Chinese Villages." *China Quarterly*, no. 162: 513—539.

Oksenberg, Michel. 1970. *A Bibliography of Secondary English Language Literature on Contemporary Chinese Politics*. New York: East Asian Institute, Columbia University.

1964. "Sources and Methodological Problems in the Study of Contemporary China," in A. Doak Barnett (ed.), *Chinese Communist Politics in Action*. Seattle: University of Washington Press: 577—606.

Oksenberg, Michel and Harold Jacobson. 1990. *China's Participation in the*

IMF, the World Bank, and the GATT: Toward a Global Economic Order. Ann Arbor: University of Michigan Press.

O'Leary, Cecilia. 1999. *To Die For: The Paradox of American Patriotism*. Princeton, NJ: Princeton University Press.

Olzak, Susan. 1989. "Analysis of Events in the Study of Collective Action." *Annual Review of Sociology*, vol. 15: 119—141.

Orleans, Leo A. 1974. "Chinese Statistics: The Impossible Dream." *The American Statistician*, vol. 128, no. 2: 47—52.

Paluck, Elizabeth Levy. 2007. *Reducing Intergroup Prejudice and Confl ict with the Mass Media: A Field Experiment in Rwanda*. Ph. D. dissertation, Yale University.

Park, Albert. 2006. "Using Survey Data in Social Science Research in Developing Countries," in Ellen Perecman and Sara R. Curran (eds.), *A Handbook for Social Science Field Research: Essays and Bibliographic Sources on Research Design and Methods*. Thousand Oaks, CA: Sage: 117—134.

Parris, Kristin. 1993. " Local Initiative and National Reform: The Wenzhou Model of Development." *China Quarterly*, no. 134: 242—263.

Pearson, Margaret. 1994. "The Janus Face of Business Associations in China: Socialist Corporatism in Foreign Enterprises." *Australian Journal of Chinese Affairs*, no. 31: 25—46.

Pei, Minxin. 2006. *China's Trapped Transition: The Limits of Developmental Autocracy*. Cambridge, MA: Harvard University Press.

1998. "Is China Democratizing?" *Foreign Affairs*, vol. 77, no. 1: 68—82.

People's Daily. 2006. "Private Business People Gain More Influence in China." October 30, at http://english.peopledaily.com.cn/200610/30/eng20061030_316473.html, accessed August 2009.

Perecman, Ellen and Sara R. Curran (eds.). 2006. *A Handbook for Social Science Research: Essays and Bibliographic Sources on Research Design and Methods*. Thousand Oaks, CA: Sage.

Perkins, Tamara. 2002. *Village, Market and Well-Being in a Rural Chinese Township*. New York: Routledge.

Perreault, William D., Jr. and Laurence E. Leigh. 1989. " Reliability of Nominal Data Based on Qualitative Judgments." *Journal of Marketing Research*, vol. 26, no. 2: 135—148.

Perry, Elizabeth J. 2007. "Studying Chinese Politics: Farewell to Revolution?" *China Journal*, no. 57: 1—22.

2006. *Patrolling the Revolution: Worker Militias, Citizenship and the Modern Chinese State*. Lanham, MD: Rowman and Littlefi eld.

1994a. "Shanghai's Strike Wave of 1957." *China Quarterly*, no. 137: 1—27.

1994b. "Trends in the Study of Chinese Politics: State-Society Relations." *China Quarterly*, no. 139: 704—713.

Perry, Elizabeth and Xun Li. 1997. *Proletarian Power: Shanghai in the Cultural Revolution*. Boulder, CO: Westview.

1993. " Revolutionary Rudeness: The Language of Red Guards and Rebel Workers in China's Cultural Revolution." *Indiana East Asian Working Paper Series on Language and Politics in Modern China*, no. 2.

Pierson, Paul. 2004. *Politics in Time: History, Institutions, and Social Analysis*. Princeton, NJ: Princeton University Press.

Polsky, Ned. 2006. *Hustlers, Beats, and Others*. Piscataway, NJ: Transaction.

Popper, Karl R. 2001. *All Life Is Problem Solving*. New York: Routledge.

Porter, Bruce. 1994. *War and the Rise of the State: The Military Foundations of Modern Politics*. New York: Free Press.

Posner, Daniel N. 2004. "The Political Salience of Cultural Difference: Why Chewas and Tumbukas Are Allies in Zambia and Adversaries in Malawi." *American Political Science Review*, vol. 98, no. 4: 529—545.

Przeworski, Adam and Henry Teune. 1970. *The Logic of Comparative Social Inquiry*. New York: Wiley-Interscience.

Pun, Ngai. 2005. *Made in China: Women Factory Workers in a Global Marketplace*. Durham, NC: Duke University Press.

Putnam, Robert D. 1993. *Making Democracy Work: Civic Traditions in Modern Italy*. Princeton, NJ: Princeton University Press.

Pye, Lucian W. 1968. *The Spirit of Chinese Politics: A Psychocultural Study of the Authority Crisis in Political Development*. Cambridge, MA: M. I. T. Press.

Ragin, Charles. 1987. *The Comparative Method: Moving beyond Qualitative and Quantitative Strategies*. Berkeley: University of California Press.

Ramseyer, J. Mark and Frances McCall Rosenbluth. 1998. *The Politics of Oligarchy: Institutional Choice in Imperial Japan*. Cambridge: Cambridge University Press.

Remick, Elizabeth. 2004. *Building Local States: China during the Republican and Post-Mao Eras*. Cambridge, MA: Asia Center, Harvard University.

Renmin chubanshe. 1997. *Zhongguo gongchandang dishiwuci quanguo daibiao dahui wenjian huibian* [Collection of Documents from the Fifteenth Party Congress of the CCP]. Beijing.

Riffe, Daniel, Stephen Lacy, and Michael W. Drager. 1996. "Sample Size in Content Analysis of Weekly News Magazines." *Journalism and Mass Communication Quarterly*, vol. 73, no. 3: 635—644.

Riffe, Daniel, Stephen Lacy, and Frederick G. Fico. 1998. *Analyzing Media Messages: Using Quantitative Content Analysis in Research*. Mahwah, NJ: Lawrence Erlbaum.

Roberts, Carl W. 2000. "A Conceptual Framework for Quantitative Text Analysis." *Quality & Quantity*, vol. 34, no. 3: 259—274.

1989. "Other than Counting Words: A Linguistic Approach to Content Analysis." *Social Forces*, vol. 68, no. 1: 147—177.

Robertson, Graeme B. 2007. "Strikes and Labor Organization in Hybrid Regimes." *American Political Science Review*, vol. 101, no. 4: 799—809.

Rofel, Lisa. 1999. *Other Modernities: Gendered Yearnings in China after Socialism*. Berkeley: University of California Press.

Roitman, Janet. 2004. *Fiscal Disobedience: An Anthropology of Economic Regulation in Central Africa*. Princeton, NJ: Princeton University Press.

Rong, Hu. 2005. "Economic Development and the Implementation of Village Elections in Rural China." *Journal of Contemporary China*, vol. 14, no. 44: 427—444.

Rosenau, Pauline. 1992. *Post-modernism and the Social Sciences: Insights, Inroads and Intrusions*. Princeton, NJ: Princeton University Press.

Ross, Robert S. 2001. "Introduction," in Robert S. Ross and Jiang Changbin (eds.), *Re-Examining the Cold War: U. S. -China Diplomacy*, 1954—1973. Cambridge, MA: Asia Center, Harvard University.

Rueschemeyer, Dietrich, Evelyne Huber Stephens, and John D. Stephens. 1992. *Capitalist Development and Democracy*. Chicago: University of Chicago Press.

Saich, Tony. 1992. "The Fourteenth Party Congress: A Programme for Authoritarian Rule." *China Quarterly*, no. 132: 1136—1160.

Saunders, Robert A. and Sheng Ding. 2006. "Digital Dragons and Cybernetic Bears." *Nationalism and Ethnic Politics*, vol. 12, no. 2: 255—290.

Schatz, Edward. 2006. *The Problem with the Toolbox Metaphor: Ethnography and the Limits to Multiple-Methods Research*. Paper prepared for the 2006 annual meeting of the American Political Science Association, Philadelphia, PA.

2004. *Modern Clan Politics: The Power of "Blood" in Kazakhstan and Beyond*. Seattle: University of Washington Press.

Schein, Louisa. 2000. *Minority Rules: The Miao and the Feminine in China's Cultural Politics*. Durham, NC: Duke University Press.

Schober, Michael F. and Frederick G. Conrad. 1997. "Does Conversational Interviewing Reduce Survey Measurement Error?" *Public Opinion Quarterly*, vol. 61, no. 4: 576—602.

Schram, Stuart R. 1989. *The Thought of Mao Tse-Tung*. Cambridge: Cambridge University Press.

Schrank, Andrew. 2006. "Case-Based Research," in Ellen Perecman andSara R. Curran (eds.), *A Handbook for Social Science Research: Essays and Bibliographic Sources on Research Design and Methods*. Thousand Oaks, CA: Sage: 21—45.

Schumacker, Randall E. and Richard G. Lomax. 2004. *A Beginner's Guide to Structural Equation Modeling*. 2nd ed. Mahwah, NJ: Lawrence Erlbaum.

Schwartz, Benjamin. 1966. *Chinese Communism and the Rise of Mao*. Cambridge, MA: Harvard University Press.

Scott, James C. 1998. *Seeing like a State: How Certain Schemes to Improve the Human Condition Have Failed*. New Haven, CT: Yale University Press.

1990. *Domination and the Arts of Resistance: Hidden Transcripts*. New Haven, CT: Yale University Press.

1985. *Weapons of the Weak: Everyday Forms of Peasant Resistance*. New Haven, CT: Yale University Press.

Shambaugh, David (ed.). 1993. *American Studies of Contemporary China*. Armonk, NY: M. E. Sharpe.

Shapiro, Gilbert and John Markoff. 1998. *Revolutionary Demands: A Content Analysis of the Cashier de doléances of* 1789. Stanford, CA: Stanford University Press.

Shatz, Robert T., Ervin Staub, and Howard Levine. 1999. "On the Varieties of National Attachment: Blind Versus Constructive Patriotism." *Political Psychology*, vol. 20, no. 1: 151—174.

Shi, Tianjian. 2001. "Cultural Values and Political Trust: A Comparison of the People's Republic of China and Taiwan." *Comparative Politics*, vol. 33, no. 4: 401—419.

2000. "Cultural Values and Democracy in the People's Republic of China." *China Quarterly*, no. 162 (June): 540—559.

1999a. "Economic Development and Village Elections in Rural China." *Journal of Contemporary China*, vol. 8, no. 22: 425—442.

1999b. "Mass Political Behavior in Beijing," in Merle Goldman and Roderick MacFarquhar (eds.), *The Paradox of China's Post-Mao Reforms*. Cambridge, MA: Harvard University Press: 145—169.

1999c. "Voting and Nonvoting in China: Voting Behavior in Plebiscitary and Limited-Choice Elections." *Journal of Politics*, vol. 61, no. 4: 1115—1139.

1997. *Political Participation in Beijing*. Cambridge, MA: Harvard University Press.

1996. "Survey Research in China," in Michael X. Delli Carpini, Leonie Huddy, and Robert Y. Shapiro (eds.), *Research in Micropolitics: Rethinking Rationality*. vol. 5. Greenwich, CT: JAI Press: 216—220.

Shie, Tamara Renee. 2004. "The Tangled Web." *Journal of Contemporary China*, vol. 13, no. 40: 523—540.

Shih, Victor. 2004. "Factions Matter: Personal Networks and the Distribution of Bank Loans in China." *Journal of Contemporary China*, vol. 13, no. 38: 3—19.

Shirk, Susan. 1993. *The Political Logic of Economic Reform in China*. Berkeley: University of California Press.

1982. *Competitive Comrades: Career Incentives and Student Strategies in China*. Berkeley: University of California Press.

Shue, Vivienne. 1988. *The Reach of the State: Sketches of the Chinese Body Politic*. Stanford, CA: Stanford University Press.

Sil, Rudra. 2004. "Problems Chasing Methods or Methods Chasing Problems? Research Communities, Constrained Pluralism, and the Role of Eclecticism," in Ian Shapiro, Rogers Smith, and Tarek Masoud (eds.), *Problems and Methods in the Study of Politics*. Cambridge: Cambridge University Press: 307—331.

2000a. "Against Epistemological Absolutism: Toward a 'Pragmatic' Center?" in Rudra Sil and Eileen M. Doherty (eds.), *Beyond Boundaries? Disciplines, Paradigms, and Theoretical Integration in International Studies*. Albany: SUNY Press: 145—175.

2000b. "The Foundations of Eclecticism: The Epistemological Status of Agency, Culture, and Structure in Social Theory." *Journal of Theoretical Politics*, vol. 12, no. 3: 353—387.

Sinha, Aseema. 2003. "Rethinking the Developmental State Model: Divided Leviathan and Subnational Comparisons in India." *Comparative Politics*, vol. 35, no. 4: 459—476.

Sluka, Jeffrey. 1990. "Participant Observation in Violent Social Contexts." *Human Organization*, vol. 49, no. 2: 114—126.

SMA1. 1964. (Shanghai Civil Affairs Party Organization to Shanghai CCP) "Guanyu baohu junren hunyin qingkuang de jiancha" [An Investigation Concerning the Protection of Soldiers'Marriages]. 1964. Shanghai Municipal Archives B168—1—223.

SMA2. 1966. (Shanghai Civil Affairs Party Organization to Shanghai CCP) "Guanyu junren hunyin caoshou pohuai qingkuang baogao" [An Investigation Report Concerning the Situation of Soldiers'Marriages that Have Been Violated]. Shanghai Municipal Archives B168—1—132.

SMA3. 1966. (Shanghai Civil Affairs Party Organization to Shanghai CCP) "Guanyu guanche shixing zuigao fayuan guanyu junren hunyin caoshou pohuai qingkuang baogao zuotanhui jiyao" [Notes on a Meeting Regarding the Implementation of the Supreme People's Court's Investigation Concerning the Situation of Soldiers'Marriages that Have Been Violated]. Shanghai Municipal Archives B168—2—132.

Smith, Arthur H. 1890. *Chinese Characteristics*. Shanghai: North China Herald.

Snyder, Richard. 2001a. *Politics after Neoliberalism: Reregulation in Mexico*. Cambridge: Cambridge University Press.

2001b. "Scaling Down: The Subnational Comparative Method." *Studies in Comparative International Development*, vol. 36, no. 1: 93—110.

So, Ying Lun and Anthony Walker. 2006. *Explaining* Guanxi: *The Chinese Business Network*. New York: Routledge.

Solinger, Dorothy J. 1999. *Contesting Citizenship in Urban China: Peasant Migrants, the State and the Logic of the Market*. Berkeley: University of California Press.

1995. "China's Urban Transients in the Transition from Socialism and the Collapse of the Communist 'Urban Public Goods Regime.'" *Comparative Politics*, vol. 27, no. 2: 127—146.

1977. *Regional Government and Political Integration in Southwest China*, 1949—1954. Berkeley: University of California Press.

Spencer-Rodgers, Julie, Kaiping Peng, and Lei Wang. 2004. "Dialectical Self-Esteem and East-West Differences in Psychological Well-being." *Personality and Social Psychology Bulletin*, vol. 30, no. 11: 29—44.

Starr, John Bryan. 1976. " From the 10th Party Congress to the Premiership of Hua Kuo-feng: The Significance of the Colour of the Cat." *China Quarterly*, no. 67: 457—488.

Starr, Paul. 1992. "Social Categories and Claims in the Liberal State." *Social Research*, vol. 59, no. 2: 263—296.

1983. "The Sociology of Official Statistics," in William Alonso and Paul Starr (eds.), *The Politics of Numbers*. New York: Russell Sage Foundation: 7—58.

State Council. 2005. "Guanyu xiugai 'Zhonghua renmin gongheguo tongji fa'shishi xize" [Revised Detailed Regulations on Implementation of the Statistics Law of the People's Republic of China]. December 16, at http://china.fi nd-law.cn/fagui/ jj/25/101390.html, accessed August 2009.

Steinfeld, Edward S. 1998. *Forging Reform in China: The Fate of State-owned Industry*. Cambridge: Cambridge University Press.

Stempel, Guido H. 1952. "Sample Size for Classifying Subject Matter in Dailies." *Journalism Quarterly*, vol. 29, no. 3: 333—334.

Stockmann, Daniela. Forthcoming-a. "Who Believes Propaganda? Media Effects during the Anti-Japanese Protests in Beijing." *China Quarterly*.

Forthcoming-b. "What Kind of Information Does the Public Demand? Getting the News during the 2005 Anti-Japanese Protests," in Susan Shirk (ed.), *Changing Media, Changing China*. Under Review. Oxford University Press.

2009. Political Voices in the Chinese Press: Does Media Commercialization Change the Position of the Authoritarian State? Paper presented at the Media in Contemporary Chinese Politics workshop, Harvard University, April.

2007. *Propaganda for Sale: The Impact of Newspaper Commercialization on News Content and Public Opinion in China*. Ph. D. Dissertation, University of Michigan.

Stockmann, Daniela and Mary E. Gallagher. 2007. *Mass Media Mobilization as a Means of Legal Reform in China*. Paper presented at the annual meeting of the American Political Science Association, Chicago.

Stone, Philip James. 1997. "Thematic Text Analysis: New Agendas for Analyzing Text Content," in Carl W. Roberts (ed.), *Text Analysis for the Social Sciences: Methods for Drawing Statistical Inferences from Texts and Transcripts*. Mahwah. NJ: Lawrence Erlbaum: 35—54.

Stone, Philip James, Dexter C. Dunphy, Marshall S. Smith, and Daniel M. Ogilvie. 1966. *The General Inquirer: A Computer Approach to Content Analysis*. Cambridge, MA: MIT Press.

Stoner-Weis, Kathryn. 1997. *Local Heroes: The Political Economy of Russian Regional Governance*. Princeton, NJ: Princeton University Press.

Strand, David. 1990. "Protest in Beijing: Civil Society and the Public Sphere in China." *Problems of Communism*, vol. 39, no. 3: 1—19.

Straus, Scott. 2006. *The Order of Genocide: Race, Power, and War in Rwanda*. Ithaca, NY: Cornell University Press.

Strauss, Julia. 2002. "Paternalist Terror: The Campaign to Suppress Counterrevolutionaries and Regime Consolidation in the People's Republic of China, 1950—1953." *Comparative Studies in Society and History*, vol. 44, no. 1: 80—105.

Streb, Matthew. 2008. "Social Desirability Effects and Support for a Female American President." *Public Opinion Quarterly*, vol. 72, no. 1: 76—89.

Su, Fubing and Dali L. Yang. 2000. "Political Institutions, Provincial Interests, and Resource Allocation in Reformist China." *Journal of Contemporary China*, vol. 9, no. 24: 215—230.

Suchman, Lucy and Brigitte Jordan. 1990. "Interactional Troubles in Face-to-Face Survey Interviews." *Journal of the American Statistical Association*, vol. 85, no. 409: 232—241.

Svolik, Milan. 2006. *A Theory of Leadership Dynamics in Authoritarian Regimes*. Paper presented at the Annual Midwest Political Science Association, Chicago, Il.

Swaine, Michael D. 1992. *The Military and Political Succession in China: Leadership, Institutions, Beliefs*. Santa Monica, CA: Rand.

Tai, Zixue. 2006. *The Internet in China: Cyberspace and Civil Society*. New York: Routledge.

Tamir, Yael. 1997. "Reflections on Patriotism," in Daniel Bar-tal and Ervin Staub (eds.), *Patriotism in the Lives of Individuals and Nations*. Chicago: Nelson Hall: 23—41.

Tan, Qingshan and Xin Qiushui. 2007. "Village Elections and Governance: Do Villagers Care?" *Journal of Contemporary China*, vol. 16, no. 53: 581—599.

Tang Diaodeng. 2003. *Zhongguo chengshi pinkun yu fanpinkun baogao* [Report on Poverty and Anti-Poverty in Urban China]. Beijing: Huaxia chubanshe.

Tang, Wenfang. 2005. *Public Opinion and Political Change in China*. Stanford, CA: Stanford University Press.

2003. "Research Guide: An Introduction to Survey Research in China." *Issues and Studies*, vol. 39, no. 1: 269—288.

2001a. "Political and Social Trends in the Post-Deng Urban China: Crisis or Stability?" *China Quarterly*, no. 168: 890—909.

2001b. "Religion and Society in Taiwan and China: Evidence from Survey Data," in Shiping Hua (ed.), *Politics and Political Culture in Contemporary China*. Armonk, NY: M. E. Sharpe: 298—319.

1993. "Workplace Participation in Chinese Local Industrial Enterprises." *American Journal of Political Science*, vol. 37, no. 3: 920—940.

Tang, Wenfang and William L. Parish. 2000. *Chinese Urban Life under Market Reform: The Changing Social Contract*. Cambridge: Cambridge University Press.

1996. "Social Reaction to Urban Reform in China." *Problems of Post-Communism*, vol. 43, no. 6: 35—47.

Tang, Wenfang, William L. Parish, and Tongqing Feng. 1996. "Chinese Labor Relations in a Changing Work Environment." *Journal of Contemporary China*, vol. 5, no. 13: 367—389.

Tang, Wenfang and Qing Yang. 2008. "The Chinese Urban Caste System in Transition." *China Quarterly*, no. 196: 759—777.

Taubman, Geoffry. 1998. "A Not-So World Wide Web: The Internet, China, and the Challenges to Non-Democratic Rule." *Political Communication*, vol. 15, no. 2: 255—272.

Taylor, Charles. 1989. "Cross-Purposes: The Liberal Communitarian Debate," in Nancy L. Rosenblum (ed.), *Liberalism and the Moral Life*.

Cambridge, MA: Harvard University Press: 159—182.

Teiwes, Frederick. 1993. *Politics and Purges in China: Rectification and the Decline of Party Norms*, 1950—1965. Armonk, NY: M. E. Sharpe.

1979. *Politics and Purges in China*. White Plains, NY: M. E. Sharpe.

Tendler, Judith. 1997. *Good Governance in the Tropics*. Baltimore, MD: Johns Hopkins University Press.

Thelen, Kathleen. 2004. *How Institutions Evolve: The Political Economy of Skills in Germany, Britain, the United States, and Japan*. Cambridge: Cambridge University Press.

Thelwall, Mike and Alastair Smith. 2002. "Interlinking between Asia-PacificWeb Sites." *Scientometrics*, vol. 55, no. 3: 363—376.

Thøgersen, Stig and Soren Clausen. 1992. "New Reflections in the Mirror: Local Chinese Gazetteers (*difangzhi*) in the 1980s." *Australian Journal of Chinese Affairs*, no. 27 (January): 161—184.

Thomas, William I. and Florian Znaniecki. 1918—1920. *The Polish Peasant in Europe and America*. 2 vols. Chicago: University of Chicago Press.

Thornton, Patricia. 2007. *Disciplining the State: Virtue, Violence and State-making in Modern China*. Cambridge, MA: Asia Center, Harvard University.

Thurston, Anne F. 1983. "The Social Sciences and Fieldwork in China: An Overview," in Anne F. Thurston and Burton Pasternak (eds.), *The Social Sciences and Fieldwork in China: Views from the Field*. Boulder, CO: Westview: 3—36.

Tikhonov, Vladimir. 2007. "Masculinizing the Nation: Gender Ideologies in Traditional Korea and in the 1890s-1900s Korean Enlightenment Discourse." *Journal of Asian Studies*, vol. 66, no. 4: 1029—1065.

Tilly, Charles. 2002. " Event Catalogs as Theories." *Sociological Theory*, vol. 20, no. 2: 248—254.

1978. *From Mobilization to Revolution*. Reading, MA: Addison-Wesley.

Tilly, Charles, Louise Tilly, and Richard Tilly. 1975. *The Rebellious Century*, 1830—1930. Cambridge, MA: Harvard University Press.

Tong, Yanqi. 2007. " Bureaucracy Meets the Environment: Elite Perceptions in Six Chinese Cities." *China Quarterly*, no. 189: 100—121.

Tsai, Kellee S. 2007. *Capitalism without Democracy: The Private Sector in Contemporary China*. Ithaca, NY: Cornell University Press.

2005. "Capitalists without a Class: Political Diversity among Private Entrepreneurs in China." *Comparative Political Studies*, vol. 38, no. 9: 1130—1158.

2002. *Back-Alley Banking: Private Entrepreneurs in China*. Ithaca, NY: Cornell University Press.

Tsai, Lily L. 2007a. *Accountability without Democracy: How Solidary Groups Provide Public Goods in Rural China*. Cambridge: Cambridge University Press.

2007b. "Solidary Groups, Informal Accountability, and Local Public Goods Provision in Rural China." *American Political Science Review*, vol. 101, no. 2: 355—372.

2002. "Cadres, Temple and Lineage Institutions, and Governance in Rural China." *China Journal*, no. 48: 1—28.

Tsui, Lokman. 2005. "Introduction: The Sociopolitical Internet." *China Information*, vol. 19, no. 2: 181—188.

Tullock, Gordon. 1987. *Autocracy*. Boston: Kluwer Academic.

U., Eddy. 2003. "The Making of *Zhishifenzi*: The Critical Impact of the Registration of Unemployed Intellectuals in the Early PRC." *China Quarterly*, no. 173: 100—121.

Ulbig, Stacey G. 2002. "Policies, Procedures, and People: Sources of Support for Government?" *Social Science Quarterly*, vol. 83, no. 3: 789—809.

Unger, Jonathan. 1996a. " 'Bridges': Private Business, the Chinese Government and the Rise of New Associations." *China Quarterly*, no. 147: 795—819. (ed.). 1996b. *Chinese Nationalism*. Armonk, NY: M. E. Sharpe.

1987. "The Struggle to Dictate China's Administration: The Conflict of Branches vs. Areas vs. Reform." *Australian Journal of Chinese Affairs*, no. 18: 15—45.

Uslaner, Eric. 2002. *The Moral Foundations of Trust*. Cambridge: Cambridge University Press.

van Evera, Stephen. 1997. *Guide to Methods for Students of Political Science*. Ithaca, NY: Cornell University Press.

Varshney, Ashutosh. 2002. *Ethnic Conflict and Civic Life: Hindus and Muslims in India*. New Haven, CT: Yale University Press.

Verba, Sidney, Norman H. Nie, and Jaeon Kim. 1971. *The Modes of Democratic Participation: A Cross-National Comparison*. Beverly Hills, CA: Sage.

Vermeer, Edward. 1992. "New County Histories: A Research Note on Their Compilation and Value." *Modern China*, vol. 18, no. 4: 438—467.

Viroli, Maurizio. 1995. *For Love of Country: An Essay on Patriotism and Nationalism*. Oxford: Clarendon.

Viterna, Jocelyn and D. W. Maynard. 2002. "How Uniform Is Standardization? Variation Within and Across Survey Research Centers Regarding Protocols for Interviewing," in Douglas W. Maynard, et al. (eds.), *Standardization and Tacit Knowledge: Interaction and Practice in the Survey Interview*. Malden, MA: Wiley-Interscience: 365—397.

Vogel, Ezra. 1969. *Canton under Communism*. Cambridge, MA: Harvard University Press.

Walder, Andrew, G. 1986. *Communist Neo-traditionalism: Work and Authority in Chinese Industry*. Berkeley: University of California Press.

1979. "Press Accounts and the Study of Chinese Society." *China Quarterly*, no. 79 : 568—592.

Walder, Andrew and Yang Su. 2003. "The Cultural Revolution in the Countryside: Scope, Timing and Human Impact." *China Quarterly*, no. 173: 74—99.

Walzer, Michael. 1970. *Obligations: Essays on Disobedience, War and Citizenship*. Cambridge, MA: Harvard University Press.

Wang, Hongying and Honggang Tan. 2008. *Chinese Media and the Judicial System under Soft Authoritarianism*. Paper presented at the annual meeting of the Association for Asian Studies, Atlanta.

Wang Jianying. 1995. *Zhongguo gongchandang zuzhishi ziliao huibian* [A

Collection of Material Related to CCP Organizational History]. Beijing: Zhongyang dangxiao chubanshe.

Wang, Shaoguang. 1995. "The Rise of the Regions: Fiscal Reform and the Decline of State Capacity," in Andrew Walder (ed.), *The Waning of the Communist State: Economic Origins of Political Decline in China and Hungary*. Berkeley: University of California Press: 87—114.

Wang, Xiaopeng. 2006. *Exploring Sample Sizes for Content Analysis of Online News Sites*. Paper presented at the annual meeting of the Association for Education in Journalism and Mass Communication.

Wang, Yanlai, Nicholas Rees, and Bernadette Andreosso-O'Callaghan. 2004. " Economic Change and Political Development in China: Findings from a Public Opinion Survey." *Journal of Contemporary China*, vol. 13, no. 39: 203—222.

Wang, Zhengxu. 2007. "Public Support for Democracy in China." *Journal of Contemporary China*, vol. 16, no. 53: 561—579.

2006. " Explaining Regime Strength in China." *China: An International Journal*, vol. 4, no. 2: 217—237.

Wank, David L. 1999. *Commodifying Communism: Business, Trust, and Politics in a Chinese City*. Cambridge: Cambridge University Press.

1998. "Political Sociology and Contemporary China: State-Society Images in American China Studies." *Journal of Contemporary China*, vol. 7, no. 18: 205—228.

1995. "Private Business, Bureaucracy, and Political Alliance in a Chinese City." *Australian Journal of Chinese Affairs*, no. 33: 55—71.

Watson, James L. and Rubie S. Watson. 2004. *Village Life in Hong Kong: Politics, Gender, and Ritual in the New Territories*. Hong Kong: Chinese University Press.

Wedeen, Lisa. 2004. " Concepts and Commitments in the Study of Democracy," in Ian Shapiro, Rogers Smith, and Tarek Masoud (eds.), *Problems and Methods in the Study of Politics*. Cambridge: Cambridge University Press: 274—306.

2002. " Conceptualizing Culture: Possibilities for Political Science."

American Political Science Review, vol. 94, no. 4: 713—728.

Weisberg, Herbert F. 2005. *The Total Survey Error Approach: A Guide to the New Science of Survey Research*. Chicago: University of Chicago Press.

White, Gordon, Jude Howell, and Shang Xiaoyuan. 1996. *In Search of Civil Society: Market Reform and Social Change in Contemporary China*. Oxford: Oxford University Press.

Whiting, Susan H. 2001. *Power and Wealth in Rural China: The Political Economy of Institutional Change*. Cambridge: Cambridge University Press.

Wich, Richard. 1974. "The Tenth Party Congress: The Power Structure and the Succession Question." *China Quarterly*, no. 58: 231—248.

Wood, Elisabeth Jean. 2006. "The Ethical Challenges of Field Research in Confl ict Zones." *Qualitative Sociology*, vol. 29, no. 3: 373—386.

Wood, Linda A. and Rolf O. Kroger. 2000. *Doing Discourse Analysis: Methods for Studying Action in Talk and Text*. Thousand Oaks, CA: Sage.

Wu, Xu. 2007. *Chinese Cyber Nationalism: Evolution, Characteristics and Implications*. Lanham, MD: Lexington Books.

Xu Xiqiang. 2005. " 'Zuolian' 'wulieshi'anqing xintan" [New Exploration of the Situation Surrounding the "Five Martyrs" of the "Left Association"]. *Nanjing shifan daxue wenxueyuan xuebao* [Journal of the School of Humanities at Nanjing University], no. 12: 61—68.

Yan, Yunxiang. 2003. *Private Life under Socialism: Love, Intimacy, and Family Change in a Chinese Village*, 1949—1999. Stanford, CA: Stanford University Press.

1996. *The Flow of Gifts: Reciprocity and Social Networks in a Chinese Village*. Stanford, CA: Stanford University Press.

Yang, Guobin. 2003. "The Co-Evolution of the Internet and Civil Society in China." *Asian Survey*, vol. 43, no. 3: 405—422.

Yang, Mayfair Mei-hui. 1994. *Gifts, Favors, and Banquets: The Art of Social Relationships in China*. Ithaca, NY: Cornell University Press.

Yang, Ming, et al. 2007. 1995—2004 *Beijing shehui jingji fazhan niandu diaocha shuju baogao* [Report on Annual Statistical Survey of the Social and Economic Development of Beijing, 1995—2004]. Beijing: Beijing chubanshe.

Yang, Xiushi. 1993. "Household Registration, Economic Reform and Migration." *International Migration Review*, vol. 27, no. 4: 796—818.

Yanow, Dvora. 2003. "Interpretive Political Science: What Makes This Not a Subfieldof Qualitative Methods." *Qualitative Methods* (Newsletter of the American Political Science Association Organized Section on Qualitative Methods), vol. 1, no. 2: 9—13.

Ye, Wa and Joseph W. Esherick. 1996. *Chinese Archives: An Introductory Guide*. Berkeley: Institute of East Asian Studies, University of California.

译　后

2006 年 11 月，美国老中青三代研究中国问题的学者会聚美国密歇根大学，围绕研究中国政治中所使用的方法，特别是互联网时代如何运用新资料、新方法及实地考察的新策略等问题进行了研讨。本书是此次会议的最终成果，英文版由剑桥大学出版社 2010 年在纽约出版。

本书是一本论文集，共收录论文 12 篇，分别从资料来源、定性分析法、调查方法三个方面，展现了美国学者如何将定性定量分析法和田野调查的方法运用于中国政治研究，以及上述研究方法的运用如何影响了美国的中国政治研究。本书出版后，在美国高校政治学系中国研究课程中被广泛使用，是美国中国研究专业学生的必读书。

本书作者大多是从事中国政治研究的美国中青年学者包括美籍华人学者，还有一些是留学美国后回到中国的研究人员。他们是继费正清（John King Fairbank）、鲍大可（A. Doak Barnett）、奥克森伯格（Michel Oksenberg）之后的新一代美国研究中国的专家，目前正活跃在美国的中国研究界。本书反映他们对美国的中国研究及其方法论的思考。美国著名中国问题专家、布鲁金斯学会资深研究员李侃如博士结合自己几十年研究中国的经历，对全书进行总结，并提出了对当前美国中国政治研究的看法。对于中国读者来说，一方面，本书展现了美国中国政治研究的最新成果；另一方面，美国学者在中国政治研究中的思考及其运用的定性、定量及实地调查的新战略，对中国从事国际问题研究的研究者也有一定的借鉴作用。

本书的每位作者认真审校了每章的译文。译文中个别不确切之处，他们或者用中文进行了修改，或者用英文做出更清晰的解释。

本书由多位译者合作翻译而成。具体分工是：周晟茹女士翻译中文版序言，图 2 –1、表 2 –1、表 3 –1、图 2 –1、图 5 –1；薛松女士翻译英文版导言，第五、七章；杜邢晔女士翻译第一章；许安结女士翻译第三、四章；张勇先生翻译第二、十一章；陈文佳女士翻译第六章；赵明昊先生翻译第八、九章；马志娟女士翻译第十二章；胡国成先生翻译第十章；段若石先生翻译本书结语《有感于政治学领域里的中国研究之变迁》。本书除第一章由胡国成先生审校外，赵梅女士校对中文版序言和本书结语外，段若石先生审校其余各章。全书由赵梅女士统稿。

译者学识有限，疏漏之处，望读者谅解。